Susanne Heim   Ulrike Schaz

Berechnung und Beschwörung

Überbevölkerung – Kritik einer Debatte

Verlag der Buchläden
Schwarze Risse • Rote Strasse

Die deutsche Bibliothek – CIP-Einheitsaufnahme
Heim, Susanne:
Berechnung und Beschwörung: Überbevölkerung – Kritik einer Debatte
Heim, Susanne; Schaz, Ulrike – 1.Aufl. –
Berlin; Göttingen:Verlag der Buchläden Schwarze Risse / Rote Strasse 1996
ISBN 3-924737-33-9
NE: Schaz, Ulrike:

Finanziell unterstützt wurde die Arbeit an diesem Buch vom
Förderprogramm Frauenforschung des Berliner Senats.

© Berlin 1996
Verlag der Buchläden Schwarze Risse • Rote Strasse
Gneisenaustr. 2a, 10961 Berlin
Tel.: 030/6928779 Fax: 6919463

Lektorat: Bernhard Gierds
Belichtung: F1, Hamburg
Druck: WDA, Brodersdorf

INHALT

VORWORT

Das Thema "Bevölkerungspolitik" beschäftigt uns auf die eine oder andere Weise seit vielen Jahren. Wir haben daran in unterschiedlichen Frauengruppen und internationalen Netzwerken gearbeitet. 1993 sind wir zu Filmrecherchen nach Bangladesh und in die USA gereist und haben dort verschiedene bevölkerungspolitische Institutionen besucht, Stiftungen, die Familienplanungsprogramme finanzieren, ebenso wie Lobby-Organisationen. Die Erfahrungen und Ergebnisse dieser Recherche sind auch in dieses Buch eingegangen.

Während unserer Arbeit sind wir ständig mit dem Thema "Überbevölkerung" konfrontiert worden – mehr als uns bisweilen lieb war. Manche zunächst unbefangene Unterhaltung über persönliche Vorstellungen oder Pläne mündete häufig in eine grundsätzliche Debatte über die Probleme des Planeten. Immer wieder fiel uns auf, daß den meisten Leuten die Rede von der "Überbevölkerung" so selbstverständlich von den Lippen geht, als handele es sich um die Feststellung, daß die Erde rund ist oder die Sonne im Osten aufgeht. Diese Selbstverständlichkeit in Frage zu stellen und sichtbar zu machen, wovon die Rede von der "Überbevölkerung" wirklich handelt, ist die Absicht, mit der wir dieses Buch geschrieben haben.

Wir danken allen, die uns während unserer Arbeit unterstützt haben. Viele Freundinnen und Freunde haben uns mit Anregungen und Kritik weitergeholfen, manchmal aber auch gerade dadurch, daß sie von dem Thema nichts wissen wollten. Für die Lektüre des Manuskripts, Kritik und spannende Diskussionen danken wir Tina Kratz, Shalini Randeria, Cordula Caspary, Thomas Schmid, Ursula Ferdinand, Christoph Wichtmann, Götz Aly, Renate Heim und Rita Helmke. Elena Levina, deren Findigkeit in Moskauer Bibliotheken und Archiven uns bei der Arbeit über die sowjetische Bevölkerungsdebatte eine große Hilfe war, schulden wir Dank - nicht zuletzt für ihre Gastfreundschaft. Klaus Viehmann danken wir für seine Geduld bei den Satzarbeiten und Peter Glause für das Korrekturlesen der Fahnen.

EINLEITUNG

„Überbevölkerung" gilt heute als eines der größten globalen Probleme. Armut, Hunger- und Umweltkatastrophen, Kriege und Bürgerkriege werden auf das Bevölkerungswachstum zurückgeführt. Die Zukunft der Spezies Mensch sei nur gewährleistet, so die weit verbreitete Überzeugung, wenn dieses Wachstum gestoppt oder wenigstens reduziert würde.

Die Gefahr scheint so akut, daß die Frage nach den Maßstäben für ein „Zuviel" ebenso aus dem Blickfeld gerät, wie die Tatsache, daß die Kassandrarufe so neu nicht sind. In der Vergangenheit ist immer wieder mit jeweils unterschiedlichen Begründungen vor demographischen Katastrophen gewarnt worden. Unter Hinweis auf die „Überbevölkerung" in Deutschland wurde nach dem Ersten Weltkrieg die Forderung nach Kolonien gerechtfertigt und im Nationalsozialismus die militärische Expansion nach Osten. Ebenso begründete Polen in der Zwischenkriegszeit seinen Anspruch auf einstige deutsche Kolonien. Gleiches gilt für die Expansionskriege des faschistischen Italien. Die Einwanderungsrestriktionen in den klassischen Zielländern der Emigration, vor allem in Amerika, wurden 1922/24 und erst recht 1929/32 mit dem Hinweis verschärft, daß nun das „Bevölkerungsoptimum" überschritten sei. Von den Kolonialmächten Großbritannien und Frankreich wurde damals vielfach gefordert, ihre „leeren Räume" für die „Bevölkerungsüberschüsse" anderer Länder zur Verfügung zu stellen. In der Sowjetunion unter Stalin sollten mit Hilfe von Massendeportationen nach Sibirien die „überzähligen Esser" in den Dörfern reduziert werden. Im „Kalten Krieg" schließlich galt die vermeintliche Überbevölkerung in der Dritten Welt als „Nährboden" für den Kommunismus – und alle Maßnahmen zu deren Bekämpfung als Gebot westlicher Sicherheitsinteressen.

Die Gesichtspunkte, unter denen das demographische Wachstum problematisiert wird, ändern sich ebenso schnell wie die politischen Kontexte. Manchmal wird davon ausgegangen, daß es eine biologisch definierbare, absolute Grenze gebe, wieviele Menschen im Hinblick auf Nahrungsmittelproduktion, Ressourcen oder Umweltverschmutzung auf der Erde leben könnten. Oder aber „Überbevölkerung" gilt als relatives Phänomen: demnach würde ein „Zuviel" an Menschen ein wirtschaftliches Gleichgewicht gefährden und die ökonomische Entwicklung behindern. Schließlich wird die Senkung hoher Geburtenraten in den Ländern des Südens gefordert, entweder mit Verweis auf die Bedürfnisse der dort lebenden Frauen oder aber auf eine drohende politische Instabilität, die zu Krieg und Massenmigration führe. In bestimmten Situationen werden vermeintliche oder tatsächliche Unterschiede im demographischen Wachstum verschiedener Völker, „Rassen" oder gesellschaftlicher Gruppen als Gefahr interpretiert. In wechselnder Perspektive gilt dieses Wachstum einmal als eine von außen drohende Gefahr (die „gelbe Gefahr", die „Flut" der Slawen oder der Schwarzen), dann wieder als Binnenproblem eines Landes – unter Parolen wie „Verpöbelung", „Degeneration" oder „Überfremdung".

Die Logik der „Menschenökonomie" verband die quantitativen mit den qualitativen Argumenten früh: In der Debatte im ersten Drittel des Jahrhunderts erschien sowohl die Abweichung vom Bevölkerungsgleichgewicht, dem Optimum, als volkswirtschaftliche Belastung und „Kapitalverschleiß" als auch die Vermehrung der Kranken und „Unproduktiven".

„Überbevölkerung" ist ein Passepartout-Begriff, mit dem vermeintliche oder tatsächliche Mißstände benannt werden, die sich jeweils auch anders definieren ließen: beispielsweise als Arbeitslosigkeit, Hunger oder Flucht, als Konkurrenz um Ressourcen, als Wasserknappheit oder als Wohnungsmangel. Letztlich läßt sich jede politische oder ökonomische Krise in ein Bevölkerungsproblem umdefinieren. Auf diese Weise wird die Suche nach Lösungen umgelenkt: Egal, wie die Frage lautet, immer erscheint die Regulierung oder Reduzierung der Bevölkerungszahl als die „richtige" Antwort.

Von den Schwierigkeiten, das Überbevölkerungsdogma in Frage zu stellen, hat der Agrarsozialist Franz Oppenheimer im Jahr 1901 in seinem Buch über Malthus' Bevölkerungslehre geschrieben: „die Bekämpfung eines derartigen logischen Ungeheuers gleicht dem Kampfe gegen die lernäische Hydra. Man kann einem solchen Kraken nicht mit einem wohlgezielten Schlage das Rückgrat brechen; *denn er hat kein Rückgrat.*"[1] Dennoch gibt es heute neben der Fülle der apologetischen Publikationen auch zahlreiche kritische Schriften zum Thema: Verschiedene AutorInnen haben den Malthusianismus theoretisch widerlegt und auf die Szenarien von „Überbevölkerung" und Weltuntergang mit Gegenrechnungen und fundierten Infragestellungen geantwortet. ÖkonomInnen haben der Annahme widersprochen, daß das Bevölkerungswachstums die wirtschaftliche Entwicklung beeinträchtige. Seit den 70er Jahren sind

Zwangsmaßnahmen zur Bevölkerungskontrolle sowie die Funktion der Überbevölkerungsthese zu deren Rechtfertigung mehrfach Gegenstand kritischer Analysen und einer breiten – überwiegend „grauen" – Literatur gewesen. Zahlreiche AutorInnen haben Geschichte und Kontinuität eugenischer Argumentationslinien in der Bevölkerungsdebatte untersucht. Während die Vergangenheit der Eugenik und ihre Bedeutung für die Euthanasiemorde im Nationalsozialismus auch in aktuellen Auseinandersetzungen immer wieder zur Sprache kommen, ist dagegen die Auseinandersetzung um die quantitative Bevölkerungspolitik merkwürdig geschichtslos.

In diesem Buch geht es darum, gerade den quantitativen Aspekt der Debatte um die „Überbevölkerung" vor den wechselnden ideologiegeschichtlichen Hintergründen zu dechiffrieren. Denn so oft die „Überbevölkerung", der „Bevölkerungsdruck", „Raumnot", „Migrantenfluten" oder „explodierende Fruchtbarkeit" im Verlauf des 20. Jahrhunderts thematisiert worden sind und so rücksichtslos die Lösungsvorschläge bisweilen waren, so zeigt die Untersuchung der jeweiligen Begleitumstände doch, daß es sich nie um ein Problem gehandelt hat, das sich notwendig aus der Bevölkerungszahl ergeben hätte.

Entsprechend den variierenden Kriterien sind es jeweils unterschiedliche Gruppen von Menschen, die in bestimmten historischen Situationen als „überzählig" galten und zu Objekten bevölkerungspolitischer Maßnahmen gemacht wurden. Indem ihre Existenz auf der Basis vermeintlich objektiver, wissenschaftlicher Berechnungen zum Problem erhoben wurde, war der erste Schritt getan, um ihnen auch die Existenzberechtigung abzusprechen. Auch heute noch gilt: Je dramatischer die drohende Gefahr ausgemalt wird, desto legitimer scheinen Notstandsmaßnahmen und auch Menschenrechtsverletzungen.

Doch im Spektrum möglicher „Lösungen" sind Zwangsmaßnahmen nur eine Option, und die Grenzen zwischen Zwang und Freiwilligkeit sind oft fließend. Während zu Beginn des Jahrhunderts Migrations- und Siedlungspolitik (Auswanderungsförderung, Einwanderungsrestriktionen) die wichtigsten Mittel waren, um einer „Übervölkerung" entgegenzuwirken, so hat sich diese Situation mit der Erfindung der Massenverhütungsmittel verändert. Seitdem Pille und Spirale und neuerdings auch Hormonimplantate weltweit vermarktet werden, ist das Spektrum der Eingriffsmöglichkeiten zwar theoretisch breiter geworden, real jedoch hat es sich verengt: Sie konzentrieren sich auf Frauen. Familienplanungsprogramme gelten als zuverlässigste Methode, um die „Bevölkerungsexplosion" abzuwenden. Und Frauen sind die entscheidende Zielgruppe, sowohl in den Analysen der Bevölkerungswissenschaft als auch in der praktischen -politik.

Bei aller Uneinigkeit über die Kriterien, nach denen „Überbevölkerung" zu bemessen sei, gilt doch als ausgemacht, daß sich Bevölkerung berechnen ließe, daß ihre Entwicklung prognostiziert und im nächsten Schritt möglicherweise auch beeinflußt werden könne. Ökonomische Berechnungen wechseln mit quantitativ-demographischen Meßverfahren. Dabei werden die Menschen, deren Zahl oder Lebensverhältnisse man berechnen will, nicht nur auf den abstrakten, der Statistik entlehnten Begriff der „Bevölkerung", sondern bisweilen auch auf eine Variable in einer mathematischen Gleichung reduziert. Der Faktor „Bevölkerung" kann in solchen Formeln scheinbar beliebig an andere Faktoren (wie zum Beispiel an Ressourcen oder einen gewünschten Lebensstandard) angepaßt werden. Die Veränderbarkeit der Bevölkerungszahl wird als Instrument begriffen, das universell einsetzbar ist, um – unabhängig von den Ursachen der jeweiligen Krisenphänomene und dem historisch-politischen Kontext – alle möglichen Arten von Mißständen zu beseitigen und das (ökonomische) Gleichgewicht wiederherzustellen. Die Form der mathematischen Gleichung erzeugt darüber hinaus den Anschein, daß es sich um eine eherne Gesetzmäßigkeit handele, eine zeitlos gültige Regel, mit deren Hilfe sich das „Problem" objektiv erfassen ließe.

Seit nunmehr etwa zwei Jahrhunderten versuchen Wissenschaftler, die „Gesetze" zu ermitteln, nach denen sich die Bevölkerung „bewegt", nach denen sie wächst oder schrumpft. Der britische Demograph David Eversley, dessen Spezialgebiet Bevölkerungsprognosen sind, hält die Vorstellung von einer exakten Berechenbarkeit für einen „irrigen Glauben". „So komplex diese Modelle auch sein mögen, die ihnen zu Grunde liegenden Thesen sind doch von zweifelhafter Gültigkeit. Entweder handelt es sich um rein mechanische Extrapolationen vergangener Trends oder um Berechnungen, die auf Vermutungen der Verfasser beruhen." Bevölkerungsprognosen, so Eversley, hätten normalerweise immer auch einen politischen Zweck verfolgt: „Die Geschichte der Bevölkerungsprognosen ist daher nie frei von Ideologie, und es muß immer gefragt werden, warum wurde die Prognose aufgestellt, was bezweckte der Autor wirklich."[2]

Der utopische Glaube an die Regulierbarkeit des „Problems" lebt von der Eröffnung der Debatte bis heute fort. Die Bevölkerungswissenschaftler, die vor der „Überbevölkerung" warnen, argumentieren jedoch bewußt geschichtslos und das aus gutem Grund: Andernfalls müßten sie nicht nur ihre epochalen Irrtümer und Fehleinschätzungen reflektieren und von all den Voraussagen reden, die sich, obwohl „wissenschaftlich" exakt berechnet, nicht bewahrheitet haben, sondern auch über den Beitrag ihrer Disziplin zu den *realen* Katastrophen des Jahrhunderts: die wissenschaftliche Vorbereitung und Billigung beispielloser Verbrechen. Bis heute haben es die Demographen weitgehend vermieden, eine fachinterne Kritik zu leisten. Während es in anderen Disziplinen eine Heterogenität der Ansätze gibt, Richtungs- und Meinungsstreits offen ausgefochten werden, dominiert in der Bevölkerungswissenschaft dagegen ein Korpsgeist, der sich nicht zuletzt aus der besonderen Regierungsnähe, aus dem intimen und nie kritisch hinterfragten Verhältnis zur jeweiligen Macht erklärt.

Im folgenden werden wir auch der Frage nachgehen, wie aus einer These, die in Konkurrenz zu anderen Erklärungsmustern von Armut und Krise stand, ein „wissenschaftliches Faktum" geworden ist, das an Universitäten erforscht und zur Grundlage von Politik gemacht wird und warum die Logik der „Menschenökonomie" sich als roter Faden durch das Zwanzigste Jahrhundert zieht.

DIE ERFINDUNG DES BEVÖLKERUNGSOPTIMUMS

Die Auseinandersetzung mit der „Bevölkerungsfrage" gehört seit Jahrhunderten zum theoretischen Terrain einer politischen Zielen verpflichteten Ökonomie. Breite Aufmerksamkeit erlangte diese „Frage" zunächst vornehmlich in historischen Umbruchsituationen, so etwa am Beginn der Industrialisierung. Obwohl Thomas Robert Malthus keineswegs der erste Gelehrte war, der sich über das Verhältnis von Bevölkerungswachstum und Nahrungsmittelproduktion Gedanken gemacht hatte[1], und obwohl seine Thesen schon bald widerlegt wurden[2], ist doch die Überbevölkerungsfurcht bis heute mit seinem Namen verbunden. Um 1800, als der schottische Pfarrer und Ökonom zunächst mit einer anonymen Schrift an die Öffentlichkeit trat, vollzog sich auch auf anderer Ebene ein Wandel in der wissenschaftlichen Beschäftigung mit der „Bevölkerungsfrage", das Räsonnieren über Zahlen und Daten löste sich von der wirklichen Beobachtung ab. „Erst jetzt entstand eine neue Begrifflichkeit, mit der sich Menschen im Kontext von Quantitäten erfassen lassen. (...) Zur gleichen Zeit wurde Statistik zum Vademecum, zum neuen Latein der modernen Wissenschaft, und das Wort Bevölkerung verlor seinen Bezug zu wirklichen Menschen."[3]

Malthus veröffentlichte 1798 die erste Fassung seines „Essays on the Principle of Population".[4] Darin legte er sein „Bevölkerungsgesetz" dar, das er – ganz im Geist der Zeit – für ein Naturgesetz hielt und demzufolge die Bevölkerung sich in geometrischer Reihe vermehre (1, 2, 4, 8 ...) und damit erheblich schneller als die Nahrungsmittelproduktion, die sich nur in arithmetischer Reihe (1, 2, 3, 4 ...) steigern lasse. Armut und „Übervölkerung"[5] seien die unabänderliche Folge, so Malthus düstere Prognose. Verhindert werden könnten diese Übel nur durch noch größere – etwa Hungerkatastrophen, die das Bevölkerungswachstum begrenzten – oder aber durch die Tugend freiwilliger Enthaltsamkeit der Menschen; genauer den Verzicht auf Ehe und Fortpflanzung all derer, die nicht in der Lage seien, ihre Nachkommen zu ernähren. Der Erfolg, den Malthus' Schrift in der Folgezeit weit über England hinaus haben sollte, hat weniger mit der Originalität seiner Thesen zu tun als mit der historischen Situation, auf die sie eine Antwort zu sein schienen.

Im England des 18. Jahrhunderts war mit dem Beginn der Industrialisierung die Armut zu einem Massenphänomen geworden. „Umherziehende Banden von Armen (...) waren ein durchaus üblicher Anblick im ländlichen England jener Jahre. Entwurzelt und ohne Arbeit waren sie eine allgegenwärtige Quelle politischer Unruhe und drohender Gesetzlosigkeit."[6] Dies galt umso mehr, als die Einführung der Marktökonomie auch in den Städten nicht ohne Spannungen vonstatten ging. In der Zeit zwischen 1709 und 1800/ 1801 erlebte England immer wieder Lebensmittelunruhen, die insbesondere an Markttagen entstanden und deren Anlaß meist steigende, von den Armen als ungerecht empfundene Getreidepreise sowie eine künstlich (durch Getreideaufkauf) erzeugte Brotknappheit waren.[7] Zudem hatte die Forcierung der Auswanderung nach Nordamerika aufgrund der Unabhängigkeit der USA im Jahr 1776 den ökonomischen Sinn verloren, denn die Renditen flossen nicht länger zum Wohl des britischen Bürgertums in das Mutterland ab. War damit die nach außen gerichtete Lösung des „Bevölkerungsproblems" – die Kolonisation – entfallen, so mußte nach Möglichkeiten im Innern gesucht werden, um die doppelte Gefahr abzuwenden, die mit dem Pauperismus verbunden war: soziale Unruhen sowie drastisch steigende Kosten für die Armenfürsorge. In diese Situation hinein formulierte Malthus seine Abhandlung, in der der Hunger der Massen als eine Folge ihrer zügellosen Vermehrung erschien. Verfaßt hatte er seinen Essay zunächst als ein gegenrevolutionares Pamphlet, um jene Ideen der Freiheit und Gleichheit zu widerlegen, die infolge der Französischen Revolution auch auf den britischen Inseln eine wachsende Anhängerschaft gefunden hatten.

Explizit richtete Malthus sich gegen eine Schrift des radikalen französischen Aufklärers Marquis de Condorcet, die im Umfeld der Französischen Revolution Bedeutung erlangt hatte.[8] Condorcet hielt den Zeitpunkt, an dem die Zahl der Menschen über die Subsistenzmittel hinauswachsen würde, für noch lange nicht erreicht. Zudem war er generell der Ansicht, daß es mit Hilfe von wissenschaftlichem Fortschritt, sozialen Reformen und planender Vernunft möglich sei, zu einer immer besseren Organisation der Gesellschaft zu gelangen und eine rationale Lösung der anstehenden Probleme zu finden.[9]

Diesem aufklärerischen Optimismus widersprach Malthus. Seiner Ansicht nach handelte, wer die Armut mit Hilfe etwa von Armengesetzen mildern wollte, wider die Natur oder deren Schöpfer. In Deutschland wurden Malthus Ideen und die Debatte, die die verschiedenen Versionen seines Essays ausgelöst hatten, in breitem Umfang erst in den 20er, vor allem aber in den 30er und 40er Jahren des 19. Jahrhunderts rezipiert – auch hier vor dem Hintergrund einer wachsenden Massenarmut zu Beginn der Industrialisierung. Das Malthussche „Bevölkerungsgesetz" erklärte diese Armut als naturbedingt, als Folge der „Überbevölkerung" und löste somit eines der wichtigsten Legitimationsprobleme der Industrialisierung. In den 1840er Jahren war in England freilich von „Überbevölkerung" kaum mehr die Rede; die vermeintlich „Überzähligen" waren entweder als Arbeitskräfte in die expandierende Industrie integriert, mit den Mitteln der Armengesetzgebung diszipliniert oder in die neuen Kolonien in Australien deportiert worden. In Deutschland war dagegen ein anderer Vorschlag Malthus' realisiert worden, um des „Problems" Herr zu werden: Dort wurden in den 1830er Jahren in verschiedenen deutschen Staaten Heiratsbeschränkungen für die Armen eingeführt.[10]

Die Debatte um Malthus Streitschrift hielt jahrzehntelang an – solange wie der ökonomische Liberalismus, dessen Pendant das „Gesetz" gewissermaßen bildete, brauchte, um sich zu konsolidieren. Zu den weitreichendsten Gegenentwürfen gehörte derjenige von Marx und Engels, die das „Naturgesetz" in die Geschichte zurückholten, indem sie das exponentielle Bevölkerungswachstum des frühen 19. Jahrhunderts als eine spezifische Begleiterscheinung, ein „Gesetz" des Kapitalismus interpretierten. Im Sozialismus, so ihre These, gebe es dagegen kein Bevölkerungsproblem, denn zum einen erlaube die volle Entfaltung der Produktivkräfte eine unbegrenzte Vermehrung der Subsistenzmittel, zum anderen würden die Voraussetzungen geschaffen für einen vernünftigen, am gesellschaftlichen Ganzen orientierten Umgang nicht nur mit den materiellen Ressourcen, sondern gleichermaßen mit den individuellen Bedürfnissen, letztlich also auch mit der Sexualität.

Doch nicht die sozialistische, sondern die liberale Fortschrittsutopie entzog der Pauperismusfurcht vorerst die Basis. Der technische Fortschritt im Rahmen der Industrialisierung schien Malthus' pessimistische Annahmen zu widerlegen und die Ernährung auch einer rasch wachsenden Bevölkerung zu gewährleisten. Zudem zeichnete sich im Europa des ausgehenden 19. Jahrhunderts nicht nur von seiten der Ressourcen, sondern auch in der Bevölkerungsentwicklung eine „Lösung" der „Bevölkerungsfrage" ab. Ausgehend von der Beobachtung, daß in den wohlhabenden Schichten die Zahl der Kinder pro Familie in der Regel kleiner sei als in der Arbeiterklasse, prognostizierten die Ökonomen eine langfristige Veränderung der Bevölkerungsentwicklung: Mit zunehmendem Wohlstand und wachsender sozialer Aufstiegsorientierung würden auch die Arbeiterfamilien lieber auf zahlreiche Nachkommen-schaft als auf die neu erworbenen Konsummöglichkeiten verzichten, besonders wenn sie nicht in der Lage seien, einer großen Kinderzahl den höheren Lebensstandard zu gewährleisten. In den hundert Jahren nach Malthus hatte sich das Bild also grundlegend gewandelt: Nicht mehr die finstere Alternative zwischen Hungersnot und sexueller Ent-haltsamkeit beherrschte die Bevölkerungsdebatte sondern Fortschritts-optimismus und Wohlstandsversprechen. Gegen Ende des 19. Jahrhun-derts schien – nicht zuletzt auch aufgrund der massenhaften Emigration von Europa nach Amerika – die Überbevölkerungsangst überwunden.[11] Doch war die Bevölkerungsfrage damit keineswegs endgültig ad acta gelegt, vielmehr tauchte sie Anfang des 20. Jahrhunderts in doppelter Gestalt wieder auf.

Zum einen wurde der Bevölkerungsrückgang, der zunächst mit Be-friedigung konstatiert worden war, schon bald als neue Geißel der Menschheit – jedenfalls ihres westeuropäischen Teils – empfunden und nun das Aussterben einzelner Völker als Bedrohung an die Wand ge-malt. War die Orientierung der Arbeiter auf Konsum und sozialen Auf-stieg eben noch als probates Mittel zur Bekämpfung der „Überbevölke-rung" gepriesen worden, so wurde ihnen das Konsumstreben nun als Selbstsucht, moralisches Fehlverhalten und Pflichtvergessenheit gegen-über „ihrem" Volk zum Vorwurf gemacht.

Zum anderen wurde aber auch das „Überbevölkerungsproblem" un-ter veränderten Vorzeichen diskutiert. Die Frage lautete nicht mehr, ob es absolut zu viele Menschen auf der Erde gebe oder in naher Zukunft geben werde – im Gegenteil: „Die Welt", so formulierte ein Referent auf der Weltbevölkerungskonferenz 1927, „ist noch immer unterbevölkert. Die Bevölkerung kann noch lange Zeit weiter wachsen, ohne daß dar-aus eine Gefahr für die Nahrungsmittelversorgung entsteht."[12] Die Frage hieß stattdessen, welches die „richtige", wünschenswerte oder „optima-le" Bevölkerungszahl" sei. Beide Argumentationslinien beeinflußten die Diskussion um Eugenik und „Menschenökonomie" in der Weimarer Republik. Eine eugenisch orientierte Reformbewegung forderte die Ver-besserung der Lebensbedingungen der Arbeiterklasse und eine voraus-schauende Bevölkerungspolitik, um so nicht die Zahl, sondern die „Qua-lität" des Nachwuchses zu steigern. Dabei wurde die Idee der Rationali-sierung, die in den Fabriken mit Einführung des Fließbands zur Leitidee der Produktion geworden war, auch auf andere Bereiche des gesell-schaftlichen Lebens wie die Architektur, Hausarbeit oder Mode übertragen – und schließlich auch auf die Reproduktion. Keine Forderung sei dringlicher, so die sozialdemokratische Frauenpolitikerin und Schriftstellerin Henriette Fürth, als die, „das System einer vernunftgemäßen Rationalisierung auch auf die Reproduktion des Menschen zu übertragen und die Frage des Bevölkerungszuwachses in einer Weise zu regeln, die (...) unter Vermeidung falscher Kosten mit einem Minimum von Einsatz ein Maximum von Gewinn und Erfolg erwirtschaften kann".[13]

Der Begriff „Bevölkerungsoptimum" wurde erstmals 1908 von dem deutschen Ökonomen Julius Wolf in seiner Schrift „Nationalökonomie als exakte Wissenschaft" verwandt. Wolf war in erster Linie Finanzexperte. Das Themenspektrum seiner Schriften ist überaus breit und reicht von Zucker- und Branntweinsteuer über Sozialpolitik bis hin zu Währungsfragen. 1912 veröffentlichte er die Arbeit „Der Geburtenrückgang, die Rationalisierung des Sexuallebens in unserer Zeit". Im Jahr 1914 gründete Wolf die Deutsche Gesellschaft für Bevölkerungspolitik, deren Erster Vorsitzender er wurde und die zum Teil rigide – überwiegend wirtschafts- und steuerpolitische – Maßnahmen gegen Genußsucht und Sittenverfall (Verhütungsmittel) forderte und zur Förderung des ehelichen Kinderreichtums aufrief.

Im Jahr 1910 machte der schwedische Ökonom Knut Wicksell „Das Optimum der Bevölkerung" zum Thema eines Vortrags. Er widersprach der allgemein verbreiteten Vorstellung, daß eine Vermehrung der Bevölkerung für den betreffenden Staat in jedem Fall von Vorteil sei. Seine Position war umso ungewöhnlicher, als alle politischen Lager in Westeuropa damals die Sorge teilten, daß ein Bevölkerungsrückgang der Anfang vom Ende des jeweiligen Staates sein könne: Der Kaiser brauchte Soldaten, die Revolution ebenfalls[14] – und die Industrie Arbeitskräfte. Dem stand der Geburtenrückgang entgegen, der seit dem Ende des 19. Jahrhunderts in den schnell industrialisierten Ländern Westeuropas eingesetzt hatte.

Wicksell versuchte seinem Publikum den Gedanken nahe zu bringen, daß die größtmögliche Bevölkerung unter wirtschaftlichen Aspekten nicht unbedingt die beste sei. Einerseits würde eine Verteilung des Bodens auf zu viele Menschen die Arbeitsproduktivität senken, weil rationelles Arbeiten auf zu kleiner Fläche nicht möglich sei; andererseits aber sei eine gewisse Bevölkerungsdichte die Voraussetzung für gesellschaftliche Arbeitsteilung, die ökonomische Vorteile mit sich bringe (zum Beispiel bei der Organisation des Verkehrs oder generell beim Aufbau einer Infrastruktur).* Es komme daher darauf an, das Gleichgewicht, eben das

„Bevölkerungsoptimum", herauszufinden. Kriterium für dieses Optimum war für Wicksell die Frage, ob bei einem „Mehr" an Menschen die Produktivität der einzelnen Arbeitskraft erhöht wird.[*] Neben diesen ökonomischen Argumenten führte er ökologische und ästhetische Gesichtspunkte an: Jeder müsse die Möglichkeit haben, „sich an der Schönheit und Größe der Natur zu erfreuen und auch zu Zeiten dem Bedürfnis nach Einsamkeit nachkommen zu können". Vor allem aber glaubte Wicksell an die Lösung der sozialen Frage mittels Regulierung der Bevölkerungszahl. Die Unterernährung breiter Bevölkerungsschichten in Deutschland und die weit verbreitete Armut in England seien Anzeichen dafür, daß dort das Bevölkerungsoptimum höchstwahrscheinlich bereits überschritten und daher bei einem Stillstand des Bevölkerungswachstums eine „sehr wesentliche Vermehrung des Wohlstandes der großen Volksmassen fast selbstverständlich" sei.

Die Frage, mit Hilfe welcher Maßnahmen das Optimum der Bevölkerung herzustellen, welche Art des bevölkerungspolitischen Eingriffs legitim und realisierbar sei, erörterte Wicksell in seinem Vortrag nicht. Doch mag für sein Publikum die Antwort auf der Hand gelegen haben, denn Wicksell trug seine Ideen auf dem Kongreß der Neomalthusianer vor, der 1910 in Den Haag tagte. Deren Ziel bestand nicht nur darin, für Geburtenkontrolle und die Zulassung von Verhütungsmitteln zu streiten; vielmehr diskutierten sie auch über die Frage der „Höherentwicklung des Menschen, die Höherzüchtung des Einzelnen".[15] Wicksells Vortrag wurde nachgedruckt in der Zeitschrift „Die Neue Generation", dem Publikationsorgan des Deutschen Bundes für Mutterschutz, der sich nach Einschätzung der Herausgeberin Helene Stöcker ebenfalls für die „Rassenverbesserung" einsetzte. Zu diesem Zweck, so formulierte die

---

* Die Überlegung, die der Definition eines „Bevölkerungsoptimums" zugrunde lag, leiteten die Ökonomen vom sogenannten Gesetz des abnehmenden Bodenertrags ab. Demnach steigen bei der Bearbeitung von Ackerland die Erträge proportional zum Mehraufwand an Arbeit und dem Einsatz von Düngemitteln – bis zu einem gewissen Punkt. Jenseits dieses „Optimums" steigt der Ertrag nicht mehr im gleichen Verhältnis wie die Investition, sondern weniger. Wenn die Bevölkerung dennoch weiter wachse, müsse sich zwischen der Zahl der Menschen und der Subsistenzbasis eine immer größere Lücke entwickeln. Nicht nur in der Landwirtschaft, sondern auch in der Wirtschaft insgesamt, so nahmen die Optimumstheoretiker an, gebe es einen gewissen Grenzertragswert, bis zu dem sich das Wirtschaftswachstum proportional zum Bevölkerungswachstum entwickele; wenn aber das Optimum überschritten sei, würden die wirtschaftlichen Erträge langsamer wachsen als die Bevölkerung und schließlich sogar absolut zurückgehen.

prominente Frauenrechtlerin, müßten „die schlechten Elemente ausgemerzt, aber zugleich den Gesunden und Tüchtigen Gelegenheit gegeben werden (...), sich in stärkerem Maße als bisher fortzupflanzen". Die Mutterschutzbewegung, so hatte Stöcker selbst auf dem Kongreß argumentiert, wolle „nicht nur den in Not geratenen Müttern und Kindern helfen, sondern auch dafür Sorge tragen, daß Menschen, deren Existenz keinen Fortschritt für die Menschheit bedeuten kann, wenn möglich überhaupt nicht geboren werden".[16] Neben Stöcker und Wicksell hatte auch August Forel, einer der angesehensten Psychiater und Sozialreformer seiner Zeit, der 1892 in der Schweiz die erste eugenische Sterilisation durchgeführt hatte,[17] in Den Haag gesprochen und die Neomalthusianer ermahnt, das Problem der Geburtenkontrolle nicht allein unter quantitativen Gesichtspunkten zu betrachten. Der Mensch müsse „bei der Erzeugung von Kindern Vernunft anwenden" und auf die Qualität der Rasse achten. „So sei die Negerrasse eine inferiore, die zu vermehren nicht im Interesse der Menschheit liege."[18]

In einem solchen geistigen Klima mag Wicksell es einerseits für überflüssig gehalten haben, Anregungen zur praktischen Realisierung des Bevölkerungsoptimums zu geben. Doch bewahrte er auch eine gewisse Distanz gegenüber den eugenischen und rassenhygienischen Argumentationsweisen.

Er hielt eine „mehr oder weniger künstliche Auslese" in Zukunft für wahrscheinlich und erwog auch die Möglichkeit, rassenhygienische Vorstellungen zum Kriterium für die „Zuchtwahl" zu erheben, zögerte jedoch, sich diese Forderung ganz zu eigen zu machen. „Von wissenschaftlicher Seite", so drückte er sich 1913 vorsichtig aus, werde immer mehr darauf gedrungen, „Menschen, die erblich belastet sind, also die psychisch und physisch Degenerierten, durch moralische Überredung oder auf andere Weise vom Kinderzeugen abzuhalten" und andererseits „die in geistiger und körperlicher Hinsicht am besten Ausgerüsteten nötigenfalls in ihren Bestrebungen, eine Familie zu gründen, zu unterstützen". Er selbst, so Wicksell weiter, stehe jedoch „dieser Bewegung, – gewisse extreme Fälle möglicherweise ausgenommen – solange noch ein wenig unschlüssig gegenüber, wie die Erforschung der Erblichkeitsgesetze, besonders auf dem psychischen Gebiete, noch nicht weiter gediehen ist, als es gegenwärtig der Fall sein dürfte."[19]

Formeln, Quoten, Raten

Obwohl die Frage des „Bevölkerungsoptimums" zuerst von National-
ökonomen aufgeworfen wurde und dabei zunächst vorwiegend quantitative Aspekte der Bevölkerungsentwicklung zur Debatte standen, zeigt
schon deren Beginn, wie schnell die Diskussion auch unter den mehr
an Fragen der „Bevölkerungsverbesserung" interessierten Wissenschaftlern, insbesondere den Eugenikern, auf reges Interesse stieß.
Der Erste Weltkrieg hatte die Diskussionsansätze von 1910 unter-
brochen. Erst einige Jahre nach Kriegsende wurde die Debatte um die
„richtige Bevölkerungszahl" wieder aufgenommen, allerdings unter
veränderten Vorzeichen. Zu Beginn des Jahrhunderts hatten noch viele
Eugeniker geglaubt, daß im Krieg gerade die Stärksten und Besten überleben und damit die Selektion positiv beeinflußt würde.[20] Nach 1918
hatten die meisten von ihnen ihr Urteil geändert: Der Krieg habe die
Zahl der Tüchtigen, die auf den Schlachtfeldern den „Tod fürs Vater-
land" gestorben waren, in besonderem Maße dezimiert, so ein in nahe-
zu allen beteiligten Staaten gängiges Argument.[21] Die Frage nach der
„Bevölkerungsqualität" mußte daher in der eugenischen Logik noch wich-
tiger als bisher erscheinen. Zudem hatten neue Grenzziehungen in ganz
Europa und die Entstehung einer Reihe kleinerer Nationalstaaten in der
Debatte um die Frage, welches Land unter- oder überbevölkert sei, neue
Koordinaten entstehen lassen. Gleichzeitig war damit aber auch jene
Möglichkeit zur Herstellung eines Gleichgewichts, die den meisten
Optimumstheoretiker die naheliegendste schien, stark eingeschränkt
worden: die Emigration. Vor dem Krieg waren jährlich etwa eine Million
Menschen aus Europa in die USA ausgewandert.[22]
Um die Auswirkungen des Krieges auf die Bevölkerung ging es auch
auf der ersten Weltbevölkerungskonferenz, die im August und September 1927 in Genf tagte. Initiative und Vorbereitung der Konferenz hatten
im wesentlichen bei Margaret Sanger gelegen. Die Frauenrechtlerin aus
den USA war aufgrund ihres Engagements für die Geburtenkontrolle zu
internationaler Berühmtheit gelangt und eine Art Symbolfigur der Bewegung geworden. Ursprünglich hatte sie der sozialistischen und anar-
chistischen Bewegung nahegestanden, sich jedoch zum Ärger ihrer einstigen Mitstreiterin Emma Goldmann zunehmend zur engagierten
Eugenikerin entwickelt, die schließlich die Möglichkeiten der Geburtenkontrolle vor allem von den Armen angewandt wissen wollte.[23] „In
ihrer Kongreßankündigung betonte Sanger, daß das weltweite Bevölke-

rungswachstum die 'Zukunft der Zivilisation' bedrohe und es nötig sei, dieses in einer 'konzertierten internationalen Aktion' zu stoppen."[24] Es war ihr gelungen, den Milbank Memorial Fund, eine der ersten in Bevölkerungsangelegenheiten tätigen Stiftungen, zur finanziellen Unterstützung des Kongresses zu gewinnen.[25] Zum ersten Mal, so lobte Sanger in der Einleitung zum Kongreßband, seien Biologen eingeladen worden, gemeinsam mit Soziologen an der Lösung ökonomischer Probleme zu arbeiten. Dabei habe sich gezeigt, daß biologische Grundsätze eine wichtige Rolle in der Diskussion gespielt hätten.[26] Die Biologie, insbesondere die Populationsgenetik, war ein wichtiges Bindeglied zwischen qualitativer und quantitativer Bevölkerungsdiskussion, da mit ihrer Hilfe wissenschaftlich bewiesen werden sollte, daß eine übermäßige Vermehrung von Lebewesen, gleich welcher Gattung, sich negativ auf deren Qualität auswirke und das Zusammenleben irgendwann unmöglich werde. Mit der Inszenierung einer internationalen wissenschaftlichen Konferenz hatte Sanger gehofft, der Bevölkerungsdebatte zu größerer öffentlicher Anerkennung zu verhelfen. Damit wurde jedoch auch einer „Professionalisierung" Vorschub geleistet: Die Aktivistinnen aus der Geburtenkontroll- oder der Sexualreformbewegung, die in ihrer täglichen Praxis mit Fragen von Verhütung und Schwangerschaft zu tun hatten, traten auf der Konferenz nicht auf. Dies bedeutete zugleich eine Verlagerung des von ihnen forcierten Themas aus der Sphäre des frauenpolitischen Engagements in die Männerdomäne Wissenschaft. Auch Sanger selbst hielt auf der Konferenz keinen Redebeitrag. Die fast ausschließlich männliche Wissenschaftlergemeinde in Genf diskutierte über die verschiedensten Aspekte von „Bevölkerung" und die Möglichkeiten ihrer Regulierung. Themen waren: die „Biologie des Bevölkerungswachstums", „Fruchtbarkeit und Sterilität im Verhältnis zur Bevölkerung" „differentielle Fruchtbarkeit", „internationale Migration und ihre Kontrolle" – und das „Bevölkerungsoptimum".

Das Hauptreferat zu diesem Thema hielt der Soziologe Henry Pratt Fairchild. Er war Mitglied verschiedener kommunistischer Bündnisse und begeistert vom sowjetischen Sozialismus[27]; 1931 übernahm er den Vorsitz der neu gegründeten Population Association of America und wurde später Präsident der American Eugenic Society. Aus heutiger Perspektive betrachtet erscheint er als „der führende akademische Rassist der 30er Jahre", der insbesondere um die „Erhaltung der ethnischen Homogenität der Nation" besorgt war.[28] In seinen Ausführungen über das „Bevölkerungsoptimum" nannte Fairchild „vier große Faktoren" als bestimmend: Lebensstandard, Land, Kulturstand (stage of arts) und Bevölkerung. Der Faktor „Land" stand in Fairchilds Definition generell für die natürlichen Ressourcen; unter den Begriff des Kulturstands subsumierte er nicht nur den Stand der Produktivkräfte, sondern auch alle produktiven Eigenschaften der Menschen selbst, ihre kreativen, geistigen und handwerklichen Fähigkeiten sowie ihren Fleiß.

Von den vier Faktoren, so Fairchild, repräsentiere letztlich nur einer menschlichen Wert: der Lebensstandard. Die anderen Faktoren seien nur insofern wichtig, als sie diesen determinierten. Das gelte insbesondere für die Bevölkerungszahl, die leicht verändert werden könne, um den Lebensstandard möglichst hoch zu halten.

Sir Charles Close, der spätere Präsident der Internationalen Union[30], griff während der Konferenz die Frage wieder auf, an welchen Kriterien das Bevölkerungsoptimum zu bestimmen sei: Man könne den maximalen Output an menschlicher Energie zum Kriterium wählen oder aber ein eugenisches Bevölkerungsoptimum annehmen. Close selbst sah die optimale Bevölkerung dann als gegeben an, wenn eine möglichst große Zahl von Männern und Frauen moralisch, geistig und physisch „perfectly fit" seien.[31] Darüber hinaus standen zwei weitere Optimumskriterien zur Debatte, die sich sowohl mit ökonomisch-quantitativen als auch mit eugenisch-qualitativen Ideen anfüllen ließen: C.V. Drysdale, Präsident der Londoner Malthusian League schlug vor, die höchste Lebenserwartung als Kriterium zu wählen, der österreichische Soziologe und Schriftsteller Rudolf Goldscheid regte an, nach dem Prinzip der Wirtschaftlichkeit vorzugehen. Demnach sei das Bevölkerungsoptimum dann erreicht, wenn mit dem geringsten Energieaufwand der größtmögliche Nutzen erzielt werde. Goldscheid hatte bereits 1911 in einem Buch mit dem programmatischen Titel „Höherentwicklung und Menschenökonomie" wesentliche zeitgenössische Positionen zur „Bevölkerungsfrage" dargelegt. Er trat für die „Befreiung der Frau aus dem Geschlechtsjoch" ein, da ungünstige Bedingungen, unter denen Frauen gebären, sowie die hohe Kindersterblichkeit eine „generative Mißökonomie sondergleichen" darstellten, ein „Verbrechen an der Volksgesundheit, an der Rassetüchtigkeit, an der Geschichte der Zukunft".[32] Goldscheids Begriff der „Menschenökonomie" brachte die Quintessenz des Optimums-Denkens zum Ausdruck. In dem Versuch, „die Menschenproduktionsbedingungen (...) dem ökonomischen Optimum möglichst anzunähern"[33], sah er die Perspektive für den wirtschaftlichen Fortschritt. Die Volkswirtschaft bestehe aus einer Handels- und einer Menschenökonomie. Die Produktion könne

Auf der Genfer Weltbevölkerungskonferenz entstand auch die Initiative zu einem internationalen Zusammenschluß der Bevölkerungsforscher. Offiziell gegründet wurde die International Union for the Scientific Investigation of Population Problems (IUSIPP) jedoch erst im darauffolgenden Jahr. Zu ihren Mitgliedern gehörten Ökonomen, Statistiker, Biologen, Sozial- und Rassenhygieniker. Viele von ihnen waren überzeugte Eugeniker, und zeitweilig wurde auch der Zusammenschluß mit der International Federation of Eugenic Organisations in Erwägung gezogen. Die ersten Gelder erhielt die IUSIPP vom Milbank Memorial Fund, in der Zeit von 1929 bis 1931 immerhin jährlich 10.000 Dollar. Finanziert wurden damit sowohl eine Zeitschrift als auch Forschungsprojekte; in Deutschland zum Beispiel eine Studie über differentielle Fruchtbarkeit, die Hermann Muckermann erstellte. Dieser war damals Abteilungsleiter am Kaiser-Wilhelm-Institut für Anthropologie, menschliche Erblehre und Eugenik, das von Eugen Fischer geleitet wurde. Beide Wissenschaftler gehörten der deutschen Sektion des IUSIPP an. Weitere Mitglieder waren Erwin Baur vom Kaiser-Wilhelm-Institut für Pflanzenzüchtung in Müncheberg, sowie der Rassenhygieniker Fritz Lenz (mit Erwin Baur und Eugen Fischer Autor des Standardwerks „Grundriß der menschlichen Erblehre und Rassenhygiene"), die Ökonomen Paul Mombert, Robert René Kuczynski und Julius Wolf, der Sozialhygieniker Alfred Grotjahn und sein Schüler Hans Harmsen sowie die Statistiker Friedrich Burgdörfer und Friedrich Zahn. Bereits drei Jahre nach Gründung des internationalen Verbandes hatte dieser nationale Komitees in 14 Staaten Westeuropas und Amerikas. Der erste Präsident der IUSIPP war der Genetiker Raymond Pearl aus den USA, ihm folgte 1931 Charles Close; Vizepräsident war in der Anfangszeit der Italiener Corrado Gini. In ihrer Satzung hatte sich die IUSIPP zu religiöser und bevölkerungspolitischer Neutralität verpflichtet. Ihre Mitglieder durften allenfalls als Privatpersonen für eine pro- oder antinatalistische Politik eintreten. Insbesondere Pearl war daran gelegen, daß die Union als streng wissenschaftliche Vereinigung auftrat. Wegen dieser Begrenzung geriet er schon bald in Streit mit Gini, der die Bevölkerungspolitik des faschistischen Italiens entschieden – und auch öffentlich – befürwortete. Allerdings enthielt auch Pearl sich keineswegs eines bevölkerungspolitischen Engagements. Zusammen mit den anderen Mitgliedern des US-Komitees der IUSIPP gründete er das Population Reference Bureau, die älteste amerikanische Lobby-Organisation in Sachen Bevölkerungspolitik. Auch gegenüber der nationalsozialistischen Rassenpolitik ging die Union nicht auf Distanz. Mit den zunehmenden politischen Spannungen auf internationaler Ebene schlief der wissenschaftliche Austausch innerhalb der IUSIPP aber Ende der 30er Jahre weitgehend ein. 1937 fand die vorerst letzte Tagung der Union statt. Erst 1947 gründete sie sich wieder als International Union for the Scientific Study of Population, IUSSP – eine Bezeichnung, die sie bis heute führt.[29]

nur rationalisiert werden, wenn auch die Reproduktion rationalisiert werde. In Ländern, in denen die Geburtenrate rückläufig sei, müsse daher die Verschwendung und der vorzeitige Verschleiß von Menschenleben verringert werden.[34]

In den Debatten der Genfer Konferenz war die Frage nach den Kriterien des Bevölkerungsoptimums breit erörtert, jedoch nicht entschieden worden. Anfang der 30er Jahre faßte der Ökonom Selig Siegmund Cohn den Diskussionsstand zur Theorie vom „Bevölkerungsoptimum" in einer „dogmengeschichtlichen Behandlung des Bevölkerungsproblems" zusammen. Cohn selbst definierte das Optimum ökonomisch als diejenige „Menschenzahl, bei welcher der durchschnittliche Anteil des Einzelnen am Sozialprodukt möglichst groß ist".[35] Er erörterte in seiner Arbeit die Vielzahl der damals zur Debatte stehenden Kriterien und vermeintlichen Indikatoren für „Über-" und „Unterbevölkerung" wie etwa Arbeitslosigkeit, der Im- oder Exportbedarf eines Landes, das Durchschnittsrealeinkommen, die Wechselkurse, das Preisniveau oder die „geringste mittlere Sterblichkeit". Ausgiebig befaßte sich Cohn mit der Bedeutung der immateriellen Güter, wie etwa der „Muße", des Gesundheitszustandes oder der (durch Vererbung und Erziehung beeinflußten) „Bevölkerungsqualität", die er als Faktoren zur Bestimmung des Optimums nannte.[36]

Trotz aller eigenen Berechnungen und sorgfältigen Abwägungen stellte Cohn einschränkend explizit fest, daß es keine objektiven Kriterien für das Bevölkerungsoptimum und mithin auch nicht für die „Überbevölkerung" gebe: „Es ist freilich in die subjektive Entscheidung eines jeden Einzelnen gestellt, was er als das Optimum der Bevölkerung betrachten will. Ein Bevölkerungsoptimum, das von dem einen mit guten ökonomischen Gründen verteidigt wird, wird von einem anderen vielleicht mit ebenso guten ethischen Gründen abgelehnt."[37] Es wäre „daher ein törichtes Beginnen (...), an dieser Entscheidung irgendwie mäkeln zu wollen".[38]

Es gab in der Optimumsdiskussion also heterogene Positionen. So war umstritten, ob „Unter-" oder „Überbevölkerung" als das Problem eines Landes oder eines Kontinents anzusehen sei, ob man das Bevölkerungsoptimum nach eugenischen oder unterschiedlichen ökonomischen Kriterien definiere, ob man die Bevölkerungszahl besser über die Geburten- oder über die Sterberate beeinflusse, ob Migrationspolitik ein geeignetes Mittel zur Regulierung darstelle oder ob vielleicht doch Hungersnöte und Kriege als eine Art („notwendige") Selbstregulierung wir-

ken würden. In manchen Berechnungen galt Indien als erheblich „überbevölkert"[39], - R.K. Das, ein indischer Wissenschaftler, hielt zwei Drittel
der in Indien lebenden Menschen für „überzählig"[40] - in anderen als
gerade richtig oder leicht „unterbevölkert".[41] Auch in China, so Fairchild,
herrsche vermutlich „Überbevölkerung", in Australien und Kanada wahrscheinlich eher „Unterbevölkerung". Die Möglichkeit einer „Übervölkerung" des Planeten Erde wurde auf der Weltbevölkerungskonferenz 1927
jedoch - ausgehend von der Annahme, daß reichlich Nahrungskapazitäten
vorhanden seien - als zu entfernt angesehen, um öffentliches Interesse
zu wecken.

Unabhängig von solchen Meinungsverschiedenheiten wird deutlich,
daß die Diskussion weit darüber hinausging, nur die Auswirkungen von
Wachstum oder Rückgang der Bevölkerungszahl abzuschätzen. Die Bestimmung des Optimums war implizit handlungsorientiert.

So herrschte Konsens darüber, daß es sich bei der quantitativen und
(oder) qualitativen Entwicklung der Bevölkerung um ein eminentes
ökonomisches Problem handle, von dem die meisten Diskutanten auch
annahmen, daß es der staatlichen Steuerung bedürfe, selbst wenn die
Mittel dazu aktuell nicht gegeben waren.

In der ökonomisch-demographischen Debatte wird die „Bevölkerung"
auf einen (Wirtschafts-)Faktor reduziert. Dies wird besonders sinnfällig
in den mathematischen Formeln, die zur Berechnung des „Problems"
aufgestellt wurden. Fairchild sah Bevölkerungsformeln als ein Hilfsmittel des „social engineerings"[42], der planvollen Konstruktion von Gesellschaft mittels der richtigen, eben optimalen Kombination der relevanten Faktoren.

Paul Mombert formulierte in den späten 20er Jahren die Gleichung
„Nahrungsspielraum = Volkszahl mal Lebenshaltung oder in Kurzform:
$N = V \times L$". Wenn die Bevölkerungzahl wächst, so muß, damit die Gleichung stimmt, entweder der Nahrungsspielraum erweitert oder aber der
Lebensstandard verringert werden. Eine Verminderung der Bevölkerung,
so scheint es, ermöglicht die Steigerung des Lebensstandards für die
verbleibenden Menschen. Indem man die Formel zur „Bevölkerungs-
seite" hin auflöst, kann jedes Mißverhältnis zwischen Ressourcen und
gesellschaftlichen Bedürfnissen auch als ein Problem der Bevölkerungszahl ausgedrückt werden. Ebenso erscheinen die Methoden als beliebig,
mit deren Hilfe das Gleichgewicht hergestellt wird: Der Nahrungsspielraum „N" kann mit Hilfe einer Produktivitätssteigerung ebenso aus-
geweitet werden wie mittels militärischer Expansion, und für die Stim-

migkeit der Formel ist es egal, ob „V" mit Hilfe von Geburtenkontrolle, Umsiedlung oder gewaltsamen Tod verringert wird.*

Der indische Soziologe, Ökonom und Bevölkerungswissenschaftler Radha Kamal Mukerjee stellte in seinem 1930 publizierten Vortrag „Optimum and Overpopulation" eine Gleichung auf, in der er zwischen produktiver Bevölkerung und Gesamtbevölkerung unterschied und diese zum „optimalen Lebensstandard" in Beziehung setzte.[43] Cohn nahm diese Unterteilung der Bevölkerung in „zwei verschiedene Massen, als Konsumenten und als Produzenten" auf.[44] Mit Mukerjees Unterscheidung war auf der theoretischen Ebene der Weg gewiesen, nicht nur die „Variable Bevölkerung" zu regulieren, sondern mit produktiver Bevölkerung und „Nur-Konsumenten" unterschiedlich zu verfahren. Nach den Regeln der Mathematik war es gleichgültig, ob man die Zahl der Produzenten erhöhte oder diejenige der Konsumenten reduzierte.

Cohn hielt eine Manipulation der Geburtenzahlen in beide Richtungen (Erhöhung und Verminderung) für möglich, um die Bevölkerung zu

---

* Paul Ehrlich, Verfasser des Bestsellers „Die Bevölkerungsbombe" (1973), hat gemeinsam mit seiner Ehefrau, der Biologin Anne Ehrlich, in den 70er Jahren eine Formel aufgestellt, die die Auswirkungen des Bevölkerungswachstums auf die Umwelt ausdrücken soll: $I = P \times A \times T$. Dabei steht P für Bevölkerung (population), A für den Pro-Kopf-Verbrauch an Gütern (amount of goods consumed per person) und T für die Umweltverschmutzung im Zusammenhang mit der Warenproduktion (pollution generated by technology per good consumed), I steht für „impact" und soll die Auswirkungen auf die Umwelt bezeichnen.
Patricia Hynes hat in ihrer Kritik dieser Formel eine Reihe von Gesichtspunkten benannt, die beim Gebrauch von Bevölkerungsformeln generell zu bedenken sind: Das Kürzel P bezeichnet die bloße Zahl der Menschen, unabhängig davon, ob sie zu den reichsten oder den ärmsten 20 Prozent der Menschheit gehören – obwohl es zwischen beiden Gruppen immense Unterschiede hinsichtlich des Konsum und der Ressourcenbelastung gibt. Die Gleichung, so kritisiert Hynes, läßt die Machtverhältnisse ebenso außer acht wie die Menschen als handelnde Subjekte, sie berücksichtigt weder die Geschlechterhierarchie noch die rassistische Diskriminierung. Warum, so fragt Hynes, wird ein Bevölkerungsnullwachstum gefordert, aber kein Nullwachstum im Konsum? Schließlich müsse auch die männliche Dominanz, das männlich bestimmte Verhältnis zu Technik und Natur und letztlich das Patriarchat in Frage gestellt werden. Hynes fordert ein „Patriarchats-Nullwachstum" und stellt folgende Gegen-Gleichung auf, in der zwischen Überlebens- und Luxuskonsum unterschieden und auch der Ressourcenverbrauch des Militärs berücksichtigt wird; außerdem wird das umweltpflegende Verhalten (C) als entlastende Komponente mitberücksichtigt: $I = C$ (umwelterhaltende Tätigkeiten)- $(PAT)_{survival}$ + $(PAT)_{Luxury}$ + MAT (Militärbedienstete x Ressourcenkonsum x Verschmutzung). Patricia Hynes, Taking Population Out of Equation. Reformulating $I=PAT$, Massachusetts 1993. Patricia Hynes ist Direktorin des Institutes on Women and Technology in Massachusetts und Professorin für Umweltpolitik.

regulieren. Die Sterbeziffer sah er dagegen als unveränderlich an, da „der Tod, abgesehen von Krieg und Gewalt, der Einwirkung des Menschen weitgehend entzogen ist".[45] Mukerjee hatte sich bereits 1930 von diesem Tabu verabschiedet. Er war der Ansicht, daß „nur das ungeheure Anwachsen der Sterbeziffer die Bevölkerungsdichte regulieren" könne.[46]

So sehr die Diskutanten an Tabus zu rütteln begannen, so verzichteten sie doch auf Vorschläge, wie ihre Regulierungsvorstellungen ins Werk gesetzt werden könnten. Dennoch operierte man auf der theoretischen Ebene mit Geburten-, Einwanderungs- und Sterberaten gerade so, als ließen sich diese Quoten, Raten und Zahlen beliebig handhaben und als hätten die Demographen über Geburt, Lebensverlauf und Tod zu befinden.

Zwar hatten sich an den theoretischen Erörterungen Funktionäre der Eugenikbewegung oder Wissenschaftler wie Wicksell beteiligt, die mit den Ideen der Rassenhygiene sympathisierten oder sie als möglicherweise hilfreich erachteten; doch maßen sie der „Bevölkerungsqualität" zunächst weit weniger Bedeutung bei als der (optimalen) Bevölkerungsquantität. Je konkreter jedoch die Frage diskutiert wurde, wo „Überbevölkerung" herrsche und welche praktischen Konsequenzen daraus zu ziehen seien, desto deutlicher zeigte sich, daß die Argumentation mit der „reinen Zahl" nicht ohne den Diskurs über die „Qualität" einzelner Völker und sozialer Schichten auskam. Die Verbindung beider Diskussionsstränge bot sich als interdisziplinäres Projekt geradezu an, da die Eugeniker und Rassenhygieniker in diesen beiden Jahrzehnten, in denen die Ökonomen über die richtige Zahl der Menschen nachdachten, deren qualitative „Verbesserung" zum Thema einer neuen Sozialbiologie machten.

Vom Optimum zum Maximum

Hatte Wicksell zu Beginn der Optimumsdebatte seine Überlegungen noch als einen Beitrag zur Lösung der sozialen Frage begriffen, so hatte sich der politische Schwerpunkt im Verlauf der 20er Jahre verschoben. Die Auseinandersetzung um die weltwirtschaftliche Arbeitsteilung, um ökonomische Expansion und Kolonialisierung rückte in den Mittelpunkt des Interesses. In Deutschland beschäftigten nicht zuletzt der Verlust der Kolonien und dessen Auswirkungen auf das Bevölkerungsoptimum die Gelehrten. Schon damals wurde der auch heute aktuelle Begriff der

„Tragfähigkeit" erörtert: Tragfähigkeit wurde jedoch noch nicht – wie heute zumeist – ökologisch, sondern primär ökonomisch definiert. Es ging also um die Frage, wieviele Menschen in einer bestimmten Region oder einem Land oder auch auf der ganzen Erde auf Dauer ihren Lebensunterhalt bestreiten könnten. Dahinter stand nicht nur die statistische Frage, wieviele Menschen ein bestimmter „Raum" „tragen" könne, sondern auch der politische Anspruch, welches „Volk" welchen „Raum" benötige. In diesem Zusammenhang wurde nun nicht mehr allein die Frage nach dem Optimum gestellt, sondern auch die nach dem Bevölkerungsmaximum.

Dabei ging es damals nicht um den ganzen Planeten, im Mittelpunkt des Interesses standen die „Räume" einzelner Nationalstaaten. Da die Möglichkeiten zur Steigerung der Nahrungsproduktion als unabsehbar groß angesehen und die Bevölkerungskapazität der Erde als noch lange nicht erschöpft bewertet wurde,[47] sei es „nicht einmal sicher, ob die Erde überhaupt jemals ein erfüllter Raum sein" werde, schrieb der Bevölkerungsgeograph Alois Fischer und polemisierte gegen jene seltsame „Tendenzschreibung, die sich bald in der Ausmalung des Überbevölkerungsgespenstes, bald in der des Entvölkerungsgespenstes gefällt" und „jedes wissenschaftlichen Wertes" entbehre.[48] Allerdings könne die Bevölkerung einzelner Länder oder Regionen auch über die dort vorhandene Menge an Nahrungsmitteln hinaus wachsen. Fischer war sich der Tatsache bewußt, daß die Frage nach der Tragfähigkeit nicht aufgrund rein quantitativer Berechnungen der Nahrungsmittelproduktion beantwortet werden konnte, sondern auch politische Machtverhältnisse darüber entschieden, wieviel „Nahrungsspielraum" einem Land zur Verfügung stand. Daher führte er den Begriff der „außenbedingten Tragfähigkeit" ein und stellte somit auch die importierten Güter in Rechnung, wenn es darum ging zu entscheiden, wieviele Menschen in einem Land leben konnten. „Die Entstehung außenbedingter Tragfähigkeiten" sei eben „stets an wirtschaftliche Superiorität gebunden, die nicht selten auch noch durch eine politische gedeckt wird."[49]

„Übervölkerung" trat seiner Ansicht nach dann ein, wenn sich diese vorteilhaften Außenbedingungen in Folge politischer oder ökonomischer Krisen verschlechterten, also plötzlich die Rohstoffe und Märkte anderer Länder und „Ergänzungsräume" nicht mehr zur Verfügung standen. Eben dies war nach dem Ersten Weltkrieg geschehen: Im Krieg war in großem Ausmaß Kapital vernichtet worden und aufgrund dessen die Produktivität in Industrie und Landwirtschaft der meisten Länder erheblich zurückgegangen. Die Entstehung zahlreicher kleiner Nationalstaaten und die Revolution in Rußland hatten die Industrie von einem beträchtlichen Teil ihrer Absatzmärkte isoliert, die ursprünglich an erheblich größeren Gebieten (dem zaristischen Rußland oder Österreich-Ungarn) orientiert waren. Die „übervölkerten" Länder, so Fischer, seien „in Zeiten der Not an Nahrungsmitteln und bei Störungen im Weltwirtschaftsapparat viel stärker der Gefahr der Verarmung ausgesetzt" als andere, nicht vom Außenhandel abhängige Länder. Daher bestand nach Fischers Analyse in den 20er Jahren in ganz Westeuropa eine „Übervölkerungskrise", da es aufgrund der politischen und wirtschaftlichen Umwälzungen nach dem Ersten Weltkrieg seine bisherigen „Ausgleichsgebiete" Rußland und Amerika verloren habe. Hinzu kamen „nun auch noch Autarkiebe-strebungen in den bisher überwiegend agrarisch eingestellten Ländern Südosteuropas und auch schon in Asien".[50]

Die von Fischer 1925 thematisierte „Übervölkerung" Westeuropas war im darauffolgenden Jahr Gegenstand der Jahrestagung des Vereins für Sozialpolitik in Wien. Aufgrund der „Strukturveränderungen in der Welt-wirtschaft als Folge des Krieges"[51], so führte dort Paul Mombert aus, sei das Wirtschaftsvolumen zurückgegangen, habe sich die Tragfähigkeit verringert und so sei „Überbevölkerung" entstanden. Diese trat nach Mombert in verschiedenen Formen in Erscheinung: als Rückgang des Welthandelsvolumens, als Verminderung der Kaufkraft durch die Inflati-on; die Arbeitslosigkeit galt ihm ebenso als Ausdruck der „Überbevölke-rung" wie ihr Gegenteil: die Zunahme der Erwerbstätigen[52]. Daß all diese Phänomene nichts mit einem Bevölkerungswachstum zu tun hat-ten, war kein Hinderungsgrund, sie als Folgen der „Überbevölkerung" zu interpretieren. Denn, so Mombert, „das Wesentliche bei der Erschei-nung der Übervölkerung liegt doch darin, daß sich Größenänderungen in dem Verhältnis zwischen Volkszahl und Nahrungsspielraum vollzo-gen haben". An welchem der beiden Faktoren sich etwas geändert habe „macht ja (...) für die Symptome und Folgen dieser Erscheinung keinen Unterschied."[53] Selbst bei stagnierender oder sinkender Bevölkerungs-zahl könne demnach „Übervölkerung" entstehen, wenn der Nahrungs-spielraum eingeengt werde. Mit Hilfe dieser extrem reduktionistischen Argumentation konnten nahezu alle Krisenphänomene und auch die spätere Weltwirtschaftskrise als „Bevölkerungsproblem" beschrieben werden. Diesen Punkt griff Franz Oppenheimer, ein scharfzüngiger Anti-Malthusianer, in der Diskussion auf. Er warf Mombert vor, auf einem „Gedankenkarussell" herumzureiten, indem er zuerst die Arbeitslosigkeit auf eine sonst nicht nachzuweisende „Übervölkerung" zurückführe und anschließend aus der „Übervölkerung" wieder die Arbeitslosigkeit ableite.[54] Doch Oppenheimer stand mit seinen Einwänden weitgehend allein. Unter den in Wien versammelten Ökonomen herrschte im wesentlichen Konsens darüber, daß in Westeuropa ein „Überbevölkerungsproblem" bestehe und – wie Fischer es ausgedrückt hatte – „die Gefahr, daß (…) ein großer Teil der auf außenbedingter Tragfähigkeit beruhenden Bevölkerungen abbaureif werden könnte".[55]

Deutschland: „Volk ohne Jugend" – „Volk ohne Raum"

In Deutschland wurde zu dieser Zeit eine andere Diskussion ausgetragen, die auf den ersten Blick zu diametral entgegengesetzten Schlußfolgerungen führte: Nicht „Überbevölkerung" sondern „Volkstod" sei die drohende Gefahr für Deutschland. Der exponierteste Vertreter dieser Position war der Bevölkerungsstatistiker Friedrich Burgdörfer[56]. Seit Ende des 19., vor allem aber im ersten Drittel des 20. Jahrhunderts war der Geburtenrückgang in ganz Westeuropa Anlaß zu Kassandrarufen von Bevölkerungsexperten. Sie warnten vor dem Aussterben der Weißen insgesamt und beklagten speziell in Deutschland die „schwindende Wachstumsenergie des deutschen Volkes", die aus den niedrigen „Gebärleistungen der deutschen Frauen" folge.[57] Aus ihrer Sicht drohte sowohl ein Mangel an Soldaten als auch eine „Überalterung des Volkskörpers", also eine ökonomisch bedenkliche relative Vermehrung der „Nur-Konsumenten".

Sowohl die Tragfähigkeits- als auch die Volkstodprognostiker stützten ihre Argumentation auf die – jeweils eigene – Interpretation der Kriegsfolgen: Die einen begründeten die These von der „Überbevölkerung" mit der territorialen und wirtschaftlichen Schrumpfung[58], die anderen mit den hohen Bevölkerungsverlusten im Krieg. Dazu rechnete Burgdörfer nicht nur zwei Millionen getötete deutsche Soldaten, sondern auch die „Volksgenossen" in den Gebieten, die Deutschland nach Kriegsende hatte abtreten müssen; außerdem führte er an, daß mehrere hunderttausend Menschen aufgrund des Hungers und der Grippeepidemie von 1918 gestorben seien. Und schließich zählte er noch dreieinhalb Millionen Kinder hinzu, die infolge des Kriegs nicht geboren worden seien.[59] Insgesamt, so Burgdörfers Bilanz, habe Deutschland damit ein Fünftel seiner Bevölkerung verloren.

Beide Argumentationslinien fanden ihren Widerhall in der sozialpolitischen Debatte der Weimarer Republik. Vor und während des Ersten
Weltkriegs hatte das Deutsche Reich eine pronatalistische Politik betrieben, um dem Geburtenrückgang entgegenzuwirken und weil eine hohe
Bevölkerungszahl als Voraussetzung für die militärische Stärke angesehen wurde. Mutterschaft galt als „Wehrbeitrag der deutschen Frau". 1916
hatte der Reichstag einen Sonderausschuß zur Bevölkerungspolitik gegründet und wenig später damit begonnen, Gesetzentwürfe zur Steigerung der Geburtenrate zu beraten.[60] Nach 1918 machte sich die SPD, die
bis dahin die Politik der Geburtenförderung unterstützt hatte, in Anbe-
tracht der hohen Arbeitslosenzahlen das Argument zu eigen, Deutschland sei „überbevölkert", es habe „10-15 Millionen mehr Menschen als
es brauche".[61] Die Warnungen vor einem bevorstehenden Volkstod
wurden dagegen eher von konservativen Kreisen betont[62], die auch aus
moralischen Gründen („Sittenverfall") eine Legalisierung von Verhütungsmittelwerbung und Abtreibungen ablehnten. Wenn die Einwände
gegen die Verbreitung von Verhütungsmitteln im Verlauf der 20er Jahre
allmählich schwächer wurden, so ist dies gleichermaßen auf die Sexualreformbewegung wie auf die Ausbreitung neomalthusianischer und eugenischer Ideen zurückzuführen. Kleinere Familien galten nur insofern
als erstrebenswert, als man sich davon einen gesünderen Nachwuchs
mit besseren Zukunftschancen versprach. Damit wurde ein Gedanke
popularisiert, der später auch in der Überbevölkerungsdebatte eine wichtige Rolle spielen sollte: die Sozialhygiene.

Sie führte binnen kurzer Zeit zum Konsens zwischen den äußerlich so
verschiedenen Positionen derjenigen, die einerseits vom aus allen Näh-
ten platzenden „Volk ohne Raum" fabulierten und andererseits das „Aussterben" desselben an die Wand malten. So konnte zum Beispiel Fischer
„Übervölkerungsdruck in fast allen Staaten Westeuropas" konstatieren
und zwei Seiten weiter beklagen, daß in Europa „Geldgier und Träg-
heit" die Ursache für die „Schwächung des Vermehrungswillens" seien.
„Hierin", so fuhr er fort, „liegt die einzige Gefahr für die Zukunft der
weißen Rasse."[63]

Trotz der Klagen über den Geburtenrückgang blieb das Thema „Überbevölkerung" weiterhin präsent. Die Möglichkeit, die „Überzähligen" in
der Wirtschaft des eigenen Landes zu beschäftigen, hielten die Ökonomen wegen des Kapitalmangels für begrenzt. Der Agrarwissenschaftler
Friedrich Aereboe referierte bei den Wiener Verhandlungen des Vereins
für Sozialpolitik über „die Bevölkerungskapazität der Landwirtschaft"

und sprach sich vehement dafür aus, alle Möglichkeiten zur „inneren Kolonisation" zu nutzen: Die Rationalisierung der Landwirtschaft, eine „Förderung des Bauernstandes" gegenüber dem Großgrundbesitz sowie Schrebergärten in Händen von Industriearbeitern sollten die Bodennutzung steigern. Mit Hilfe einer entsprechenden Preis-, Lohn- und Steuerpolitik müsse die Kaufkraft erhöht werden. Außerdem plädierte er für die körperliche und geistige „Ertüchtigung der Menschen im allgemeinen und der Landbevölkerung im besonderen, damit diese neue Wege erschließe, den eigenen Unterhalt zu erwirtschaften. Das meiste Neuland befindet sich eben in den Köpfen der Menschen".[64]

Dieser eher verhaltenen, jedenfalls nicht imperialistischen Konzeption stellten Ökonomen schon früh die Forderung nach territorialer oder wirtschaftlicher Expansion entgegen. Sie argumentierten für eine Erweiterung des Nahrungsspielraums (zum Beispiel durch den Besitz von Kolonien) oder die Ausdehnung der Handelsbeziehungen. Begründet wurde dies unter anderem mit Bedenken gegen die zwar erschwerte, aber doch noch mögliche Auswanderung. Denn: „Nichts ist so kostbar wie wohltrainiertes Menschenmaterial."[65] Indem die wirtschaftliche Not viele Menschen zur Emigration zwinge, werde „die Volkskraft und das Volksvermögen (geschwächt), um andere Volkswirtschaften gewöhnlich mit den tüchtigsten Elementen des eigenen Landvolkes zu kräftigen".[66] Mombert äußerte darüber hinaus Zweifel, daß die Auswanderung geeignet sei, die Arbeitslosigkeit zu reduzieren, da in der Regel „vor allem gelernte Arbeiter auswandern, während die Arbeitslosigkeit hauptsächlich ungelernte Arbeiter" betreffe. Zudem handele es sich bei den Emigranten „erfahrungsgemäß vorwiegend (um) Leute im arbeitsfähigen Alter", so daß „also der Belastungskoeffizient der Volkswirtschaft vergrößert" werde.[67] Mit anderen Worten: Die Produzenten gingen nach diesem Szenario außer Landes, während die „Nur-Konsumenten" blieben und damit die inneren „Lasten" der Volkswirtschaft erhöhten.

Unbedenklich schien die Auswanderung dagegen, wenn sie richtig gelenkt werde – nämlich in „neue Lebensräume", da auf solche Weise nicht andere, sondern die eigene Volkswirtschaft gestärkt und so die Probleme der „Überbevölkerung", der Ressourcenbasis wie der Absatzmärkte gleichermaßen gelöst werden könnten. Nach Ansicht des Geographen und Historikers Albrecht Haushofer, der sich ebenfalls in der *Zeitschrift für Geopolitik* mit dem „Problem der Bevölkerungsdichte auf der Erde" auseinandersetzte, wiesen „Deutsch-Ostafrika und der Kongo-Staat, und somit weitere Teile Afrikas", aber auch Australien, Mittel-

und große Teile Südamerikas „extreme Untervölkerung" auf.[68] Die Kategorien „Unter-" und „Übervölkerung" dienten dazu, den Anspruch auf neue Territorien und zusätzliche Ressourcen als notwendige Konsequenz eines demographischen, quasi naturhaften Prozesses zu legitimieren und den Rassismus gegenüber den „Kolonialvölkern" in ökonomische, vermeintlich objektive Kriterien zu transformieren: „In der Kolonialpolitik", so der Geograph Adolf Günther 1926, „kann man (...) den Versuch europäischer Völker sehen, den zu eng gewordenen Gürtel zu sprengen und ihren Bevölkerungsüberschuß nach klimatisch günstigeren, verhältnismäßig gering bevölkerten Gegenden abzustoßen."[69] Die Kolonialkriege rechtfertigte er als notwendige Voraussetzung für das „Abstoßen von Bevölkerungsüberschuß", damit sich Europa „Luft" machen könne. Die Menschen, die in den angeblich „unter"- oder „gering bevölkerten" Gebieten lebten, wurden in dieser Betrachtungsweise wahlweise zur quantité négligeable oder aber zur „übermächtigen farbigen Majorität"[70], gegen die die Herrschaftsansprüche der Weißen unter anderem mit dem Mittel der gezielten Siedlungspolitik zu sichern seien.

Anfang der 30er Jahre entwickelten Bevölkerungswissenschaftler und Ökonomen bereits einen Vorschlag, wie die „Finanzfrage" bei der Kolonisierung zu lösen sei. Im Rahmen einer Fachdebatte berechneten sie die Kosten, die „überzählige" Menschen für eine Volkswirtschaft verursachen. Man ging davon aus, daß die Aufzucht eines Menschen 10.000 RM erfordere und als „Betriebskapital" für seine Ausbildung und Beschäftigung weitere 20.000 RM notwendig wären. Bei 400.000 Menschen, die in dieser Modellrechnung als „überzählig" angesehen wurden, ergab dies bereits eine Summe von 12 Milliarden RM. Mombert zog daraus den Schluß, daß bei einem Rückgang oder einer Stagnation des Bevölkerungswachstums Kapital akkumuliert werden könne, das andernfalls verschwendet würde, um „überzählige", also wirtschaftlich nicht produktiv einsetzbare Menschen aufzuziehen und auszubilden. Dieses Kapital könnte stattdessen - wie das französische Beispiel zeige - zur Kolonisierung Afrikas und somit zur Erweiterung des deutschen Nahrungsspielraums verwandt werden.[71]

Damit war ein weiterer Schritt in Richtung „Menschenökonomie" getan: Hatte die Überbevölkerungsthese bereits die Annahme in Frage gestellt, daß der Mensch immer ein „positiver Wirtschaftsfaktor" sei, so wurde jetzt gewissermaßen sogar explizit das Gegenteil behauptet. Ein Rückgang der Bevölkerungszahl wurde demnach sogar als Quelle der Kapitalschöpfung dargestellt. Die Verringerung der Menschenzahl -

unabhängig davon, mit welchen Mitteln sie realisiert wurde - setzte Finanzmittel für wirtschaftliche Investitionen frei, verschaffte damit dem Fiskus zusätzlichen Planungsspielraum und war, wenn man den Kapitalmangel als „objektives" Hindernis ansah, gewissermaßen die notwendige Voraussetzung für eine Produktivitätssteigerung.

Die Debatte um die „leeren Räume" und die noch zu erschließenden Ressourcen war von der Überzeugung durchsetzt, daß Weiße „rationell denkende Menschen", und daher den „primitiven" Schwarzen gegenüber „höherwertig" seien.[72] Der Anspruch der „Westarier" auf „ausreichende Möglichkeiten sich auszubreiten" und „den Siedlungsraum der Zukunft" untereinander aufzuteilen, war den meisten Bevölkerungswissenschaftlern ebenso selbstverständlich wie die Annahme, daß man die Erschließung der Tropen, des künftigen „Hauptproduktionsgebietes menschlicher Nahrung", nicht den „Primitiven" überlassen könne. Sie seien, so meinte Günther, zu einer solchen „ungeheuren Kulturarbeit" erwiesenermaßen nicht in der Lage; Albrecht Haushofer traute „nur Rassen mit großer Energie, d.h. mit großen Ansprüchen", die Kraft zu, „den tropischen Wald urbar zu machen"; doch „gerade diese Rassen erliegen dem tropischen Klima". Aereboe hatte dagegen eher Bedenken, daß „der Neger", wenn er die „unabsehbaren Möglichkeiten für die Steigerung der Bodenproduktion" selbst nutze, „vielleicht einmal auf dem Wirtschaftsgebiete Rache (nimmt) für Sklavenketten und Nilpferdpeitsche, mit denen man seine Vorfahren traktiert hat". Da jedoch das Klima in den Tropen als für Weiße schlecht verträglich galt, empfahl sich quasi von selbst die aus der Kolonialzeit bewährte Herr-Knecht-Hierarchie, bei der sich die Europäer „Führung und Aufsicht" vorbehielten, um die „grobe körperliche Arbeit (...)" den besser ausgerüsteten Einheimischen anzuvertrauen".

Die rassistischen Doppelstandards sind offenkundig. So konnte „Überbevölkerung" in Westeuropa als ein Indiz kultureller Überlegenheit betrachtet werden: „Je höher die Kultur, desto höher die Lebensansprüche, desto größer die Flächeneinheit, die zum Unterhalt eines Menschenlebens gebraucht wird". Analog dazu wurde ein „Bevölkerungsdefizit" in anderen Ländern als „Kulturdefizit" erklärt.

„Überbevölkerung" in osteuropäischen Ländern oder anderen Kontinenten galt dagegen als gefährlich, als „Druck" und Bedrohung, der man rechtzeitig Einhalt gebieten mußte. Selbst der Geburtenrückgang in Deutschland wurde auf den „Bevölkerungsdruck" von außen zurückgeführt, da in Mitteleuropa „die Macht Dritter die Lebensaussichten großer Völker so eingeengt" habe, „daß bevölkerungspolitische Reaktionen - vor allem Enthaltung von Ehe, Zeugung und Geburt - fast selbstverständlich sind". Vom „ostasiatischen Übervölkerungsdruck" glaubte Fischer, daß er in „längstens zwei Jahrzehnten" einen Krieg entfesseln werde; und der wachsende Anteil der Schwarzen an der Gesamtbevölkerung der Erde war in nahezu allen einschlägigen Studien Anlaß zu Katastrophenmeldungen.[73] Begriffe wie „(Über-)Bevölkerungsdruck", die Assoziationen an „Überdruck" und „Explosion" wecken, wurden vornehmlich für ost- und außereuropäische Länder benutzt. Für Westeuropa wurde dagegen das Phänomen „Überbevölkerung" mit Bildern vom „zu eng gewordenen Gürtel" ausgedrückt oder auch als „Landmangel" oder „Raumenge". Die im Nationalsozialismus übliche Rede vom „Volk ohne Raum" hat hier ihre Vorgeschichte.[74]

„Täglich 13 Juden!"

Aus einer Dia-Serie des Rassenpolitischen Amts der NSDAP, 1934.
Autoren: Rudolf Frerks und Arthur Hoffmann

„MENSCHENÖKONOMIE" IM NATIONALSOZIALISMUS

Unter der nationalsozialistischen Regierung erfuhr die Bevölkerungswissenschaft eine gesteigerte Wertschätzung. Rassenhygiene und Eugenik wurden zur Staatsdoktrin, und schon bald folgte dem eine weitreichende bevölkerungspolitische Praxis: Mit Hilfe von Zwangssterilisations-
gesetzen, Erbgesundheitsgerichten, Ehetauglichkeitszeugnissen und „Blut-
schutzgesetzen" – um nur die bekanntesten Neuerungen zu nennen –
wurde der „Volksentartung" wie der „Rassenvermischung" der Kampf
angesagt. Mutterkreuze und ein progressiv gestaffeltes Kindergeld sollten dem Geburtenrückgang entgegenwirken. Die Idee der „Menschenökonomie" war integraler Bestandteil dieser Politik; sie verband qualitative und quantitative Bevölkerungspolitik, den Eugenikdiskurs mit dem
der „Überbevölkerung".

Als in Berlin Ende August 1935 der internationale Kongreß für
Bevölkerungswissenschaft tagte, sahen die deutschen Bevölkerungswissenschaftler darin eine willkommene Gelegenheit, dem ausländischen Fachpublikum sowohl die eigenen wissenschaftlichen Fortschritte
zu präsentieren als auch die von ihnen selbst „erarbeiteten und von
der Deutschen Reichsregierung in Kraft gesetzten bevölkerungspolitischen Gesetze und zum Teil auch schon Ergebnisse dieser wissenschaftlich fundierten Bevölkerungspolitik".[1] Eingeladen hatten die International Union for the Scientific Investigation of Population Problems (IUSIPP), die Deutsche Gesellschaft für Rassenhygiene, die Deutsche Gesellschaft für öffentliche Hygiene und die Deutsche Statistische Gesellschaft.

Deren Präsident Friedrich Zahn vertrat die Ansicht, die Statistik stehe
„schon ihrem Wesen nach der nationalsozialistischen Bewegung nahe."
Insbesondere galt dies für die Bevölkerungsstatistik, denn: „Die Bevölkerungspolitik erfreut sich besonderen Staatsinteresses. Sie (...) verlangt
(..) von der Statistik vermehrte und vertiefte Erkenntnis, die dann mit
der unserem Führer eigenen Energie in die Tat umgesetzt werden kann."[2]
Aufgabe der Statistik sei es daher, so Zahn, den Menschen mehr „in den
Vordergrund ihrer Betrachtungsweise (zu) rücken", allerdings nicht als
„freies Individuum, sondern den Menschen in der Volksgemeinschaft, also
den in Familie, Sippe, Rasse, Volk, Staat, Sprache, Landschaft, Berufsstand,
Betriebsgemeinschaft, Gefahrengemeinschaft usw. gebundenen Menschen."[3]

Nach Ansicht seines Kollegen Friedrich Burgdörfer verkörperte Zahn „in sich beste bevölkerungspolitische Tradition und erstes Vorkämpfertum für eine zielbewußte, aufbauende Bevölkerungspolitik".[4]

Auf dem Berliner Kongreß erläuterte Zahn in seinem Referat über „das Bevölkerungsproblem und die volkswirtschaftliche Kapitalbildung" das Prinzip der „Menschenökonomie". Er stellte Überlegungen zum Verlust an, der der deutschen Volkswirtschaft durch den Geburtenrückgang entstehe. Zahn unterschied zwischen „organischem" oder auch „lebendem Volkskapital" – er meinte damit die Menschen – und „Sachvermögen der Nation". Geburtenrückgang, „rassische Überfremdung" und „die Überhandnahme der Erbkranken" schwächten nach seiner Ansicht das „organische Volkskapital". Den Geburtenrückgang hielt der Statistiker vor allem deswegen für verhängnisvoll, weil eine „Schrumpfung und Überalterung des Volkskörpers" die Folge sei und letztere die Rentenkassen belaste. „Bei einem einzigen Geburtenjahrgang", so hatte er ausgerechnet, „beträgt der Verlust an organischem Volkskapital" durch den Geburtenrückgang „fast 20 Milliarden Reichsmark". Zwar hatte der Kampf gegen Säuglingssterblichkeit, Tuberkulose und Geschlechtskrankheiten nach Zahns Berechnungen eine „Ersparnis an zwecklosen Aufwendungen von über 200 Millionen Reichsmark" pro Jahr erbracht. „Aber", so fragte er rhetorisch, „was ist diese Ersparnis gegenüber dem Verlust von 20 Milliarden Reichmark, welchen die schwächere Besetzung eines einzigen Geburtenjahrganges heute gegenüber der Vorkriegszeit bedeutet?"

Wie schon für Mombert und andere Wissenschaftler war auch für Zahn die Auswanderung „Ausfuhr von organischem Volkskapital, das der heimischen Wirtschaft mehr oder weniger verloren geht, (...) Entgang von geistigen investierten Kapitalien, zumal die Abwanderer häufig den werktüchtigsten, energischen Elementen im besten Schaffensalter zuzuzählen sind." Die Kosten, die ein Auswanderer dem deutschen Volk verursache, veranschlagte Zahn mit 20.000 RM, bei 100.000 „Volksgenossen", die er auswandern sah, ergab die Rechnung bereits zwei Milliarden Reichsmark.[5] Solche Überlegungen müssen auch vor dem Hintergrund der realen – überwiegend jüdischen – Emigration Mitte der 30er Jahre betrachtet werden: Wenn die Reichsregierung seit 1933 immer mehr jüdische Deutsche zur Auswanderung zwang, dabei jedoch den größten Teil ihres Vermögens einbehielt, so konnte sie diesen Raub mit solchen Berechnungen legitimieren. Das jüdische Vermögen war aus dieser Perspektive deutsches „Volkskapital", das zurecht konfisziert werde.

Zahns Ausführungen wurden ergänzt durch ein Referat Felix Boeslers – jenes Finanzexperten, der nach dem deutschen Überfall auf die Sowjetunion ein Finanzierungskonzept für den sogenannten Generalplan Ost zur langfristigen Kolonisierung und „Eindeutschung" der besetzten westlichen Regionen der UdSSR entwarf.[6] Auf dem Kongreß in Berlin 1935 referierte Boesler über das Thema „öffentlicher Aufwand bevölkerungspolitischer Art". Er machte Vorschläge, wo der Staat investieren müsse, um die „Bevölkerungsqualität" zu heben und so „unnötige" Kosten einzusparen. Schließlich könne Bevölkerungspolitik „nicht getrieben werden ohne eine 'aggressive' Haltung des Staates und der Gemeinschaft gegenüber allen Schäden und Schadensursachen am Volkskörper". Es reiche nicht aus, „nur das Gute zu pflegen, man muß auch das Schlechte bekämpfen". Daher sprach sich Boesler gegen die „lediglich unterstützende Erwerbslosenfürsorge" aus. Auch bei der Fürsorge müsse „eine zielbewußte Bevölkerungspolitik zur Anwendung qualitativer Wertungen kommen" – eine Forderung, die einige Jahre später Realität wurde, als zum Beispiel die Fürsorgezahlungen per Gesetz von „qualitativen Wertungen" abhängig gemacht und „Asoziale" von der Unterstützung ausgeschlossen wurden. Boesler bezifferte die Unkosten, mit denen geistig oder körperlich behinderte Menschen die Staatskasse belasteten, auf 200 bis 220 Millionen Reichsmark pro Jahr und schlüsselte sie nach den verschiedenen Behindertengruppen auf.[7]

Schon zu dem Zeitpunkt, als er seine Berechnungen präsentierte, war klar, daß solche Überlegungen nicht im Elfenbeinturm angestellt wurden. Die nationalsozialistischen Zwangssterilisationsgesetze waren bereits seit zwei Jahren in Kraft, und die Diskussion um die „Euthanasie" erreichte 1935 einen ersten Höhepunkt. Vermutlich ging es Boesler nicht einmal darum, diese Diskussion gezielt zu beeinflussen, sondern vielmehr allgemein um die Möglichkeiten, die „Bevölkerungsqualität" zu heben, den „Schaden am Volkskörper" klein zu halten – sei es nun mittels Eugenik, Förderung von „wertvollem" Bevölkerungszuwachs oder selektiver Fürsorge – und dadurch Kosten einzusparen.

Boesler und Zahn warnten vornehmlich vor den negativen Auswirkungen einer ihrer Ansicht nach falschen Bevölkerungspolitik. Ihr Schweizer Kollege Edgar Schorer kehrte diese Überlegungen 1940 um, er formulierte Anforderungen an eine „positive" Bevölkerungspolitik: Diese müsse in erster Linie das „Bevölkerungspotential" steigern, schrieb Schorer und meinte damit so etwas wie das Leistungsvermögen der Bevölkerung, bestehend aus „der Gesamtheit völkischer Qualitäten und Quantitäten". „Allzu viele alte Leute bedeuten nicht bloß eine Belastung, sondern auch eine Hemmung der optimalen Leistungsentfaltung", da das „Bevölkerungspotential mit der Verminderung der Leistungsunfähigen und Leistungsunwilligen" wachse. Vergrößert werden könne dieses Potential unter anderem durch die Bekämpfung von Krankheiten. Die Medizin, so Schorer, müsse dazu beitragen, „aus den körperlich Minderwertigen noch so viel herauszuholen, als nur möglich ist". So könnten zum Beispiel Blinde aufgrund ihres gut ausgebildeten Gehörs „für die Fliegerabwehr unentbehrliche Dienste leisten" und auf diese Weise „durchaus vollwertige Leistungen vollbringen".[8]

Mit jeder Klage darüber, daß das „Bevölkerungspotentials" unzureichend genutzt und so wertvolles „Volkskapital" verschwendet würde, wurden indirekt Möglichkeiten aufgezeigt, wie der Fiskus an der Bevölkerung sparen könne – zum Beispiel auf Kosten von alten oder kranken Menschen. Diese Art der „Menschenökonomie" hatte in Deutschland ihre Tradition in der eugenischen und sozialpolitischen Diskussion seit dem Kaiserreich. Sie war auch keineswegs nur in politisch konservativen und rechten Kreisen verbreitet, sondern ebenso unter Sozialdemokraten.[9] Nach 1933 wurde dieses Denken zur dominierenden geistigen Strömung.

Zahn und Boesler begnügten sich nicht damit, Verschwendung zu brandmarken und Sparmöglichkeiten aufzuzeigen. Sie rechneten darüber hinaus den Wert eines Menschen in Reichsmark-Beträge um. Die Rede von der volkswirtschaftlichen „Belastung", die aus der Perspektive der „Menschenökonomie" zum Beispiel kranke Menschen darstellten, verlor auf diese Weise ihre Abstraktheit. Gewinn und Verlust, der „Wirtschaftswert des Menschen"[10] wurde genau beziffert, und jedes Defizit im Staatshaushalt konnte umgerechnet werden in Menschen, die – je nachdem, ob es sich um „wertvolle" oder „minderwertige" Volksgenossen handelte – fehlten oder „zuviel" waren. Während sich Boesler mit den „unnötigen Kosten" befaßte, die Kranke, Behinderte und Fürsorgeempfänger verursachten, berechnete Zahn gleichsam den entgangenen Gewinn – den „schweren Kapitalverlust", der durch Geburtenrückgang oder Auswanderung „wertvoller Volksgenossen" entstand.

Die Parallelen zwischen diesen Berechnungen und denjenigen, die in der Debatte über die Finanzierung der Kolonisierung und das „Aufhören des Volkswachstums" angestellt wurden, sind augenfällig. Auch wenn Mombert eher die „Überbevölkerung", Zahn dagegen den Geburtenrückgang fürchtete, so treffen sich ihre Überlegungen doch in dem Prinzip, Menschen danach einzuteilen, ob sie auf der Soll- oder auf der Habenseite der Staatsfinanzen zu Buche schlagen.

Die Idee, Kapital durch das „Aufhören des Volkswachstums" zu akkumulieren, die Mombert bereits 1932 referiert und Boesler und Zahn mit ihren Erörterungen zum lebenden Volkskapital aufgenommen hatten, wurde später von dem Ökonomen August Lösch weiter ausgeführt. Lösch hatte mehrere Jahre als Rockefeller-Stipendiat in den USA verbracht und war von der dortigen Demographie beeinflußt worden. Er vertrat mitunter auch Positionen, die den gängigen Lehrmeinungen widersprachen und formulierte in der Regel eher vorsichtig-abwägend. Praktischer bevölkerungspolitischer Forderungen enthielt er sich weitgehend, obwohl auch er es für „das Gefährlichste" hielt, „daß sich der Bevölkerungsanteil der biologisch und kulturell weniger erwünschten Schichten rasch erhöht".[11] Am Kieler Institut für Weltwirtschaft arbeitete er an kriegswichtigen Geheimstudien und untersuchte unter anderem die Frage, „wie rasch, wenn überhaupt, kann England ausgehungert werden?"* Dennoch hatte Lösch zum Nationalsozialismus, so geht aus privaten Aufzeichnungen[12] hervor, ein kritisches Verhältnis.

In Sachen Demographie interessierte sich Lösch vor allem dafür, welchen Einfluß die Bevölkerungsentwicklung auf die wirtschaftliche Konjunktur habe. Für die Wirtschaft sei, so argumentierte er, weniger die Zahl der Konsumenten als deren Kaufkraft relevant. Diese konnte nach Löschs Ansicht gerade durch einen Geburtenrückgang gesteigert werden. Denn, so seine Gleichung, „Geburtenrückgang = verstärkte Kapitalbildung = wachsende Kaufkraft".[13] Lösch behauptete damit eine Art gesetzmäßigen Zusammenhang zwischen einer sinkenden Geburtenrate und ökonomischer Prosperität – eine Argumentationsfigur, die heute eine der wichtigsten Legitimationen für die restriktive Bevölkerungspolitik in der sogenannten Dritten Welt ist. Generell beurteilte er den Geburtenrückgang anders als viele seiner Fachkollegen eher positiv. Bedenken hatte er nur „im Zusammenhang mit der Wehrkraft und (...) der Gefahr des Bevölkerungsdruckes vom slawischen Osten her".[14]

---

* Die englische Nahrungsmittelversorgung , Kiel, Juli 1940; Sachbearbeiter Dr. A. Lösch. Die Antwort auf diese Frage hing laut Lösch davon ab, wieviele britische Handelsschiffe die Deutschen zu versenken im Stande seien, und war somit eine Art wirtschaftswissenschaftliche Meßlatte für den U-Boot-Krieg des Admiral Dönitz.

Die „Verschiebung des Bevölkerungsschwerpunkts Richtung Osten"

Bereits Ende der 20er Jahre hatten Bevölkerungswissenschaftler und Tragfähigkeitsexperten die Behauptung aufgestellt, daß weite Teile Osteuropas „unterbevölkert" seien.[15] Mittel- und Westeuropa stünden demgegenüber unter einem „Bevölkerungsüberdruck".[16] Eine Möglichkeit, diesen „Druck" zu reduzieren, bestünde darin, den „Bevölkerungsüberschuß" Westeuropas und insbesondere Deutschlands nach Osteuropa „abzustoßen" und damit zugleich den westeuropäischen Nahrungsspielraum in Richtung Osten zu erweitern. Der Ökonom Wilhelm Winkler hatte dabei den deutschen Minderheiten in Osteuropa eine wichtige Funktion als Vorposten des Deutschtums zugedacht: Sie könnten „bei der bevorstehenden Erschließung Rußlands dem Mutterlande die wichtigsten Dienste leisten", während andernfalls ihre Rückkehr nach Deutschland zu „einer unerträglichen Mehrbelastung" führe.[17]

Doch in den folgenden Jahren veränderte sich das Szenario. Immer mehr Bevölkerungswissenschaftler glaubten, eine „Verschiebung des Bevölkerungsschwerpunkts Europas" in Richtung Osten festellen zu können, nicht ohne dabei neue Ängste heraufzubeschwören. Die demographische Gefahr, die zuvor angeblich von den Schwarzen ausgegangen war, wurde jetzt zunehmend auf die Slawen projiziert. Trotz des vermeintlichen „Landüberflusses" in Osteuropa war es nun das größere Bevölkerungswachstum dort, das den vom Geburtenrückgang gekennzeichneten Westen nach Ansicht der Demographen, Migrations- und Wirtschaftsexperten unter zunehmenden „Bevölkerungsdruck" setzte.

Während in Nord-, Mittel- und Westeuropa die Geburtenraten rückläufig seien, so schrieb der Politikwissenschaftler Karl C. Thalheim 1931, könne in Süd-, Südost- und Osteuropa eine entsprechende Tendenz nicht festgestellt werden. „In Spanien und Portugal, auf dem Balkan, in Polen und vor allem in der Sowjetunion halten sich die Geburtenziffern noch immer auf einer Höhe, die keinerlei 'Rationalisierung des Sexuallebens' erkennen läßt."[18] Auch wenn man die Einwanderung völlig verbiete, so Thalheim, könne die „Infiltration" der westeuropäischen Staaten durch die „Angehörigen fremden Volkstums" nicht „gänzlich abgewehrt werden".

Thalheims Befürchtungen entsprachen dem Trend der Zeit. Auch die *New York Times* betrachtete in ihrer Ausgabe vom 11. Juni 1933 die bevölkerungspolitische Situation des europäischen Kontinents ähnlich.

Das starke Bevölkerungswachstum in den osteuropäischen Ländern, aber auch in Italien und Portugal sei eine Quelle der politischen Beunruhigung für die Länder West- und Nordeuropas. Um dieser Situation entgegenzuwirken, schlug der Europa-Korrespondent der Zeitung vor, die Bevölkerungsgröße einer „an der Vernunft orientierten Regelung", ausgehandelt durch Staatsmänner, zu unterwerfen, so wie dies auch bei Rüstungen, Währungen und in anderen politischen Bereichen der Fall sei. Anders als die deutschen Bevölkerungsexperten, die das eigene Land von Osten her unter „Bevölkerungsdruck" gesetzt sahen, nahm der Korrespondent der *New York Times* aber die pronatalistische Geburtenpolitik Deutschlands als Sicherheitsrisiko wahr, das in den Nachbarländern Ängste vor einem Bevölkerungsdruck schüre. Um dem Nachdruck zu verleihen, bemühte der Autor des Artikels eine bis heute in den bevölkerungspolitischen Katastrophenszenarien gängige Gleichsetzung – er stellte das Gebären als eine Form der Aggression dar. Vielleicht, so mutmaßte er, müßten Staaten mit „exzessiven Geburtenraten" in Zukunft so behandelt werden, wie Staaten mit einer expandierenden Armee: Ihnen müsse der Vorwurf gemacht werden, den Frieden zu gefährden.[19]

Polen: die Berechnung der agrarischen „Überbevölkerung"

Innerhalb weniger Jahre machte die bevölkerungspolitische Diskussion um Osteuropa also mehrere Schwenks: Aus dem einstigen „Auffanggebiet" für die westeuropäische „Überbevölkerung" wurde eine Region, die den Westen durch ihren „Bevölkerungsdruck" bedrohte.* Nach Ansicht der deutschen Bevölkerungswissenschaftler ging dieser insbesondere von Polen aus, weswegen sie das benachbarte Deutschland für besonders gefährdet hielten.

---

* Das Hin und Her zwischen „Überbevölkerungs"- und Unterbevölkerungsdiagnose hatte mit einem Wandel in der Perspektive, nicht mit einer Umkehr der Bevölkerungsentwicklung zu tun. Wenn von der „Untervölkerung" Osteuropas die Rede war, so bezog sich dies vor allem auf die *durchschnittliche* Bevölkerungsdichte und meist auch auf Rußland inklusive der sibirischen Weiten. Wenn der „Bevölkerungsdruck" betont wurde, der von Osteuropa ausgehe, so wurde in der Regel mit den Geburtenraten argumentiert, die höher waren als im Westen; außerdem bezog sich die Warnung meist auch nur auf diejenigen Teile Osteuropas, die dicht besiedelt waren oder als überbevölkert galten, weil es dort nur wenig Verdienstmöglichkeiten, aber umso mehr Armut gab (Polen, insbesondere Galizien, verschiedene Regionen Südosteuropas - von Rußland allenfalls die westliche Provinzen).

Polen wurde als ein besonders krasses Beispiel der landwirtschaftlichen „Überbevölkerung" angesehen. Tatsächlich war dort die Bevölkerungsdichte in den agrarischen Regionen erheblich höher als in anderen Teilen Europas.[20] Und im Verlauf der 20er und 30er Jahre war die Zahl der in Polen lebenden Menschen um etwa ein Viertel gestiegen.[21] In Deutschland wurde dieses Wachstum als Beleg für den „Bevölkerungsdruck" angeführt. Verschwiegen wurde dabei jedoch in der Regel, daß der Anstieg der Einwohnerzahlen nicht zuletzt mit dem Rückgang der Emigrationsmöglichkeiten (insbesondere in die USA) zu tun hatte.[22]

Etwa 70 Prozent der Bevölkerung Polens lebten vor dem Zweiten Weltkrieg von der Landwirtschaft, die meisten Höfe jedoch umfaßten nicht mehr als fünf Hektar, – viele waren sogar erheblich kleiner und reichten kaum für den Lebensunterhalt einer Bauernfamilie aus. Andererseits bot der Landbesitz vielen wenigstens ein Minimum an ökonomischer Absicherung, die sie trotz der Armut auf dem Land davon abhielt, in die Stadt abzuwandern. Es gab nur wenig Industrie in Polen, und das Kapital dafür stammte zum größten Teil aus dem Ausland. Die Preis- und Steuerpolitik begünstigte die Industrie gegenüber der Landwirtschaft, indem die Bäuerinnen und Bauern für ihre Produkte nur geringe Bezahlung erhielten, aber die notwendigen Industrieprodukte teuer einkaufen mußten. Hohe Steuern und Monopolpreise für bestimmte Waren wie etwa Zucker, Branntwein, Tabak taten ein übriges, um die Lebensbedingungen auf dem Land zu erschweren. Während die Armut in den polnischen Dörfern also einen erkennbaren politischen Hintergrund hatte, wurde sie in den ökonomischen Analysen in der Regel als eine Folge der „Krankheitserscheinung Überbevölkerung" dargestellt.

Das in Königsberg ansässige Institut für Osteuropäische Wirtschaft widmete einen beträchtlichen Teil seiner wissenschaftlichen Kapazitäten der Untersuchung der „Überbevölkerung" in Polen. 1935 erschien das Buch „Die agrarische Überbevölkerung Polens" von Theodor Oberländer, dem Direktor des Instituts. Dieser hatte Anfang der 30er Jahre nach einer landwirtschaftlichen Lehre und einem Studium der Agrar- und Staatswissenschaft als Stipendiat der Ford Foundation sowohl die USA und Kanada als auch die Sowjetunion, China und Japan bereist.[23] Die Veröffentlichungen aus Oberländers Institut hoben die landwirtschaftliche Überbevölkerung als das zentrale Problem der polnischen Wirtschaft hervor. Diese „sozioökonomische Krankheitserscheinung" (Oberländer) hing demnach vor allem damit zusammen, daß im Zuge der Agrarreform von 1919 der Boden in unrentable Kleinstflächen aufgeteilt worden war, die in Folge der Erbteilung von Generation zu Generation weiter zersplittert würden. Eine rationelle Bearbeitung der Böden oder gar eine Mechanisierung der Landwirtschaft sei kaum möglich, zumal dafür das Kapital fehle. Im Verhältnis zu dem, was in der Landwirtschaft produziert würde, so Oberländer, arbeiteten dort viel zu viele Menschen. Sie galten als „verdeckt" arbeitslos. Nach diesen Berechnungen war in Galizien „ein Drittel der agrarischen Bevölkerung mehr oder weniger arbeitslos"[24], in der Wojewodschaft Kielce betrug die agrarische „Überbevölkerung" demnach sogar 75 Prozent aller landwirtschaftlichen Erwerbstätigen.[25] Oberländers Kollege, Helmut Meinhold, der von 1941 bis 1944 als Wirtschaftsfachmann und Regierungsberater im besetzten Krakau tätig war, ging davon aus, daß „jeder zweite Mensch in der polnischen Landwirtschaft nichts als toter Ballast"[26] sei. Bei seiner Analyse der „Agrarüberbevölkerung", berief sich Meinhold auf Oberländer, der wiederum bei seinen Berechnungen die „unumstößliche" Mombertschen Formel angewandt hatte.*

Um die „Überbevölkerung" zu quantifizieren, hatte Oberländer berechnet, wieviel Hektar eine Arbeitskraft bewirtschaften könne, wenn sie voll ausgelastet wäre. Je nachdem, welche Art der Landwirtschaft betrieben wurde, ob man zum Beispiel von Ackerbau oder Weidewirtschaft ausging, war die „Landnutzungsnorm" unterschiedlich groß, bei intensiver Bewirtschaftung reichten drei Hektar, um eine Person auszulasten, bei extensiver Wirtschaftsweise fünf. Indem Oberländer die gesamte landwirtschaftliche Nutzfläche Polens gedanklich auf die von ihm zugrunde gelegten „voll ausgelasteten Arbeitskräfte" verteilte, ermittelte er einen theoretischen Arbeitskräftebedarf der polnischen Landwirtschaft. Alle Menschen, die darüber hinaus von der Landwirtschaft lebten, waren demnach „überzählig": je nach zugrundegelegter Norm zwischen 4,3 Millionen und 7,1 Millionen Menschen.[27] Was Oberländer als „Landnutzungsnorm" bezeichnet hatte, nannte Meinhold „Arbeitsnorm". Für ihn hatte „die Betrachtung der Überbevölkerung gemeinhin den Sinn (...), die Produktivität der Arbeit zu messen" und zwar – so schrieb er 1941 auf dem Höhepunkt deutscher Großmachteuphorie – „im Hinblick auf die größtmögliche Arbeitsproduktivität im europäischen Großraum"[28]. Gemessen an deutschen Arbeitsnormen erschien die polnische Land-

---

* Zur Erinnerung: Paul Mombert hatte mit seiner Formel N = V x L das Verhältnis zwischen Nahrungsspielraum, Volkszahl und Lebenshaltung mathematisch ausgedrückt. Während er selbst 1933 zwangspensioniert wurde und rassistischer Verfolgung ausgesetzt war, machte die nach ihm benannte Bevölkerungsformel in den folgenden Jahren Wissenschaftsgeschichte.

wirtschaft als hoffnungslos „übervölkert", was aus der Perspektive beider Wirtschaftsfachleute gleichbedeutend war mit „rückständig" und „ineffizient". Dabei lehnten sie wie auch die allermeisten ihrer Kollegen es explizit ab, die Versorgung der Bevölkerung mit Lebensmitteln als Kriterium für ihre Berechnungen anzunehmen; denn das Existenzminimum war laut Oberländer „eine nach Rasse, Beruf und Kultur zu sehr schwankende Größe, um irgendwie eine Norm für eine wissenschaftliche Untersuchung abzugeben."[29]

Indem Meinhold und Oberländer die Arbeits- oder Landnutzungsnorm zur Berechnungsgrundlage für die „Überbevölkerung" machten, gingen sie implizit davon aus, daß die „Krankheit" von der Polen angeblich befallen war, ursprünglich nicht – oder zumindest nicht primär – ein Problem der demographischen Entwicklung, schon gar nicht der Geburtenentwicklung war, sondern vielmehr eines der politischen und wirtschaftlichen Rahmenbedingungen. Damit wird eine Reformulierung der „Bevölkerungsfrage" offensichtlich, die ihren Anfang bereits in der Optimumsdiskussion hatte: Es geht nicht mehr um das Verhältnis von Bevölkerungsentwicklung und Subsistenz, sondern um die Arbeitsproduktivität. Die Frage lautete nicht: „Wieviele Menschen können sich in einem Land ernähren?" sondern: „Wieviele Menschen kann man gewinnbringend beschäftigen?" Der Begriff „Überbevölkerung" bezog sich hier auf „Ballastexistenzen", die von der Landwirtschaft lebten, ohne nennenswerte Überschüsse zu erzeugen.

Im Anschluß an seine Berechnungen stellte Oberländer Überlegungen an, wohin der „Bevölkerungsüberschuß" „abfließen" könne. Der Weg in die Emigration war durch die Einreisebestimmungen in den Zielländern versperrt. Auch die vorübergehende Migration zur „Wanderarbeit" nach Deutschland war durch die Arbeitsmarktpolitik der NS-Regierung weitgehend zum Erliegen gebracht worden.[30] In die polnischen Städte könnten die überzähligen Millionen aus der Landwirtschaft aber auch nicht abwandern, denn dort gebe es praktisch keine Aufnahmemöglichkeiten; im Gegenteil hätten auch der städtische Handel und das Handwerk nach Ansicht der deutschen Wirtschafts- und Bevölkerungsexperten ebenso dringend rationalisiert werden müssen, wie die Landwirtschaft. Auch die Industrie könne die „Überbevölkerung" nicht aufnehmen, da das Kapital fehle, um dort im erforderlichen Umfang neue Arbeitsplätze zu schaffen.

Eben hier schloß sich der Kreis – jedenfalls in der Gedankenwelt der Überbevölkerungsanalytiker: Die mangelnde Rentabilität in der Landwirtschaft, so argumentierten sie, führe dazu, daß im Agrarsektor keine Überschüsse produziert wurden, die in den Ausbau der Industrie hätten investiert werden können, so daß diese wiederum nicht in der Lage war, den „Bevölkerungsüberschuß" vom Land zu absorbieren. Die Situation wurde als eine Art Teufelskreis beschrieben.[31] Meinhold selbst drückte sich noch unverhohlener aus. Für ihn war die „Überbevölkerung" ein „effektiver Kapitalverschleiß"[32] – ein Begriff, der die Frage der „Menschen-ökonomie" ebenso zuspitzte wie jene Thesen und Formeln, mit deren Hilfe ein Jahrzehnt zuvor die Bevölkerungsreduzierung zum Zweck von Kapitalakkumulation und Kolonisation diskutiert worden war.

Die „wachsende Verelendung der Bevölkerung" gefährdete aus der Perspektive der Ostforscher nicht nur den ökonomischen Fortschritt des Landes, sondern auch seine politische Stabilität – ein Umstand, der für umso bedenklicher gehalten wurde, als Polen allgemein aufgrund seiner Stellung zwischen den Machtblöcken Deutschland und Sowjetunion als „Schlüssel zu Europa" angesehen wurde. Die Angst vor der politischen Instabilität hatte einen realen Hintergrund: Schon in den 20er Jahren hatte es heftige Demonstrationen von Arbeitslosen insbesondere in Ostpolen gegeben, die von der Polizei niedergeschlagen worden waren, sowie Streiks, Straßenblockaden und Bauernunruhen – vor allem in Galizien, das zu den ärmsten und angeblich am stärksten übervölkerten Regionen Polens zählte. Von der Mitte der 30er Jahre an spitzte sich die Situation, nicht zuletzt aufgrund zweier Mißernten in der Landwirtschaft, weiter zu. Kaum einer der zeitgenössischen Beobachter, egal ob aus den USA, Frankreich, Deutschland oder Polen selbst, ließ es an dem Hinweis fehlen, daß in Polen ein Bürgerkrieg oder die soziale Revolution bevorstehe.[33]

Die „Judenfrage" als „Bevölkerungsfrage"

Nach dem Überfall auf Polen am 1. September 1939 machte sich die deutsche Besatzungsmacht daran, den „circulus vitiosus" gewaltsam aufzubrechen. Da nach Einschätzung der deutschen Ostforscher alle bislang üblichen Wege, die vermeintliche Überbevölkerung „abzubau-en", verstellt waren, verfielen sie darauf, im Land selbst „Platz zu schaffen" durch das, was sie das „Zusammenpressen des jüdischen Sektors" nannten. Die systematische Diskriminierung der jüdischen Minderheit, ihre Vertreibung aus den städtischen Handels- und Handwerksberufen und ihre Ghettoisierung würde, so die Überlegung, zum einen die Rationalisierung in den betreffenden Wirtschaftszweigen ermöglichen, zum anderen den „überzähligen" nichtjüdischen Polen eine Möglichkeit eröffnen, aus der Landwirtschaft abzuwandern.

Die „Entjudung der Wirtschaft", wie es im Jargon der Besatzer hieß, war in den späten 30er Jahren bereits von deutschen und polnischen Antisemiten als „Lösung der Bevölkerungsfrage" in Betracht gezogen worden.

Die polnische Regierung hatte in den 30er Jahren versucht, mit Hilfe einer entsprechenden Wirtschaftspolitik, auch „kaltes Pogrom" genannt[34], die Jüdinnen und Juden aus ihren ökonomischen Positionen zu verdrängen. Vielen wurde auf diese Weise die materielle Existenzbasis entzogen.[35]

Darüber hinaus erwog die polnische Regierung, die massenhafte Auswanderung der jüdischen Minderheit zu forcieren. Als Zielorte waren neben der Insel Madagaskar, über die der polnische Außenminister bereits mit der französischen Regierung verhandelte[36], auch die Sowjetunion[37] und Angola[38] im Gespräch. Eine polnische Delegation beim Völkerbund bat diesen um Unterstützung „bei der Auffindung von Zielländern für die Auswanderung und die Finanzierung der Auswanderung."[39]

Doch blieben solche Ideen im Vorkriegspolen weitgehend auf Parlamentsränge und Zeitungsspalten beschränkt, und es bedurfte erst der militärischen Gewalt der deutschen Besatzer und ihrer Unerbittlichkeit, um solche „Lösungen" in eine mörderische Praxis umzusetzen. Die antisemitischen Hetzkampagnen im Polen der 30er Jahre und der Streit zwischen Regierung und Opposition darüber, wer die besseren Vorschläge zur Vertreibung der jüdischen Minderheit mache, wurden in der deutschen Presse mit Zufriedenheit registriert und als Bestätigung dafür aufgefaßt, daß „die Judenfrage" auch in anderen Ländern ein Problem darstelle.[40]

Während Oberländer in seinem 1935 erschienenen Buch die „Überbevölkerung" noch als ein Strukturproblem der Landwirtschaft ohne Bezugnahme auf die jüdische Minderheit dargestellt hatte, gehörte sein Mitarbeiter am Königsberger Institut für Osteuropäische Wirtschaft, Peter-Heinz Seraphim[41], zu den ersten, die das polnische und insgesamt das osteuropäische Judentum als „Bevölkerungsüberschuß" ausmachten.

Seraphim veröffentlichte 1938 ein 700-Seiten-Werk über „das Judentum im osteuropäischen Raum" und publizierte darüber hinaus zahlreiche Aufsätze zum selben Thema.[42] Um den „Rassencharakter" der Ostjuden zu kennzeichnen, ließ Seraphim, der vorgab, sich „strengster Sach-

50

lichkeit" verpflichtet zu fühlen, kaum ein antisemitisches Klischee aus. Besonderes Gewicht legte er auf die Analyse der demographischen Entwicklung innerhalb des Judentums sowie dessen ökonomische Funktion. Seraphim hatte eine „Verstädterung" des Judentums im ersten Drittel des 20. Jahrhunderts ausgemacht[43], aufgrund derer in den osteuropäischen Großstädten „Ballungen" jüdischer Pauper entstanden seien, von denen aus sich Armut und Kriminalität epidemisch auf die Umgebung verbreiteten.[44]

Für besonders bedenklich hielt Seraphim es darüber hinaus, daß die jüdische Minderheit vor allem in Handel und Handwerk ihr Auskommen suchte – ausgerechnet jenen Wirtschaftssektoren, die in Polen allgemein als „übersetzt" angesehen wurden, in denen also nach Ansicht Seraphims ohnehin mehr Menschen als erforderlich beschäftigt waren.[45] „Aufgrund der herausragenden Stellung, die „der Jude" im ökonomischen Leben seiner „Wirtsvölker" einnehme, sei auch der Antisemitismus in diesen Ländern nicht in erster Linie „rassisch", sondern ökonomisch begründet.[46]

Für Seraphim war es selbstverständlich, daß die Juden nicht nur aus West-, sondern auch aus Osteuropa „auswandern" mußten. Wohin diese „Auswanderung" führen sollte, ließ er stets offen, betonte jedoch, daß die Emigration nach Palästina nicht ausreiche, um die „Judenfrage" so grundlegend zu lösen, wie es von ihm für notwendig gehalten wurde.[47] Gerade die Tatsache, daß er seine Auswanderungsvorschläge so vage formulierte, legt den Verdacht nahe, daß er selbst nicht ernsthaft an eine Emigration der Juden glaubte, sondern auf andere „Lösungen" spekulierte. Aus Seraphims Problematisierung der wirtschaftlichen Position der osteuropäischen Juden wurde binnen kurzem eine Problematisierung ihrer Existenz schlechthin.

In Deutschland setzte sich die hier am Beispiel Seraphims dargestellte Verknüpfung der „Bevölkerungsfrage" mit der „Judenfrage" – also die Vorstellung, daß sich das „Überbevölkerungsproblem" auf Kosten der jüdischen Minderheit „lösen" oder doch „lindern" ließe – von Ende der 30er Jahre an binnen kurzem in der Ostforschung durch. Auch der bis heute hoch geachtete Sozialhistoriker Werner Conze machte sich dieses Denkmuster zu eigen. 1938 standen seine Betrachtungen zur „Überbevölkerung", der „brennensten Frage" im polnischen Nordosten, noch unverbunden neben der Überzeugung, daß die Juden in den Städten Nordostpolens eine „beherrschende Stellung" in Handel und Handwerk einnähmen. Er empfand „die Macht dieses Fremdkörpers" (gemeint sind die Juden, d.V.) „unerträglich".[48] Im darauffolgenden Jahr ging Conze einen Schritt weiter und rechnete zu den Maßnahmen, die unter Umständen „äußerst wirksam und lindernd" gegen die Not der Übervölkerung eingesetzt werden könnten, die „Entjudung der Städte und Marktflekken zur Aufnahme bäuerlichen Nachwuchses in Handel und Handwerk."[49]

Indem Seraphim, Conze und viele andere die „Judenfrage" als „Bevölkerungsfrage" thematisierten und einhellig forderten, die Juden aus der Wirtschaft „auszuschalten", trugen sie entscheidend zu dem geistigen Klima bei, in dem die Vernichtung von Millionen Menschen als volkswirtschaftlich wünschenswert erschien oder sogar als notwendig, um „eine soziale Umwälzung nach russischem Vorbild" (Oberländer) abzuwenden und das besetzte Polen zu einer „produktiven Ergänzungswirtschaft" des Deutschen Reichs zu machen.

Conze lebte, wie auch Oberländer und Seraphim, in den späten 30er Jahren als Wissenschaftler in Königsberg. Am dortigen bevölkerungswissenschaftlichen Institut arbeitete bereits seit 1933/34 sein Kollege Gunther Ipsen.[50] Beide Wissenschaftler gingen später nach Wien. Während Conze maßgeblichen, bis heute anhaltenden Einfluß auf die Entwicklung der Sozialgeschichtsschreibung ausübte, so prägte Ipsen die Bevölkerungswissenschaft nachhaltig. Er leitete die (heute übereinstimmend konstatierte) „grundlegende methodische Wende" in den 30er Jahren ein, indem er die von Nationalökonomie und Biologie vorgegebenen Bahnen des Fachs verlassen und, so heißt es, eine historisch-soziologische Theorie der Bevölkerung entworfen habe. Diese wurde anschließend von Gerhard Mackenroth weiterentwickelt – und gilt seither als Novum und grundlegende Abkehr der deutschen Bevölkerungswissenschaft von den nationalsozialistischen Standards. Der Paradigmenwechsel erfolgte jedoch, wie etwa derjenige von der Erbhygiene zur Genetik, bereits im Nationalsozialismus.

Ipsens Ruhm gründet sich auf einen Artikel im „Handwörterbuch des Grenz- und Auslandsdeutschtums" aus dem Jahr 1933, in dem er auf knapp vierzig eng beschriebenen Seiten sein Verständnis von „Bevölkerung" darlegt. Die Abhandlung ist in einem schwer erträglichen, schwülstigen Vokabular geschrieben (das mit den Methoden der Psychoanalyse zu untersuchen sicherlich interessant wäre) und endet mit einer Lobeshymne auf die nationalsozialistische Bevölkerungspolitik. Ipsens Schüler erklären diese kompromittierende Ergebenheitsadresse an die neuen Machthaber gerne zum faux pas, der bedauerlicherweise den Blick auf die eigentlichen Verdienste des Meisters verstelle.[51]

Die Auffassung, wonach Bevölkerung eine „Summe menschlicher Individuen" bezeichne, hielt Ipsen für eine „Entartung" des Begriffs. Er selbst definierte diesen dagegen als Aktivität (im Sinne von „bevölkern"), als „den Drang (...), womit eine Rasse ihren Herrschaftsraum lebendig erfüllt" und ihre „Daseinsmächtigkeit" unter Beweis stelle. Konstituiert werde die Bevölkerung zum einen durch den „Lebensraum" und zum anderen durch den „Gattungsvorgang". Subjekt des Gattungsvorgangs sei der „Volkskörper", differenziert in einen „tragenden"/ aktiven und einen „getragenen"/ passiven Teil „der Nahrungs- und Blutgemeinschaft der Rasse". Ipsen versuchte aus diesen Größen die Dynamik der Bevölkerung, ihrer „Gebürtigkeit" und „Absterbeordnung" abzuleiten und dabei auch Kategorien aus Soziologie, Wirtschaft und Politik in sein Modell zu integrieren. Das sieht dann beispielsweise für das Frankreich der Mitte des 19. Jahrhunderts so aus: „Die gesellschaftliche Bewegung im Sinne der bürgerlichen Revolution überholt und überwältigt den Gattungsvorgang; der Bevölkerungsdruck bleibt hinter der Verstädterung zurück, die Verbürgerung aber wird zur bestimmenden Macht des Geschehens" (436). Ipsen unterscheidet drei „Bevölkerungsweisen": Die agrarische (die ihren Antrieb aus der hemmungslosen Vermehrung bezieht), die städtisch-bürgerliche (geprägt durch „individualistische Zersetzung" und Verstädterung) und die industrielle (die mit der wirtschaftlichen Expansion ihren eigenen „Lebensraum" schafft, aber auch den Geburtenrückgang mit sich bringt).

Zu Beginn des 20. Jahrhunderts vollzog sich laut Ipsen eine Wende im „Gattungsvorgang": Bis dahin hatte der „zur Gier entfesselte Trieb" einen Nachwuchs hervorgebracht, der „geradezu animalisch" war; an dessen Stelle tritt nun die „zweckhaft zielbestimmte" Aufzucht im industriellen Lebensraum, wobei „Zweck" nicht als Willkür verstanden werden dürfe, sondern als „Straffung, Ausrichtung und Erhellung organischen Triebgefüges" (458f.). „Züchter, nämlich zugleich Träger und Inbild der Zucht", sei dank der richtigen Weichenstellung der „nationalsozialistischen Revolution" das „politische Volk". Indem Ipsen den Lebensraum zur zentralen Kategorie seiner Lehre machte und diesen einer Rasse zuordnete, lieferte er eine bevölkerungstheoretische Begründung für die nationalsozialistische Expansionspolitik gegenüber Osteuropa, dies nicht nur implizit sondern geradezu fordernd. Für ihn war „Industrieeuropa (..) eine res Germanica; sein Aufbau zugleich ein Rassenkampf größten Stils". Den Grund für das „Abstürzen der Geburtenziffern" zu Beginn des 20. Jahrhunderts sah Ipsen in der „deutschen Bevölkerungspressung durch das System von Versailles", die den „Zusammenbruch des rassischen Widerstandswillens" bewirkt habe. „Die deutsche Bevölkerungsfrage", so fährt er fort, „ist vor allem eine Frage des deutschen Ostens. (...) Entsprechend der Druckrichtung aus dem Übervölkerungs- in den Entvölkerungsraum befindet sich das deutsche Volkstum fast überall in der Verteidigung, während der Angriff vom Osten fortschreitet. In dem tief eingebuchteten deutsch-polnischen Grenzraum ballt sich die Gefahr." (460f.).

Werner Conze bezog sich in seinen Ausführungen über die ländliche Überbevölkerung in Polen auf diese Abhandlung. Er lobte den Kollegen, weil dieser den Begriff der Bevölkerung „aus seiner farblosen Bedeutung eines bloßen Einwohnerbestandes herausgeführt (...) und so wieder zu einem Begriff geschichtlicher Bewegung und damit zu einem wesentlichen Thema soziologischer Wissenschaft" gemacht habe.[52] Erneut zu Ehren kam Ipsens Arbeit durch Gerhard Mackenroth. Dieser hat in seine „Bevölkerungslehre", die er bereits im Jahr 1939 abgeschlossen hatte, aber erst 1953 in überarbeiteter Form veröffentlichte[53]*, zentrale Begriffe Ipsens übernommen. So etwa das Modell der „Bevölkerungsweisen", „wenn auch auf die 'agrarische' und 'industrielle' beschränkt". Der Versuch, „Bevölkerungsweisen" zu konstruieren, setzt voraus, daß

---

* Mackenroth wurde 1903 in Halle an der Saale geboren. Er studierte Nationalökonomie und promovierte 1926 mit einer Arbeit über die Wirkung von Zöllen. In seiner Habilitationsschrift im Jahr 1932 beschäftigte er sich mit „theoretischen Grundlagen Preisbildungsforschung und Preispolitik". Die Jahre 1928 bis 1931 verbrachte er als Stipendiat der Rockefeller Foundation in Stockholm, London und Cambridge. Von Marburg aus, wo er 1933/34 einen Lehrauftrag ausführte, holte ihn Andreas Predöhl an das Institut für Weltwirtschaft nach Kiel, dessen Direktor Predöhl gerade geworden war. Im Jahr 1941 erhielt Mackenroth einen Ruf an die neu gegründete Reichsuniversität in Straßburg. Nach Angaben seines früheren Assistenten Karl Martin Bolte hat er die Stelle „wegen seiner Einberufung zum Kriegsdienst und wegen der späteren politischen Entwicklung nie besetzt". In den Vorlesungsverzeichnissen der Universität ist Mackenroth dagegen vier Semester lang als Geschäftsführender Direktor des Staatswissenschaftlichen Seminars mit Straßburger Adresse und Telefonnummer sowie mit den Titeln seiner Lehrveranstaltungen eingetragen. Im Sommersemester 1942 hielt er eine Vorlesung über „Bevölkerungslehre, Bevölkerungspolitik, Rasserecht". Erst vom Wintersemester 1943/44 an ist Mackenroth „z.Zt. im Felde". Über seinen Verbleib in den letzten Kriegsjahren ist nichts bekannt. Nach dem Krieg kehrte er an die Universität Kiel zurück, wo er im wissenschaftlichen Kontakt mit Ipsen seine „Bevölkerungslehre" überarbeitete. Nach seinem Tod im März 1955 wurde der Soziologe Helmut Schelsky, ein Kollege aus Straßburger Zeiten, vorübergehend sein Nachfolger. (Vgl. K.M. Bolte, Gerhard Mackenroths Wissenschaftsposition, Arbeitsschwerpunkte und Arbeitssituation, in: Schmid, Bevölkerungswissenschaft, S.18-41, hier: S.19).

es einheitliche Gruppen gebe, denen ein gemeinsames generatives Verhalten zugesprochen werden kann. Bei Ipsen sind dies „Volk" oder „Rasse", denen er „einen überindividuellen 'Willen' zuspricht, und staatliche Politik als Medium dieses Willens definiert", so der Historiker Josef Ehmer in seiner Kritik an Ipsen. „Akzeptiert man den 'Bestand der Rasse' nicht als Sinn oder innere Logik aller demographischen Ereignisse und Beziehungen, bricht dagegen Ipsens System in sich zusammen." Soziologisch könne man diese Theorie nur nennen, wenn man den Gesellschaftsbegriff teile, in dem „Volkheit" die zentrale Kategorie ist.[54] Bei Mackenroth hat demgegenüber das Subjekt der „Bevölkerungsweise" gewechselt. Er spricht von einer „europäischen Bevölkerungsweise", deren „räumliche und geschichtliche Reichweite" erst noch „abzustecken" sei, in die aber „im Zuge der Europäisierung der Welt auch die außereuropäischen Bevölkerungsweisen immer mehr einmünden.[55] Von Ipsen über Mackenroth fand das Konzept der „Bevölkerungsweisen" Verbreitung nicht nur in der Bevölkerungs- sondern auch in der Geschichtswissenschaft[56], ohne daß es kritisch hinterfragt worden sei. Thomas Sokoll macht der Bevölkerungswissenschaft den Vorwurf einer „systematischen Selbsttäuschung über die Ursprünge der heute herrschenden Lehre". So wie die deutsche Geschichtswissenschaft erst vom Begriff des „Volks" auf den der „Gesellschaft" gekommen sei, so habe sich die Demographie die „Bevölkerung" erst über die Fiktion der „Rasse" erschlossen. „In beiden Fällen lag der methodologische Durchbruch, der nach 1945 die soziologische Neuorientierung des eigenen Faches erleichtert hat, bereits früher. So wie die moderne deutsche Sozialgeschichte nicht ohne die Linie von Freyer und Brunner zu Conze, so ist die moderne deutsche Bevölkerungslehre nicht ohne die Linie von Ipsen zu Mackenroth und von dort wieder zu Bolte denkbar."[57]

Während für Ipsen der „Bevölkerungsdruck" ganz allgemein vom Osten ausging, waren es für seinen Kollegen Conze die Juden, die diesen verursachten. Die Vorschläge zur Verknüpfung von Wirtschafts- und Judenpolitik, wie sie unter anderen von Conze mitentwickelt worden sind, lesen sich, obwohl bereits vor Kriegsbeginn publiziert, rückblickend wie eine Handlungsanleitung für die deutsche Besatzungspolitik. Nachdem die deutsche Wehrmacht im September 1939 Polen besetzt, die westlichen Provinzen annektiert und die östlichen der Sowjetunion überlassen hatte, wurde in Zentralpolen, dem sogenannten Generalgouvernement, eine deutsche Besatzungsregierung eingesetzt. Deren Wirtschaftspolitik, die unter anderem von dem bereits erwähnten Helmut Meinhold mitkonzipiert wurde, setzte eben dort an, wo Seraphim die Struktur-schwächen des polnischen Systems ausgemacht hatte: Die jüdischen Werkstätten und Geschäfte wurden nun binnen kurzem aufgelöst oder zusammengelegt, um so Handel und Handwerk zu rationalisieren und „lebensfähige Mittelexistenzen" zu schaffen – in Händen nichtjüdischer Polen.

Durch diese „Zusammenpressung des jüdischen Sektors ergebe sich dann für den polnischen Sektor die Möglichkeit des Nachrückens", so der Wirtschaftsminister der deutschen Besatzungsregierung.[58] Auf diese Weise könnten für die „Überzähligen" oder „verdeckt Arbeitslosen" aus der Landwirtschaft neue Beschäftigungsmöglichkeiten geschaffen und somit auch die „agrarische Überbevölkerung" abgebaut werden. Den Modellcharakter, den diese Politik weit über das Generalgouvernement hinaus haben sollte, faßte Peter-Heinz Seraphim in die Worte: „Wie auch immer die künftige Gesamtlösung der Judenfrage für das Großdeutsche Reich oder den europäischen Kontinent aussehen mag, in jedem Falle ist das Generalgouvernement heute der judenreichste Teil des Reiches, der Teil, in dem die Judenfrage am drängendsten ist. Alle Maßnahmen, die hier getroffen werden, haben daher eine prinzipielle Bedeutung für eine künftige vom Deutschen Reich ausgehende gesamteuropäische Regelung der Judenfrage."[59]

Das Konzept, weniger moderne Wirtschaftstrukturen auf Kosten der jüdischen Minderheit zu sanieren und jeden materiellen Engpaß dadurch zu beseitigen, daß man deren Lebensmöglichkeiten immer weiter ein-schränkte, entwickelte sich zum Universalmodell für die „Neuordnung" unter deutscher Herrschaft. Egal, ob es um Nahrungsmittel, Wohnraum, Arbeitsplätze, Versorgungsgüter oder Rohstoffe ging – wo immer ein Mangel auftrat, war die Diskriminierung und Enteignung der jüdischen Minderheit für die deutschen Besatzungsverwalter die nächstliegende Möglichkeit der Abhilfe. Darüber hinaus faßten sie verschiedene „terri-toriale Lösungen" der „Judenfrage" ins Auge. Gemeint war mit diesem Euphemismus die Deportation der Juden an die Peripherie des deut-schen Herrschaftsbereichs und ihre Unterbringung in Reservaten. Zu dieser Art von Lösungsvorschlägen gehörte auch der Madagaskar-Plan. Wissenschaftliche Vorarbeit für dieses Projekt leistete unter anderen der bereits erwähnte Bevölkerungswissenschaftler Friedrich Burgdörfer.* Im

---

* Burgdörfer war Schüler des Statistikers Friedrich Zahn und 1939 dessen Nachfolger als Präsident des Bayerischen Statistischen Landesamts. Zuvor hatte er bereits beim Statisti-schen Reichsamt gearbeitet und dort an der Vorbereitung und Auswertung mehrerer

Auftrag des Auswärtigen Amts erstellte er im Sommer 1940 ein Gutachten über die Möglichkeit, die europäischen Juden nach Madagaskar „umzusiedeln". Aufgrund seiner Tragfähigkeitsberechungen für die Insel hielt Burgdörfer das Massendeportationsprojekt für durchführbar – egal ob man die madagassische Bevölkerung zu diesem Zweck aussiedelte oder die etwa 4 Millionen jüdischen Menschen, die damals im deutschen Herrschaftsgebiet lebten, zusätzlich auf der Insel internierte. Darüber hinaus, so schlug Burgdörfer ungefragt und aus freien Stücken vor, sei auch noch genügend Platz, um eine Million Juden aus Palästina und 1,6 Millionen „aus den übrigen Erdteilen" (mit Ausnahme der UdSSR und der USA) dorthin zu deportieren.[61] Das Madagaskar-Projekt scheiterte, weil es den Deutschen nicht gelang, die britische Seeblockade zu durchbrechen, und so die Voraussetzungen fehlten, um Millionen Juden per Schiff nach Afrika zu transportieren. Auch alle anderen kurzfristig erwogenen „territorialen Lösungen" – die Einrichtung von „Judenreservaten" in Lublin oder in der Nähe von Nisko – erwiesen sich als undurchführbar.

Ost- und Südosteuropa

Nach den Kritierien deutscher Ökonomen und Raumplaner waren in nahezu allen Ländern Ost- und Südosteuropas die gleichen Strukturschwächen zu bemängeln, die man in der „polnischen Wirtschaft" fest-

Volkszählungen mitgewirkt. Er war Mitglied der Deutschen Gesellschaft für Rassenhygiene sowie der Reichsarbeitsgemeinschaft für Raumforschung; außerdem Referent im Rassenpolitischen Amt der NSDAP. In zahlreichen Veröffentlichungen malte Burgdörfer den „Geburtenschwund" in Deutschland in ebenso drastischen Farben aus wie die „slawische Flut" und die „Verschiebung des Bevölkerungsschwerpunkts nach Osten". 1939 organisierte er für den SD die namentliche Erfassung der gesamten jüdischen Bevölkerung des Deutschen Reichs. Zwei Jahre später war er als Berater bei der rumänischen Volkszählung dabei, wo erstmals Juden und „Zigeuner" gesondert erfaßt wurden; die Zählung sollte das Grundlagenmaterial für „größere Umsiedlungen und Wanderungsbewegungen" liefern. Im Jahr 1942 erarbeitete Burgdörfer in engem Kontakt mit dem Reichsinnenministerium ein Konzeptpapier zur Gründung eines „Reichsinstituts für Bevölkerungswissenschaft und Bevölkerungspolitik". Dieses sollte „eine umfassende und alle Lebensgebiete durchdringende Bevölkerungspolitik" gewährleisten. Nach 1945 gehörte Burgdörfer zu den Neubegründern der deutschen bevölkerungswissenschaftlichen Vereinigungen. Die Deutsche Statistische Gesellschaft wählte ihn 1960 zum Ehrenmitglied.[60]

gestellt hatte. In Rumänien, Bulgarien, Ungarn und Jugoslawien sowie in Teilen der Sowjetunion (vor allem Litauen und Weißrußland) sei die Landwirtschaft weitgehend „übervölkert" – noch dazu vom „Typus des mikrigen Menschen".[62] In ganz Osteuropa bot sich den deutschen Intellektuellen „das leider nur zu bekannte Bild einer technisch rückständigen, schollenkleberisch übersetzten Bauernschaft", so Carl Brinkmann. Der Berliner Ökonom und Soziologe konstatierte überall eine „durch Inzucht gesteigerte Gegenauslese der Begabten." [63] Wie viele seiner Kollegen münzte Brinkmann seine Verachtung gegenüber Armut und „Unterentwicklung" in ein Bevölkerungsproblem um. Aber nicht nur das: Im nächsten Schritt interpretierte er auch den Zweiten Weltkrieg als „Folge des Überdrucks, den die monopolistische Absperrung der Überseeländer gegen die Zuwanderung gerade der europäischen (und japanischen) agraren Bevölkerungsüberschüsse erzeugt hatte". So betrachtet war auch der deutsche Überfall auf die Sowjetunion kein Aggressionskrieg gegen ein Land, mit dem es immerhin einen Nichtangriffspakt gegeben hatte, sondern „der notgedrungene Versuch einer politischen Bereinigung der verwickelten Fragen, die sich aus dem Zusammentreffen der tausendjährigen deutschen Überwanderung des slawischen Ostens mit der jüngeren Unterwanderungstendenz der Slawen gegen Germanen und Romanen ergeben hatten." [64]

Die rassistische Sicht auf die Slawen hatte ihr ökonomisches Pendant in folgendem Kalkül: Verglichen mit den Hektarerträgen und der Arbeitsproduktivität in Westeuropa galten die Länder Südosteuropas als „rückständig" und – legte man die Arbeitsnorm zugrunde – „überbevölkert". Die Produktivität pro Kopf der landwirtschaftlichen Bevölkerung erreichte nach Berechnungen Anton Reithingers* „nur etwa ein Viertel bis ein Sechstel der entsprechenden Ziffern für Mittel- und Westeuropa".[66] Angesichts dieser Verschwendung des „Rohstoffs" Arbeitskraft bestand für Reithinger „unser weitaus bedeutendstes Wirtschaftsproblem" in der „richtigen Menschenökonomie".[67]

Theodor Oberländer hatte festgestellt, daß „der wirtschaftlich passive und tatsächlich so gut wie arbeitslose Teil der Bevölkerung eine konsumtive Belastung bedeutet, die eine gesunde Kapitalbildung verhin-

---

* Reithinger, ein Osteuropafachmann, leitete die volkswirtschaftliche Abteilung der I.G.-Farben. Die „Vowi" war die politische Informationszentrale des Konzerns, in der Fakten und Analysen gesammelt wurden, die man zur Beherrschung anderer Länder für wichtig erachtete. Die Berichte der Abteilung standen auch verschiedenen Reichsbehörden sowie der Wehrmacht zur Verfügung.[65]

dert".[68] Um das Ausmaß der „Belastung" deutlich zu machen, rechnete Oberländer das Verhältnis der „wirklich in der Landwirtschaft tätigen Menschen (...) zu den bloßen 'Mitessern'" aus. Dieses betrage in Rumänien 1 : 0,6, in Bulgarien 1 : 0,7 und in Jugoslawien 1 : 1,09.[69] Mit anderen Worten: Ein Drittel, ja mehr als die Hälfte der landwirtschaftlichen Bevölkerung waren seiner Meinung nach in einzelnen Ländern Südosteuropas nutzlos und überzählig.

Derart immense „Bevölkerungsüberschüsse" waren nach den Vorstellungen deutscher Ökonomen untragbar, umso mehr, als es darum ging, einen europäischen „Großwirtschaftsraum" unter deutscher Führung zu schaffen. Diesem Konzept entsprechend sollten die ökonomischen Strukturen aller europäischen Länder an den Interessen der deutschen Wirtschaft ausgerichtet werden. Zu diesem Zweck sollte innerhalb Europas eine neue Arbeits- und Funktionsteilung etabliert werden und dabei das für die deutsche Wirtschaft profitable Gefälle zwischen industrialisiertem Zentrum des Kontinents und „unterentwickelter" Peripherie auf Dauer erhalten bleiben. Südosteuropa war in diesem Konzept die Rolle zugedacht, die Industriestaaten, insbesondere Deutschland, mit Agrarprodukten zu beliefern und gleichzeitig als Absatzgebiet für westeuropäische Industrieprodukte zu dienen – unter weitgehendem Verzicht auf eine eigene Industrialisierung. Eben diese Nichtindustrialisierung der Agrarstaaten hatte Oberländer schon 1935 zur Voraussetzung dafür erklärt, daß die Industriestaaten von der „Überbevölkerung" verschont blieben: „Solange die Industrialisierung der Agrarländer den Absatz der Industriestaaten noch nicht bedroht, kann man noch nicht von einer Überbevölkerung der Industriestaaten sprechen. (...) durch Verlust der Absatzmärkte (...) kann allerdings sehr schnell der Zustand der Überbevölkerung eintreten." [70]

Die Idee eines europäischen Großwirtschaftsraums unter deutscher Führung setzte die „Lösung" des „Überbevölkerungsproblems" – gewissermaßen als eine Infrastrukturmaßnahme – ebenso voraus wie die Rationalisierung der Landwirtschaft in Südosteuropa. Eine Steigerung des Lebensstandards war in dem Modell nicht vorgesehen, sollte im Gegenteil explizit verhindert werden. „Die agrarische Lieferfähigkeit des Südostens (gründet) auf einen ungewöhnlich niedrigen Lebensstandard", so konstatierte die Forschungsstelle für Wehrwirtschaft in einem Konzeptpapier zur deutschen Wirtschaftspolitik gegenüber Südosteuropa.* Die Forschungsstelle, aus der das Konzeptpapier stammt, war quasi der wirtschaftspolitische Think Tank von Görings Vierjahresplanbehörde und gehörte – neben dem Institut für Weltwirtschaft in Kiel, der Deutschen Arbeitsfront und vielen anderen – zu denjenigen Institutionen, die an der Umsetzung der Großraumidee in wirtschaftspolitische und bevölkerungsökonomische Strategien arbeiteten.

Selbstverständlich gingen auch die Ökonomen der Forschungsstelle für Wehrwirtschaft von einem „Bevölkerungsüberdruck" und millionenfacher „verdeckter Arbeitslosigkeit" in den Ländern des Südostens aus. Die deutsche Wirtschaftspolitik gegenüber diesen Ländern dürfe jedoch auf keinen Fall dazu beitragen, daß die Arbeitskräfte, die im Zuge der Rationalisierung der Landwirtschaft „freigesetzt" würden, in ihren Heimatländern selbst in anderen Wirtschaftszweigen beschäftigt würden. Vielmehr sollten sie in Deutschland arbeiten, dort „diszipliniert und an ein höheres Arbeitstempo gewöhnt" werden.[72]

Um die südosteuropäischen „Arbeitskraftreserven" wirklich im deutschen Interesse nutzbar zu machen, mußte man die „verdeckt Arbeitslosen" jedoch erst noch zu mobilen „Wanderarbeitern" machen. Dies bedeutete nach Ansicht deutscher Ökonomen „eine weitgehende Umstellung nicht nur der gesamten Wirtschaft dieser Länder, sondern auch der Volkssitten und Gebräuche, der Arbeitsgewohnheiten und sonstigen Lebensumstände": Aufhebung der Bodenreform und der Erbteilung, Beseitigung der Heimarbeit und der Produktion von Gebrauchsgegenständen für den eigenen Bedarf und vor allem – Abschaffung der zahlreichen Feiertage und ländlichen Volksfeste. So das Ergebnis einer Studie über das Ausmaß der südosteuropäischen Arbeitskraftreserven, die der Chef der Forschungsstelle, Otto Donner[73], beim Kieler Institut für Weltwirtschaft in Auftrag gegeben hatte.[74]

Gewissermaßen kongenial lieferte der Ökonom und Experte für die „Judenfrage" Peter-Heinz Seraphim einen eigenen Beitrag zur Bevölkerungsfrage in Südosteuropa. Er schlug auch in bezug auf die südosteuropäischen Staaten vor, die Juden aus Handel und Kleingewerbe in den Städten zu vertreiben, damit ihre wirtschaftliche Stellung von Nichtjuden übernommen werden könnte: „Eine solche Möglichkeit ist zweifellos vorhanden, denn unter der bäuerlichen Bevölkerung der Rumänen, Magyaren, der Ukrainer, Slowaken und Polen ist ein bevölkerungs-

---

*   Eine Einkommenssteigerung in diesen Ländern, so heißt es in dem Papier weiter, würde den Konsum dort auf Kosten des Exports nach Deutschland erhöhen, und dadurch „in der gesamteuropäischen Ernährungs- und Rohstoffversorgung ein Defizit auftreten, das überhaupt nicht mehr überbrückt werden könnte". Diese Formulierung taucht in fast gleichem Wortlaut auch in einem Aufsatz Reithingers auf.[71]

mäßiger 'Überdruck' vorhanden, der einheimische Bevölkerungselemente an die Stelle der kleinbürgerlichen jüdischen zu setzen vermag. Jahrelang sind diese nachgeborenen Bauernsöhne der bodenständigen Völker durch das jüdische Element (...) daran gehindert worden, in den Städten ihr Fortkommen zu finden. Die Städte waren gleichsam durch die Juden 'blockiert'! Jetzt scheint der Augenblick gekommen, dieses Monopol zu brechen!" [75]

„Ostraumlösung"

Wenn Seraphim derart triumphalistisch im März 1941 eine „europäische Gesamtlösung der Judenfrage" – so der Titel des hier zitierten Vortrags – ankündigte, so tat er dies im Hinblick auf den bevorstehenden Überfall auf die Sowjetunion. Die „Öffnung nach Osten" (Meinhold) und die damit verbundene „Heranführung weiterer Ostgebiete an das Reich" [76] beflügelte die Phantasien und den Machbarkeitsglauben nahezu aller Ostraumplaner, darunter auch der Bevölkerungsexperten. In der Realität jedoch erwiesen sich die Perspektiven, die sich mit dieser „Osterweiterung" auftaten, als durchaus widersprüchlich.

Einerseits schien mit der militärischen Okkupation der westlichen Sowjetunion die Möglichkeit gegeben, unerwünschte Bevölkerungsgruppen an die Peripherie des „Großraums" zu vertreiben. In bezug auf die europäischen Juden wurde diese Möglichkeit als „Ostraumlösung" diskutiert. Der von Felix Boesler [77] mitkonzipierte Generalplan Ost sah darüber hinaus aber auch vor, große Gruppen der nichtjüdischen Bevölkerung der Sowjetunion hinter den Ural zu vertreiben, sofern diese den deutschen Plänen im Wege standen. Andererseits schufen gerade die weitreichenden Umsiedlungsvorhaben neue, noch größere „Bevölkerungsprobleme". Denn die deutschen Pläne für die neu eroberten Gebiete, sowohl in bezug auf die Siedlungs- als auch auf die Ernährungspolitik, setzten eine Reduzierung der Bevölkerung voraus.

Weite Teile der besetzten Sowjetunion sollten dem „Generalplan Ost" zufolge „germanisiert" werden, indem deutschen Bauern, aber auch Handwerkern und Gewerbetreibenden, deren Betriebe klein und unrentabel waren, eine neue wirtschaftliche Existenz in den besetzten Ostgebieten angeboten wurde. Auf diese Weise, so kalkulierte Himmlers oberster Planungschef Konrad Meyer, könne auch die ungünstige Agrarstruktur im Deutschen Reich aufgebessert und eine „planvolle Auflokkerung und Gesundung unseres gesamten Volks- und Wirtschaftsgefüges" erreicht werden.[78]

Derartige Pläne setzten die Vertreibung von Millionen Menschen voraus, die bislang in den nunmehr „deutschen Siedlungsgebieten" gelebt hatten: in den Debatten um den „Generalplan Ost" wurde darüber gestritten, ob 31 oder eher 45 bis 51 Millionen Menschen im Zuge der Germanisierungsvorhaben „ausgesiedelt" werden müßten.[79]

Diese Siedlungspolitik war auf mehrere Jahrzehnte angelegt. Darüber hinaus war die deutsche Bevölkerungspolitik in der besetzten Sowjetunion jedoch auch von gewichtigen kurzfristigen Motiven bestimmt. In den Monaten vor dem deutschen Überfall hatten verschiedene wirtschaftswissenschaftliche Forschungsinstitute Untersuchungen darüber angestellt, wie unter Zuhilfenahme der sowjetischen Rohstoffreserven Kontinentaleuropa von Überseeimporten unabhängig und damit „blockadefest" gemacht werden könne. Im Zentrum der Überlegungen stand dabei die Absicht, mittels Okkupation der „Kornkammer Ukraine" sowie anderer landwirtschaftlicher Überschußgebiete die Ernährungssituation im Deutschen Reich zu verbessern, soll heißen: zu gewährleisten, daß die deutsche Bevölkerung auch im Krieg keine Rationskürzungen hinzunehmen brauchte. Praktisch war dies nur auf Kosten der Ernährung der sowjetischen Zivilbevölkerung möglich. Und so hatte der Wehrwirtschaftsstab Ost, der mit der ökonomischen Ausplünderung der besetzten Sowjetunion befaßt war, bereits vier Wochen vor dem deutschen Überfall angekündigt: „Viele 10 Millionen von Menschen werden (...) überflüssig und werden sterben oder nach Sibirien auswandern müssen. Versuche, die Bevölkerung dort vor dem Hungertode dadurch zu retten, daß man aus der Schwarzerdezone (einem besonders fruchtbaren Agrargebiet der Ukraine, d.V.) Überschüsse heranzieht, können nur auf Kosten der Versorgung Europas gehen. Sie unterbinden die Durchhaltemöglichkeit Deutschlands im Kriege (...)."[80]

Im Herbst 1941 beschrieb Peter-Heinz Seraphim, damals Kriegsverwaltungsrat in der Ukraine, die praktischen Auswirkungen dieser Maxime: „Eine Abschöpfung landwirtschaftlicher Überschüsse aus der Ukraine für Ernährungszwecke des Reiches ist (...) nur denkbar, wenn der ukrainische Binnenverkehr auf ein Minimum gedrückt wird. Es wird versucht, das zu erreichen:

1. Durch Ausmerzung überflüssiger Esser (Juden, Bevölkerung der ukrainischen Großstädte, die wie Kiew überhaupt keine Lebensmittelzuteilung erhalten);

2. durch äußerste Reduktion der den Ukrainern der übrigen Städte zur Verfügung gestellten Rationen;
3. durch Verminderung des Verzehrs der bäuerlichen Bevölkerung."[81]

Doch sollte nicht nur der „Verzehr" der bäuerlichen Bevölkerung vermindert werden, sondern auch diese selbst. Denn nach Ansicht der deutschen Bevölkerungsexperten waren auch weite Teile der westlichen Sowjetunion als „übervölkert" anzusehen. Selbst in den Regionen, die zumindest kurzfristig nicht zu deutschen „Siedlungsgebieten" deklariert wurden, in denen also vorerst russische und ukrainische Bauern weiterhin, nun aber zum Nutzen der Deutschen, das Land bestellen sollten, sah die deutsche „Agrarordnung" vor, alle diejenigen zu deportieren, die nicht für die Landarbeit gebraucht wurden.[82]

Schon unmittelbar nach dem Ersten Weltkrieg hatten die deutschen Bevölkerungsexperten vor der „Überbevölkerung" insbesondere in Osteuropa gewarnt und den „Bevölkerungsdruck" aus dem Osten als Gefahr für Deutschland an die Wand gemalt. Die Angst vor der „Überflutung" durch die Slawen, die bereits in den Bevölkerungsdebatten der vorangegangenen Jahrzehnte ein immer wiederkehrender Topos war, wurde nun mit dem ökonomischen Interesse an den sowjetischen Ressourcen kombiniert und in eine aggressive Entvölkerungspolitik umgesetzt. Dabei traf die Verachtung von Armut und „Rückständigkeit" mit den traditionellen antislawischen Ressentiments deutscher Intellektueller zusammen. Beides wurde auf die „Bevölkerungsfrage" projiziert.

Acht Jahre nationalsozialistischer Herrschaft hatten den „Bevölkerungsdruck", dem Deutschland angeblich ausgesetzt war, erheblich verschärft; der Versuch, ganz Europa eine „neue Ordnung" aufzuzwingen, machte in der Vorstellung der Bevölkerunsgplaner in der östlichen Hälfte des Kontinents Millionen Menschen zu „Überzähligen". Der Krieg allein, selbst einer mit modernen Massenvernichtungsmitteln, so die Lehre der Bevölkerungsexperten aus dem Ersten Weltkrieg, war kein geeignetes Mittel, um das Problem der „Überbevölkerung" zu „lösen". Im Zweiten Weltkrieg entwickelten die Deutschen daher Techniken der Kriegsführung, deren Zweck nicht mehr der militärische Sieg sondern eine quantitative Bevölkerungspolitik war. Schon die militärische Strategie beim Überfall auf die Sowjetunion war nicht allein auf Unterwerfung, sondern vor allem auf „Entvölkerung" der unterworfenen Gebiete gerichtet – nicht als Selbstzweck, sondern im Hinblick auf die dadurch „frei" werdenden Ressourcen. Indem die Wehrmacht die landwirtschaftlichen Überschußgebiete (Agrarregionen) von den Zuschußgebieten (Industrieregionen und vor allem Großstädte) isolierte und damit die Nahrungsmittelversorgung eben jener Zuschußgebiete unterband, plante sie den Hungertod von Millionen Menschen ein – um stattdessen die deutsche Bevölkerung mit den beschlagnahmten Nahrungsmitteln zu versorgen. Aus dem gleichen Grund, um die dort lebenden Menschen nicht ernähren zu müssen, wurde eine Stadt wie Leningrad nicht erobert, sondern belagert und ausgehungert. In den Kriegsgefangenenlagern ließen die Deutschen sowjetische Gefangene systematisch verhungern – allein in den ersten sieben Monaten nach dem deutschen Überfall starben durchschnittlich 6000 Menschen pro Tag. Und bis zum Februar 1942 waren selbst nach deutschen Schätzungen bereits 2,7 Millionen gefangene Russen verhungert oder aufgrund ihrer geschwächten Gesundheit an den in den Lagern grassierenden Krankheiten gestorben. Die Einsatzgruppen der Sicherheitspolizei und des SD erschossen in allen von der Wehrmacht eroberten Orten Juden, kommunistische Funktionäre und alle, die als Partisanen oder deren Helfer angesehen wurden. Auch dabei ging es nicht „nur" um militärische Herrschaftssicherung: Von August 1941 an erschossen sie nicht nur jüdische Männer, sondern auch Frauen und Kinder.[83]

Die Pläne, die die Deutschen nach dem Überfall auf die Sowjetunion zur Dezimierung der „Bevölkerungsüberschüsse" entwarfen, richteten sich nicht mehr wie noch zu Beginn des Krieges ausschließlich gegen die jüdische Minderheit, sondern auch gegen die als „Untermenschen" angesehene slawische Bevölkerungsmehrheit. Neben der „Judenfrage" erfanden die Deutschen jetzt auch noch die „Polen-", „Russen-", und „Tschechen-" sowie die „Zigeunerfrage".

Während jedoch die Juden und „Zigeuner" ausnahmslos ermordet werden sollten, selektierten die Deutschen die nichtjüdische polnische und russische Bevölkerung in „arbeitsmäßig Wertvolle" und „Wertlose". Programmatisch ist in dieser Hinsicht, was Friedrich Gollert, Chef der Raumplanungsbehörde im Generalgouvernement, zur „Lösung der Polenfrage" vorschlug – eine Einteilung in drei Kategorien. Alle Polen zu ermorden hielt Gollert für unpraktikabel und außerdem einer „Kulturnation nicht würdig". Etwa die Hälfte der Bevölkerung des Generalgouvernements sei daher langfristig einzudeutschen. Aus der anderen Hälfte beabsichtigte Gollert, die „arbeitsmäßig wertvollen" als Arbeitskräfte zu deutschem Vorteil zu erhalten, die übrigen aber, „die für uns Deutsche ohne jeden Wert sind", schlug er vor zu ermorden: „polnische Fanatiker" sowie „alle asozialen Elemente, alle Kranken und sonstigen Personen, die auch arbeitsmäßig für unsere Interessen nicht in Frage kommen. Gegenüber dieser dritten Kategorie (...) werden Radikalmittel nicht zu vermeiden sein."[84] Die Kriterien, nach denen Gollert zu selektieren gedachte, erscheinen als eine Mischung aus Rassismus und Nützlichkeitserwägungen. Deutlich klingen darin die Überlegungen zur „Bevölkerungsqualität" an, die in den Jahrzehnten zuvor den bevölkerungspolitischen Diskurs beherrscht hatten. Auch hier trafen also qualitative und quantitative Bevölkerungsdiskussion wieder zusammen: Wenn es darum ging, konkrete Maßnahmen gegen die „Überbevölkerung" zu ergreifen, reichten Formeln und Tragfähigkeitsberechnungen allein nicht aus, sondern es erfolgte der Rückgriff auf seit langem geläufige „Qualitäts"-Kategorien und rassistische Vorurteile. Im Vordergrund standen die Nützlichkeits- und Leistungskriterien. Selektiert wurde nicht nach Haar- oder Augenfarbe oder sonstigen äußerlichen „Rassenmerkmalen"; ob jemand als „deutsch" angesehen wurde oder nicht, hing wesentlich von Leistungsvermögen und Anpassungsbereitschaft ab. Allerdings galten auch für diese Kriterien bestimmte Grenzen. In der besetzten Sowjetunion kam für eine „Eindeutschung" allenfalls die baltische Bevölkerung in Frage; aber auch im Baltikum nur diejenigen Gruppen, die als „wertvoll" eingeschätzt wurden. Für die Russinnen und Russen sahen die deutschen Pläne hingegen nur eine Art der Selektion vor: Sie sollten zu Arbeitssklaven gemacht[85] oder aber ermordet werden.

Die Deportation zur Zwangsarbeit nach Deutschland hatte einen gleichsam doppelten bevölkerungspolitischen Effekt: Zum einen sollte die „Überbevölkerung" in Ost- und Südosteuropa unmittelbar reduziert werden, indem die „Überzähligen" verschleppt und in die Regionen des „Großraums" gebracht wurden, in denen ihre Arbeitskraft gewinnbringend eingesetzt werden konnte. Zum anderen verband sich damit ein zweites bevölkerungspolitisches Kalkül: Die Deportation junger Leute zur Zwangsarbeit trennte Familien und Paare und wirkte dadurch als „geburtensenkende Maßnahme". Eben dies war erklärte Absicht der Vertreter des Reichsinnen-, des Finanz- und des Arbeitsministeriums, der Parteikanzlei und des Reichssicherheitshauptamts, die im Mai 1941 die Grundsätze der Bevölkerungspolitik im besetzten Polen festlegten.[86]

In Deutschland sollten die Zwangsarbeiterinnen und Zwangsarbeiter aus Osteuropa nach Möglichkeit von der hiesigen Bevölkerung isoliert, das hieß de facto in Lagern eingesperrt werden, um zu verhindern, was die Deutschen „Rassenschande" oder „rassische Durchmischung" nannten.

In den ersten Kriegsjahren wurden schwangere Zwangsarbeiterinnen aus Osteuropa in ihre Heimat zurückgeschickt; von Dezember 1942 an wurde ihnen diese Rückkehr verboten. Zum einen, weil offenbar viele Frauen die Schwangerschaft als eine Möglichkeit gesehen hatten, sich der Zwangsarbeit zu entziehen; zum anderen aber auch aus bevölkerungspolitischen Gründen, um die unerwünschte Vermehrung der slawischen Bevölkerung so gering wie möglich zu halten. Während schwangere französische Zwangsarbeiterinnen weiterhin zurückkehren konnten, wurden Polinnen und Russinnen, die ein Kind erwarteten, zu besonders schwerer körperlicher Arbeit herangezogen, um Fehlgeburten zu verursachen. Die Umwandererzentralstelle Posen, zuständig für die Vertreibung der jüdischen und nichtjüdischen polnischen Bevölkerung aus dem Warthegau, hatte Mitte 1942 vorgeschlagen, „jede polnische schwangere Person bis zum achteinhalbten Monat zum vollsten Arbeitseinsatz heranzuziehen". Schwangerschaftsabbrüche seien dabei „nicht nur gewollt, sondern werden auch erwartet und bringen neben der erzieherischen Auswirkung auch eine Erleichterung für kommende Aufgaben mit sich. (...) In diesem Falle ist die unauffälligste und wirkungsvollste Niederhaltung des polnischen Volkstums die Nachwuchsbeschränkung".[87] Jüdische, polnische und sowjetische Zwangsarbeiterinnen wurden von Mitte 1942 an vom Arbeitsschutz für Schwangere ebenso ausgenommen wie von den Sonderzuteilungen an Lebensmitteln, die anderen „werdenden Müttern" zustanden.[88] Während auf gewerbliche Abtreibung bei „fortpflanzungswürdigen" deutschen Frauen die Todesstrafe stand, wurden Zwangsarbeiterinnen aus Osteuropa, für die der Schwangerschaftsabbruch ohnehin legal und erwünscht war, von März 1943 an massenhaft zur Abtreibung genötigt. Eine Ausnahme bildeten polnische Zwangsarbeiterinnen, die von einem deutschen oder als „rassisch wertvoll" angesehenen Mann ein Kind erwarteten. „Gutrassische" Kinder wurden ihren Müttern nach der Geburt weggenommen und zur „Eindeutschung" der Nationalsozialistischen Volkswohlfahrt oder deutschen Familien übergeben. Sowohl für die Begutachtung der polnischen Zwangsarbeiterinnen als auch für die Abtreibungskampagnen zeichnete der Reichskommissar für die Festigung deutschen Volkstums (RKF) verantwortlich (bei der Abtreibungspropaganda zusammen mit dem Reichsgesundheitsführer und dem Reichsarbeitsministerium). Der RKF unterstand direkt Heinrich Himmler und vereinigte auf sich die wichtigsten bevölkerungspolitischen Kompetenzen: von der Vertreibung der Polen und Juden aus dem annektierten Westpolen über die Einsiedlung der

Volksdeutschen bis hin zur rassischen „Eignungsprüfung" für eine eventuelle „Eindeutschung".

Sowjetische Zwangsarbeiterinnen und ihre Kinder galten grundsätzlich als nicht eindeutschungsfähig. Wenn die Frauen trotz des massiven Drucks zur Abtreibung Kinder zur Welt brachten, wurden sie dazu gezwungen, die Neugeborenen in Krankenbaracken der „Ostarbeiterlager" oder speziellen Entbindungsbaracken zu gebären und unmittelbar nach der Entbindung ihre Arbeit wieder aufzunehmen. Ihre Kinder sahen sie in der Regel nie wieder, da diese in den „Entbindungsheimen" bewußt so ernährt wurden, daß sie binnen kurzem an Hunger und allgemeiner Unterversorgung starben.[89]

Die Abtreibungs- und Sterilisationspolitik gegen Zwangsarbeiterinnen und alle anderen Menschen, deren Fortpflanzung aus „rassischen" Gründen unerwünscht war, verbanden die Deutschen auch mit der Überlegung, das „unerwünschte Volkstum" zwar zu dezimieren, die Arbeitskraft der Betroffenen aber zumindest noch für eine Generation zu erhalten.[90] Der Reichsgesundheitsführer Leonardo Conti schrieb im Februar 1944 über „Ostarbeiter und Bevölkerungspolitik", daß die Einwände, Schwangerschaftsabbrüche bei Ostarbeiterinnen würden dem deutschen Interesse an zukünftigen Arbeitskräften entgegenstehen, „völlig abwegig" seien. „Es besteht ein dringendes Kriegsinteresse daran", so Conti weiter, „daß die Ostarbeiterinnen jetzt in der Rüstungsproduktion arbeiten. Sich um die Zahl zukünftiger Ostarbeiter oder -arbeiterinnen Gedanken zu machen, besteht angesichts der bevölkerungspolitischen Lage nicht die mindeste Veranlassung. Eine solche Meinung läßt die völlige Unkenntnis der Sachlage und mangelndes Verständnis für die bevölkerungspolitischen Fragen erkennen."[91]

Ähnliche bevölkerungspolitische Restriktionen wie für die polnischen Zwangsarbeiterinnen im Reich existierten generell gegenüber der polnischen Bevölkerung. Rigorose antinatalistische Maßnahmen sollten den „Bevölkerungsdruck" aus dem Osten mindern. Abtreibungen und Sterilisationen wurden im besetzten Polen massiv gefördert und alle im Deutschen Reich geltenden pronatalistischen Maßnahmen in ihr Gegenteil verkehrt. Dies bedeutete unter anderem Besteuerung unehelicher Geburten und „bewußte wirtschaftliche Erschwerungen" für kinderreiche Familien. Ledige Mütter, die Fürsorge beanspruchten, wurden zur Zwangsarbeit verurteilt und bei mehreren unehelichen Geburten sterilisiert.[92] Schon 1939 hatte Erhard Wetzel vom Rassenpolitischen Amt der NSDAP empfohlen, im Generalgouvernement „alle Maßnahmen, die der Geburtenbeschränkung dienen (..) zu dulden oder zu fördern", auch die Homosexualität unter Polen sowie einen „schwungvollen Handel" mit Verhütungsmitteln.[93]

Die Sterilisation als Mittel zur Geburtenkontrolle war im Deutschen Reich bereits gegen „Fortpflanzungsunwürdige" eingesetzt worden. Aufgrund des „Gesetzes zur Verhütung erbkranken Nachwuchses" wurden in den Jahren 1934 bis 1945 etwa 360.000 Menschen im Deutschen Reich sterilisiert, die meisten formell „freiwillig", de facto jedoch fast ausnahmslos unter Zwang. Als „rassisch unerwünscht" wurden vom Sommer 1937 an mehrere hundert schwarze Deutsche ohne jede Rechtsgrundlage zwangssterilisiert. Es waren dies ausschließlich Kinder und Jugendliche, deren schwarze Väter als Soldaten der französischen Besatzungsarmee im Rheinland stationiert gewesen waren.[94] Vorausgegangen waren der Sterilisationspraxis langwierige Debatten über die Schaffung einer gesetzlichen Grundlage und die Notwendigkeit zur Rücksichtnahme auf Protest aus dem Ausland (insbesondere in bezug auf die als „Rheinland- oder Negerbastarde" diskriminierten schwarzen Jugendlichen) und von seiten der katholischen Kirche. Im Einzelfall waren aufwendige Begutachtungsverfahren und bei Frauen komplizierte medizinische Eingriffe und Krankenhausaufenthalte erforderlich gewesen. Die Zahl der Todesopfer von Zwangssterilisationen wird auf 5.000 geschätzt; wegen des ungleich komplizierteren medizinischen Eingriffs waren die meisten von ihnen Frauen.[95]

Von 1941 an wurde das deutsche Zwangssterilisationsgesetz auch auf die ins Reich deportierten polnischen Frauen und Männer angewandt. Darüber hinaus aber wurden nun auch die Anstrengungen verstärkt, die Sterilisation zu einer Methode der massenhaften Bevölkerungsreduzierung zu entwickeln; das hieß vor allem: keine Einzelbegutachtung, so fragwürdig deren Kriterien auch immer gewesen waren, keine Krankenhausaufenthalte und nach Möglichkeit: die Entwicklung von Methoden, mit denen viele Menschen schnell und möglichst ohne daß sie etwas davon merkten, sterilisiert werden konnten. An eben solchen operationslosen Methoden arbeiteten von 1941 an der Gynäkologe Carl Clauberg und sein Kollege, der „Euthanasie"-Mörder Horst Schumann im Konzentrationslager Auschwitz. Beide experimentierten an weiblichen Häftlingen. Schumann versuchte die Frauen mittels Röntgenstrahlen zu sterilisieren, Clauberg verwendete ätzende, formalinhaltige Substanzen, um die Eileiter zu verkleben.[96] Die Versuche waren für die Opfer nicht nur erniedrigend, sondern äußerst schmerzhaft und bisweilen auch lebensgefährlich. Um zu untersuchen, ob die jeweilige Methode wirklich zur

Sterilität führte, wurden den Frauen später die Eierstöcke entfernt. Clauberg, der ein „Forschungsinstitut für Fortpflanzungsbiologie" betrieb, hatte die Erlaubnis zum Experimentieren an den Häftlingen in Auschwitz von Himmler persönlich erhalten, da er schon in der Vorbereitungsphase darauf hinwies, wie wichtig das von ihm entwickelte Verfahren für die Sterilisation von „fortpflanzungsunwürdigen oder fortpflanzungsunerwünschten" Menschen sein könne. Nach einem Jahr erstattete Clauberg Himmler Bericht über seine Forschungserfolge. Auf Himmlers Frage nach der Effizienz der neuen Methode gab Clauberg an, ein „entsprechend eingeübter Arzt" könnne „mit vielleicht 10 Mann Hilfspersonal" auf diese Weise pro Tag „höchstwahrscheinlich mehrere hundert – wenn nicht gar tausend" Frauen sterilisieren.[97] Im Nürnberger Ärzteprozeß sagte Himmlers Persönlicher Referent, Rudolf Brandt, aus, Himmler sei „in höchstem Grade an der Ausarbeitung einer billigen und schnellen Methode der Sterilisierung interessiert" gewesen, „die man gegenüber den Feinden des Deutschen Reiches wie Russen, Polen und Juden anwenden konnte. Man knüpfte daran die Hoffnung, den Feind auf diese Weise nicht nur zu bezwingen, sondern auch zu vernichten. Die Arbeitskraft der sterilisierten Personen könnte von Deutschland genutzt werden, wobei aber ihre Fortpflanzungsfähigkeit zerstört wäre."[98]

Zwangssterilisationen, auch wenn sie einfach und billig sein würden, sollten nicht das einzige bevölkerungspolitische Mittel sein, um die „Fortpflanzungsfähigkeit des Feindes" zu zerstören. In die Diskussion um den Generalplan Ost brachte der bereits erwähnte Referent im Rassenpolitischen Amt der NSDAP, Erhard Wetzel, Vorschläge für eine Geburtenkontrollkampagne ein, die an heutige Familienplanungsprogramme in der „Dritten Welt" erinnern:

„Wir müssen in den betreffenden Gebieten (der Sowjetunion, d.V.) eine bewußt negative Bevölkerungspolitik treiben. Durch Propagandamaßnahmen, insbesondere durch Presse, Rundfunk, Kino, Handzettel, kurze Broschüren, Aufklärungsvorträge und dergleichen muß der Bevölkerung immer wieder der Gedanke eingeredet werden, wie schädlich es ist, sich viele Kinder anzuschaffen. Es muß einmal auf die Kosten hingewiesen werden, die Kinder machen, dann auf das, was man sich dafür hätte anschaffen könne. Es können die großen gesundheitlichen Gefahren, die der Frau bei Geburten entstehen können, angedeutet werden und dergleichen. Neben dieser Propaganda muß eine großzügige Propaganda für Verhügungsmittel ins Land gehen." Wetzel schlug vor, eine Verhütungsmittelindustrie aufzubauen und den freien Zugang zu Verhütungsmitteln ebenso zu fördern wie den Schwangerschaftsabbruch. „Daß man bei systematischer Anwendung der oben dargelegten Mittel erhebliche Erfolge in der Schwächung des russischen Volkskörpers erzielen wird können, liegt auf der Hand. Dabei sind wir durchaus in der Lage, bei einem radikalen Geburtenrückgang, der die Existenz des Russentums auf das Spiel stellen würde, jederzeit einzugreifen, indem wir diese oder jene Maßnahme aufheben. An einer völligen biologischen Vernichtung des Russentums können wir jedenfalls so lange kein Interesse haben, als wir nicht selbst in der Lage sind, mit unseren Menschen den Raum zu füllen. Denn sonst würden andere Völker diesen Raum einnehmen, was gleichfalls nicht in unserem Interesse liegen würde. Unser Ziel bei der Durchführung dieser Maßnahme ist nur, das Russentum so zu schwächen, daß es uns nicht mehr durch die Masse seiner Menschen überwuchern kann. Haben wir die Masse des russischen Volkes zum Gedanken des Einkinder- oder Zweikindersystems bekehrt, dürften wir das gesteckte Ziel erreicht haben." [99]

Waren in der bevölkerungspolitischen Diskussion bis in die 30er Jahre hinein vor allem die Auswanderung oder aber die Ausweitung des Nahrungsspielraums als Mittel zur Reduzierung der Bevölkerung erörtert worden, so brachen die Deutschen im Zweiten Weltkrieg diese Begrenzung in doppelter Richtung auf: indem sie – in demographischen Kategorien gesprochen – sowohl die Sterberate als auch die Geburtenrate entsprechend ihren Zielen zu beeinflussen suchten. Sie setzten den Massenmord als ein Mittel demographischer Politik ein.

Sowohl in der Eugenik- als auch in der Überbevölkerungsdiskussion waren Menschen als „Ballast", als „Belastung" oder überzählige, unproduktive „Mitesser" klassifiziert und ihnen damit praktisch das Lebensrecht abgesprochen worden. Die unter deutscher Besatzung in Osteuropa entwickelte und praktizierte Verknüpfung von Bevölkerungs- und „Judenfrage", von Bevölkerungspolitik und rassistischer Diskriminierung beseitigte die Tabus, die bis dahin gegenüber der Ermordung der „Überzähligen" bestanden hatten.

EXKURS: EXPERIMENT SOWJETUNION

„Die Hauptaufgabe der Regierungen aller Länder muß die genaueste Kontrolle des günstigsten Verhältnisses zwischen dem zur Verfügung stehenden Boden und der Bevölkerungszahl sein und ein Staatsgesetz, das die Geburtenziffern regelt. Wenn dieses Gesetz und diese Regelungen existieren, können wir noch nie dagewesene Möglichkeiten schaffen für den gesamten menschlichen Wohlstand und Fortschritt."

G. Nefedov, *Das Bevölkerungsgesetz und Rußland, Morschansk 1910*

Ebenso wie in der deutschen und der internationalen Debatte gab es auch in der Sowjetunion der 20er Jahre weder eine einheitliche Vorstellung davon, was unter „Überbevölkerung" zu verstehen sei, noch wie man diese zu berechnen habe. Zu Beginn der 20er Jahre wurde relativ sachlich über die Beseitigung der städtischen Arbeitslosigkeit und die Steigerung der Arbeitsproduktivität auf dem Land diskutiert. Beide Ziele sollten sowohl mit den Mitteln langfristiger ökonomischer Umstrukturierung als auch mittels demographischer Politik, vor allem der freiwilligen Umsiedlung, erreicht werden. Diese Versuche blieben jedoch in den Anfängen stecken – zum einen wegen der Finanzknappheit, zum anderen aufgrund der Opposition der Bauern gegen die Agrarpolitik der sowjetischen Regierung.

Daraufhin wurden sowohl in der Agrar- als auch in der Bevölkerungspolitik (Umsiedlung) Zwangsmaßnahmen eingeleitet. Parallel dazu veränderte sich auch die Tonlage der theoretischen Diskussion: An die Stelle der Kontroverse auf wissenschaftlicher Ebene trat die Denunziation der Andersdenkenden. Dabei setzte sich auch hinsichtlich der „Überbevölkerungsfrage" die Linie derer durch, die nicht behutsame, langfristige Reformen befürworteten, sondern einen staatlich gesteuerten gewaltsamen Umbruch der Agrarstruktur. Anders als es in Deutschland in den 30er und bis in die 50er Jahre hinein rezipiert wurde, ist die stalinistische Agrar- und Bevölkerungspolitik nicht direkt als eine Möglichkeit zur Reduzierung der „Überbevölkerung" mit den Mitteln der Massenvernichtung erwogen worden; im Vordergrund stand eher die Erschließung der ungenutzten Territorien. Dabei bleibt jedoch zu bedenken, daß die Debatte in der UdSSR weniger utilitaristisch als in Deutschland, dafür aber sehr viel stärker ideologisch verklausuliert geführt wurde. Das macht es erheblich schwieriger, die wirklichen Zusammenhänge zu entziffern.

Bis heute ist nicht eindeutig geklärt, welchen Prinzipien die Umsiedlungspolitik in welchem Ausmaß folgte: Sicher spielten polizeiliche, ethnische und soziale Gesichtspunkte eine Rolle. Die Frage nach bevölkerungspolitischen Kriterien ist noch nicht einmal gestellt worden.

Trotz ideologischer Differenzen und unterschiedlicher Fragestellungen gab es sowohl unter den deutschen als auch unter den sowjetischen Bevölkerungswissenschaftlern ein gegenseitiges Interesse an den jeweiligen Forschungsergebnissen. Deutsche Fachleute entnahmen ihr Datenmaterial für die Analyse der sowjetischen Bevölkerungssituation – ungeachtet aller Vorbehalte gegenüber der Wissenschaft im Sozialismus – überwiegend aus sowjetischen Quellen, während umgekehrt ihre sowjetischen Kollegen sich bei der Berechnung der „Überbevölkerung" auf die Theoretiker aus dem kapitalistischen Ausland bezogen und sich genauestens über die bevölkerungspolitische Diskussion im Westen auf dem Laufenden hielten.

Die deutschen Bevölkerungsexperten interessierten sich aber nicht nur für die demographische Entwicklung in der Sowjetunion, sondern vor allem für den staatssozialistischen Umgang mit dem Problem der agrarischen „Überbevölkerung". Die Sowjetunion der 30er Jahre erschien ihnen als gigantisches Experiment.[1] Die „Liquidierung der Kulaken", Massendeportationen nach Sibirien und die Hungersnot in der Ukraine zu Beginn der 30er Jahre sahen sie als zwar brutal, aber notwendig an.

Doch die Tatsache, daß deutsche Wissenschaftler die Massenmorde an den „Kulaken" und die Millionen Opfer der staatlich gelenkten Hungersnot als erfolgreiche Methode zur Bekämpfung der „Überbevölkerung" angesehen haben, sagt noch nichts über die Motive aus, die auf sowjetischer Seite hinter dieser Politik standen. Wie ist „Überbevölkerung" in der Sowjetunion der 20er und 30er Jahre diskutiert worden? Und welcher Zusammenhang besteht zwischen dieser Diskussion und der Politik der Massenvernichtung? Hatten die stalinistischen Verbrechen nur in der deutschen Rezeption oder auch in der Realität einen bevölkerungspolitischen Hintergrund?

Volksvermehrungsrate, Wissenschaft und Sozialismus

Wenn im ersten Drittel dieses Jahrhunderts von „Überbevölkerung" in der russischen bzw. sowjetischen Landwirtschaft die Rede war, so wurde dies nicht auf das ganze Land bezogen, sondern nur auf die dicht besiedelten westlichen Regionen. Der Osten war dagegen ausgesprochen dünn besiedelt. Diese unterschiedliche Bevölkerungsverteilung hatte ihre historischen Wurzeln unter anderem in der russischen Agrarverfassung.

Im Westen Rußlands hatte seit Aufhebung der Leibeigenschaft (und im Zusammenhang damit auch der Heiratsbeschränkungen) im Jahr 1861 die Bevölkerung insbesondere auf dem Land rasch zugenommen. In weiten Teilen Rußlands bestand das sogenannte Mir-System: Das Land wurde von der Dorfgemeinde, der „obscina", zu gleichen Teilen unter die Bauernfamilien verteilt, entweder entsprechend der Zahl der „Esser" („jedok", so der traditionelle russische Begriff) oder der Arbeitskräfte. Der einzelne Bauer konnte „sein" Land nicht verkaufen und war somit an seine Heimatgemeinde gebunden, die ihm zugleich, wenn auch in der Regel in äußerst bescheidenem Maße, materielle Sicherheit bot: Für Steuern und Abgabeverpflichtungen haftete die Dorfgemeinde kollektiv – eine Regelung, die für den einzelnen Bauern Schutz gegenüber der Willkür von Großgrundbesitzern und staatlicher Bürokratie bedeutete. Kollektivhaftung und -besitz waren auch der Grund dafür, daß die Gemeinde de facto zu der politischen Organisationsform der Bauern wurde, die es ihnen ermöglichte, in Konflikten mit der Obrigkeit in „geschlossener Front" zu agieren.[2] Von manchen Osteuropahistorikern wird die Umteilungsgemeinde als „der tatsächliche Träger der Agrarrevolution" angesehen und als Grund für die Nivellierung von Besitzunterschieden und damit auch sozialen Hierarchien auf dem Land.[3] Sicherlich hat sie auch die Abwanderung vom Land verhindert.

Weil die Bauern die Gemeinde nicht verlassen konnten, wurde der Boden auf die wachsende Bevölkerung verteilt und in immer kleinere Parzellen „zerlegt". Daß das Land innerhalb der Gemeinde regelmäßig neu verteilt wurde, nahm den Bauern den Anreiz, langfristig den Boden zu verbessern und dessen Fruchtbarkeit zu erhöhen. Die Dorfgemeinden verarmten zusehends. Durch die Stolypinsche Landreform von 1906 wurde das Mir-System vorübergehend abgeschafft, nach der Oktoberrevolution jedoch wieder eingeführt – als taktisches Zugeständnis der Bolschewiki an die Bauern, für die das Kollektiveigentum eine soziale Absicherung bedeutete.

Für die bevölkerungspolitische Diskussion war aber vor allem von Bedeutung, daß die Landzuteilung nach der Zahl der „Esser" quasi den Kinderreichtum „belohnte" und den ökonomischen Hintergrund der Bevölkerungszunahme bildete.

Sowohl die deutschen als auch die russischen Fachleute, die sich in den 30er Jahren mit Agrar- und Bevölkerungsfragen auseinandersetzten, nennen den Einfluß der Umteilungsgemeinde häufig als Ursache für das Bevölkerungswachstum und die zunehmende Verarmung. Anders als in Westeuropa, wo politische und ökonomische Krisenphänomene (die Niederlage des deutschen Kolonialismus, Migrationsrestriktionen, Weltwirtschaftskrise) trotz des gleichzeitigen Geburtenrückgangs als Problem der „Überbevölkerung" dargestellt wurden, gab es in Rußland tatsächlich ein starkes demographisches Wachstum, das die Befürchtung einer zunehmenden Auseinanderentwicklung von Ressourcen und Einwohnerzahl des Landes plausibel erscheinen ließ. Doch gab und gibt es gute Gründe, die gegen diese Annahme sprechen. Denn zum einen fand die Neuverteilung des Bodens je nach Region in sehr unterschiedlichen Zeitabständen statt, bisweilen nur alle 15 bis 20 Jahre, so daß nicht überall ein Familienzuwachs auch gleich ein Mehr an Land bedeutete.[4] Zum anderen war die russische Landwirtschaft in der Zeit zwischen der Aufhebung der Leibeigenschaft 1861 und dem Erstem Weltkrieg durchaus in der Lage, die rasch wachsende Bevölkerung zu ernähren und gleichzeitig wachsende Überschüsse für den Export zu erwirtschaften.[5] Ein Zusammenhang zwischen Bevölkerungswachstum und Produktionsrückgang bzw. Verarmung – die zentrale Annahme des Überbevölkerungsdogmas – existierte mithin nicht. Wenn dennoch nach der Oktoberrevolution immer wieder Nahrungsmittelknappheit herrschte und es sowohl Anfang der 20er Jahre als auch zu Beginn der 30er Hungerkatastrophen in der Sowjetunion gab, so lagen die Ursachen nicht im Bevölkerungswachstum.

Der Erste Weltkrieg, die Revolution und vor allem der anschließende Bürgerkrieg hatten die Wirtschaft in weiten Gebieten ruiniert und zudem zu Migrationsbewegungen von riesigem Ausmaß geführt. Da die Versorgung in den Städten größtenteils zusammengebrochen war, floh, wer konnte, aufs Land. Die Stadtflucht, der Verlust der städtischen Absatzmärkte sowie einer festen Währung und vor allem der Rückgang der Anbauflächen infolge der Kriege ließen die Agrarproduktion binnen kurzem drastisch sinken; zudem trug auch die Demobilisierung der Soldaten, für die es weder ausreichend Wohnungen noch Arbeitsplätze gab, zur Verschärfung der Probleme bei. Als außerdem der Warenverkehr und damit der Güteraustausch zwischen Stadt und Land zusammenbrach, kehrte die Landbevölkerung zur Subsistenzproduktion zurück: „Die Stadt versorgte das Land nicht mehr mit Waren. Im Gegenzug schränkte das Land die Ernährung der Stadt ein, fertigte wieder soweit wie möglich die Waren in Heimarbeit und hausindustrieller Tätigkeit an und fing so an, sich mit den fehlenden Waren notdürftig selbst zu versorgen."[6]

In der Zeit von Kriegskommunismus und Bürgerkrieg hatte die bolschewistische Regierung zunächst versucht, die Produktivitätssteigerung in der Landwirtschaft gewaltsam durchzusetzen. Die Bauern wurden zur Ablieferung der Agrarprodukte verpflichtet, um die Versorgung der Städte und der Armee zu gewährleisten, erhielten jedoch nicht die versprochene Bezahlung. Sie reagierten darauf mit einem Boykott, indem sie den Anbau auf das Minimum beschränkten, das sie zur Selbstversorgung brauchten.[7] Die Regierung antwortete mit der Beschlagnahme der bäuerlichen Vorräte. Eine Dürrekatastrophe verschlimmerte die Situation zusätzlich, so daß 1921 eine Hungersnot ausbrach, die sich auf Rußland, die Ukraine, das Wolgabecken und den Nordkaukasus erstreckte und zwei Jahre andauerte. Millionen Menschen versuchten, dem Hunger zu entfliehen, entweder in nicht von der Katastrophe betroffene Landesteile oder ins Ausland. Die damit verbundenen „Bevölkerungsverschiebungen" beschäftigten die Demographen noch Jahrzehnte später.[8]

In den folgenden Jahren wurden im Rahmen der „Neuen ökonomischen Politik" (NEP) gewisse marktwirtschaftliche Elemente im Agrarsektor wieder eingeführt, die Abgabeverpflichtungen gelockert und der private Handel mit Agrarprodukten ebenso wieder zugelassen wie die Verpachtung von Land. Die Verbesserung der Lebensbedingungen in den Städten führte nun zur Umkehr der Migrationsbewegung, zu einer massenhaften Landflucht.

Die Neuankömmlinge vom Land fanden jedoch in den Städten, in denen der Industrie(wieder)aufbau eben erst begann, keine Arbeit. Dies machte sie aus der Perspektive der Ökonomen und Sozialwissenschaftler zum „Bevölkerungsüberschuß".

Wenn zu Beginn der 20er Jahre über die „Überbevölkerung" in der Sowjetunion debattiert wurde, so fand die hohe „Volksvermehrungsrate" auf dem Land nur noch beiläufig Erwähnung. Stattdessen wurden jetzt – ähnlich wie in Westeuropa – die verschiedensten ökonomischen und gesellschaftlichen Krisenphänomene als Überbevölkerungsproblem interpretiert – vor allem das wirtschaftliche Chaos sowie die Schwierigkeit, aus Bauern Fabrikarbeiter zu machen: „Das ganze Wesen der russischen Arbeitslosigkeit", so der Agrarhistoriker Michael Hoffmann in Anlehnung an die zeitgenössischen Untersuchungen sowjetischer Ökonomen, „wird von der Tatsache bestimmt, daß diese zum allergrößten Teil eine Funktion der agrarischen Übervölkerung darstellt." Die meisten städtischen Arbeitslosen, so Hoffmann weiter, seien zugewanderte Dorfbewohner, „die für die Industrie sehr wenig brauchbar sind, da sie meistens selbst mit der Arbeits- und Lebensweise der Fabrikstädte noch gar nicht vertraut sind, geschweige denn über irgendwelche gewerbliche Fachkenntnisse verfügen." Nach Ansicht Hoffmans ging es „um die 'Loslösung' dieser Elemente von der Landwirtschaft und die Umwandlung der passiven 'versteckten Arbeitslosigkeit' des Dorfes in die 'aktive' und 'offene' Arbeitslosigkeit der Stadt. Das ganze Arbeitslosenproblem der Sowjetunion wie des alten Rußlands liegt in der Agrarüberbevölkerung verankert".[9]

Die „Bevölkerungsfrage" stand – wahlweise interpretiert als städtische Arbeitslosigkeit oder als „agrarische Überbevölkerung" – im Zentrum der sozialwissenschaftlichen Forschung der 20er Jahre. Eine Vielzahl von Institutionen und Verbänden widmeten ihre Arbeits- und Publikationskapazitäten dieser „Frage": das staatliche Planungsinstitut *Gosplan*, das Flurbereinigungs- und Umsiedlungsinstitut *Goskolonit* und die Timiriasev-Akademie für Landwirtschaft, darüber hinaus die Liga für Agrarreform, das Zentrale Statistikamt, das Volkskommissariat für Ackerbau und dessen Planungsabteilung *Semplan*, das Moskauer Kolchoseinstitut, das Agrarinstitut der Kommunistischen Akademie sowie das Rykov-Institut für Industriewirtschaft.[10]

Zwar waren sich die in diesen Institutionen tätigen Wissenschaftler weitgehend darüber einig, daß vor allem das „verarmte Ackerbauzentrum", in dem fast ausschließlich Landwirtschaft betrieben wurde, als am stärksten überbevölkert anzusehen sei: die Ukraine rechts des Dnjepr, das Zentrale Schwarzerdegebiet, Dagestan, Baschkirien, der östliche Mittelwolgarayon und Weißrußland sowie das Samaro-Orenburg-Gebiet.[11] Allerdings bestand Uneinigkeit hinsichtlich der Definition des Problems, seiner quantitativen Dimensionen und der Lösungswege. In einer vielleicht unangemessenen Vereinfachung lassen sich dabei im wesentlichen drei Strömungen unterscheiden: Die Bevölkerungsstatistiker „alter Schule" wie Lev Lubny-Gerzik, von ihren Kontrahenten häufig als „Malthusianer"[12] diskreditiert; die an den sozialrevolutionären Utopien orientierte Wissenschaftlergruppe um Alexander Tschajanov und die orthodoxen Agrarmarxisten.

Lev Josifovitsch Lubny-Gerzik arbeitete zunächst als Demograph beim Zentralen Statistikamt in Moskau, dann als Leiter des staatlichen For-

schungsinstituts für Flurbereinigung und Umsiedlung, *Goskolonit*. Schon
vor der Revolution war er mit wissenschaftlichen Publikationen
hervorgetreten, die auch im Westen vielfach rezipiert wurden,[13] darunter
ein 1923 publiziertes Büchlein mit dem Titel „Was ist Überbevölkerung?".
Alle üblichen Maßnahmen zur Bekämpfung der „Überbevölkerung" –
Industrialisierung, Intensivierung der Landwirtschaft und Umsiedlung –
hielt Lubny-Gerzik für unzureichend. Trotz gewisser Bedenken hinsichtlich der Effizienz schlug er die Gründung von Genossenschaften vor,
um zunächst einmal alle Bauern mit Boden zu versorgen. Mit Hilfe der
Mechanisierung könnten Arbeitskräfte dann zur Lohnarbeit außerhalb
der Landwirtschaft freigesetzt und den Bauern der geringere Arbeitskräftebedarf vor Augen geführt werden. Dadurch, so hoffte er, würden
sie „zu richtigeren und gesünderen Normen der Vermehrung" und zu
der Überzeugung gelangen, daß das Dorf übervölkert und Geburtenkontrolle sinnvoll sei.[14]

Lubny-Gerzik berechnete das Ausmaß der „Überbevölkerung", indem
er einen Flächenmindestbedarf von 4,3 bis 5,9 Hektar pro Arbeitskraft
zugrunde legte. Demnach zählten allein in den vier von ihm detailliert
untersuchten Regionen mit einer Gesamtbevölkerung von 38 Millionen
Menschen 14 bis 18 Millionen zur „Überbevölkerung", von der Lubny-
Gerzik befürchtete, daß sie als „toter Ballast" den Konsumetat des Landes belasten würde.[15] Da andere Statistiker zur Berechnung der „Überbevölkerung" in der sowjetischen Landwirtschaft ganz andere Flächen-
normen zugrunde legten oder auf der Basis von Arbeitszeitnormen kalkulierten, wichen die Ergebnisse erheblich voneinander ab. Die Zahlen
des international anerkannten Lubny-Gerzik gehörten zu den höchsten;
andere errechneten in der gesamten Sowjetunion einen „Bevölkerungsüberschuß" von „nur" 7,5 Millionen.[16]

Die meisten marxistischen Agrartheoretiker kritisierten die Berechnung
auf der Basis von Landnormen als zu schematisch und realitätsfremd,
weil dabei die Unterschiede des Klimas, der Bodenverhältnisse sowie
der Ausstattung mit Maschinen und Düngemitteln nicht berücksichtigt
würden.

Die unterschiedlichen Definitionen und Berechnungsmethoden der
„Agrarüberbevölkerung" schlugen sich auch in konträren Positionen über
die Möglichkeiten der Abhilfe nieder: So berechneten die *Gosplan*-Stati-
stiker die „Überbevölkerung" auf dem Land, um die Arbeitskraftreserven für die Industrie zu ermitteln und gelangten zu der Schlußfolgerung, daß die Steigerung der landwirtschaftlichen Arbeitsproduktivität

die „Überbevölkerung" vergrößern würde. Der *Zemplan*-Statistiker Rybnikow sah dagegen in der Steigerung der Arbeitsproduktivität gerade ein Mittel zur Reduzierung der „Überbevölkerung"; denn das Hauptmerkmal der „Agrarüberbevölkerung" sei der niedrige Lebensstandard auf dem Land, und der ließ sich nach Rybnikovs Ansicht erhöhen, wenn die Arbeit effizienter organisiert oder mechanisiert würde.[17]

Rybnikov war bis zu seiner Verhaftung 1930 Professor an der Timiriasev-Akademie in Moskau. Der Leiter dieses landwirtschaftlichen Forschungsinstituts, Alexander Tschajanov, hatte gemeinsam mit einigen Kollegen eine Theorie der Bauernwirtschaft formuliert, derzufolge die Produktionsweise der russischen Bauern vorkapitalistisch gewesen sei, an der Subsistenz und nicht am Profit orientiert. Motiv für die Arbeit sei die Befriedigung der persönlichen Bedürfnisse, nicht die Steigerung von Produktivität und Einkommen als Selbstzweck. Die Bauernfamilie sei zu extremer Selbstausbeutung bereit, um den eigenen Lebensunterhalt zu sichern. Darüber hinaus aber gebe es kein Motiv zur Mehrarbeit und zu wirtschaftlicher Expansion. Diese Wirtschaftsweise war laut Tschajanov der Grund für die Stabilität der kleinen Bauernwirtschaften selbst in schweren Krisen und ihre Überlegenheit gegenüber landwirtschaftlichen Großbetrieben. Sie galt zudem nach Ansicht der russischen Sozialrevolutionäre, denen die Vertreter der Tschajanov-Schule nahestanden, als mentale und soziale Grundlage für einen russischen Agrarkommunismus.[18]

Doch mußte die subsistenzorientierte Arbeitsweise – zumindest theoretisch – wirtschaftliche Stagnation zur Folge haben. Allein das Bevölkerungswachstum, so Tschajanov, zwinge die Bauern zu immer intensiverer Wirtschaftsweise und sei somit eine wichtige Antriebskraft für den Fortschritt in der Landwirtschaft.

Trotz dieser prinzipiell positiven Beurteilung der Bauernwirtschaften hielten auch die Wissenschaftler der Tschajanov-Schule Reformen für dringend erforderlich. Mit dieser Position standen sie Mitte der 20er Jahre allerdings keineswegs allein.

Wirtschaftswissenschaftler aller relevanten Strömungen waren sich damals darüber einig, daß die Erfolge der NEP alleine nicht ausreichten und nur eine ökonomische Expansion den Bestand der Sowjetunion sichern könne. Strittig war allerdings die Frage, ob vorrangig die Industrialisierung betrieben werden sollte oder die Entwicklung der als rückständig angesehenen Landwirtschaft oder aber – trotz allgemeiner Kapitalknappheit – beide Sektoren gleichermaßen „entwickelt" werden müßten. In bezug auf die „Überbevölkerung" schieden sich die Geister an der Frage, ob diese langfristig durch Schaffung von Industriearbeitsplätzen zu beseitigen sei, oder ob vielmehr arbeitsintensive Sektoren der Landwirtschaft und Kleinindustrie – mit erheblich geringerem Kapitalaufwand – „ausgebaut" werden sollten. Der staatliche Handlungsspielraum schien dabei zum einen durch den Kapitalmangel begrenzt, zum anderen durch das gespannte Verhältnis zwischen Staat und Bauern. Wenn man versuchte (wie von den Linkskommunisten um Preobraschenskij befürwortet), das Kapital für die wirtschaftliche Expansion aus der Landwirtschaft herauszuziehen, indem man den Bauern Abgaben auferlegte und die terms of trade zu ihren Ungunsten verschob (Preisschere zwischen Industrie- und Agrarprodukten), drohte von seiten der Bauern eine Art Boykott: Schon 1923 hatte sich gezeigt, daß die Bauern nicht mehr gewillt waren, ihr Getreide auf den Markt zu bringen, solange sie sich die versprochenen Industriegüter nicht leisten konnten. Die hohe Zahl von Arbeitskräften in der Landwirtschaft, von den Ökonomen stets als „verdeckte Arbeitslosigkeit" bezeichnet, ließ zudem befürchten, „daß die Bauern auf die Produktion nichtlandwirtschaftlicher Güter zurückfallen" und somit die staatliche Industrie mit ihren teuren Produkten umgehen und sich damit der Volkswirtschaft noch mehr entziehen würden. Diese Möglichkeiten wurden in der Debatte um den ökonomischen Kurs der Sowjetunion als „Vetomöglichkeit" der Bauern gegen die staatliche Wirtschaftspolitik diskutiert.[19]

In dieser Situation plädierten Tschajanov und seine Freunde für den Ausbau von nichtlandwirtschaftlichen Verdienstmöglichkeiten in den Dörfern (Weiterverarbeitung von Agrarprodukten und Ausbau des sogenannten Kustarhandwerks[20]), die wenig Kapital erforderten und relativ arbeitsintensiv waren. Der berühmte Wirtschaftstheoretiker Nikolai Kondratiev[21], ein Kollege Tschajanovs an der Timiriasev-Akademie, sprach sich gegen eine schnelle Industrialisierung und für eine „harmonische" Entwicklung von Landwirtschaft und Industrie aus. Er trat für die Umverteilung des nationalen Einkommens zugunsten der Bauern und den Erhalt der arbeitsintensiven Bauernwirtschaften ein. Eine Flurbereinigung der Bauernwirtschaften hielt er nur auf lange Sicht, in einem Zeitraum von etwa 20 bis 25 Jahren für möglich. Zunächst befand er sich mit solchen Auffassungen in Übereinstimmung mit den offiziellen Absichtserklärungen der Partei, die selbst noch im Frühjahr 1929 betonte, daß die bäuerlichen Individualwirtschaften noch auf lange Sicht unverzichtbar seien und die Kollektivierung nur „auf der Grundlage der von unten ausgehenden Initiative der Bauern wachsen" könne.[22] Tatsächlich aber waren die Weichen zu diesem Zeitpunkt längst auf eine forcierte Industrialisierung auf Kosten der Bauernwirtschaften gestellt. Die Tschajanov-Schule geriet daher zunehmend in Widerspruch zur staatlichen Agrarpolitik insbesondere in Hinblick auf die Politik der Kollektivierung, die schließlich die Macht der Bauern brechen und die radikale Umstrukturierung der Landwirtschaft innerhalb von drei Jahren bewerkstelligen sollte.

„Toter Ballast" und Zwangsmigration

Neben der Industrialisierung und dem Ausbau arbeitsintensiver Produktion auf dem Land galt als eine der wichtigsten Maßnahmen zur Beseitigung der „Agrarüberbevölkerung" die Umsiedlung in die „bodenreichen Gebiete" im Osten der Sowjetunion. Dahinter stand unter anderem folgende Überlegung: Die „Überzähligen" aus dem Westen der Sowjetunion könnten in den dünn besiedelten östlichen Regionen zum Aufbau der Industrie und zur Erschließung der natürlichen Ressourcen eingesetzt werden. Auf diese Weise würden sie vom „toten Ballast", wie Lubny-Gerzik sich ausdrückte, zum produktiven Bestandteil der Volkswirtschaft. Die ökonomische Basis des Landes würde im Osten erweitert, und zugleich die Produktivität der Landwirtschaft im Westen erhöht werden.

Bereits die zaristische Regierung hatte seit dem Ende des 19. Jahrhunderts die Übersiedlung von Bauern nach Sibirien und in den Fernen Osten gefördert. Von einer Maßnahme gegen die „Überbevölkerung" war damals allerdings nicht die Rede: Konservative und Reaktionäre vermieden es, die Agrarkrise als „Bevölkerungsfrage" zu thematisieren, weil sie eine Revision der Landverteilung fürchteten und schoben die Schuld für die miserablen Lebensbedingungen auf dem Land stattdessen auf die vermeintliche Faulheit der Bauern. Die Linke (insbesondere die Narodniki) führte die Mißstände auf den Landmangel zurück. Sie lehnte den Malthusianismus – und damit auch den Begriff „Überbevölkerung" – ab, weil er „die regierenden Klassen von der Verantwortung für das Elend des Volkes" befreie.[23] Nach den Stolypinschen Reformen, die 1906 das Mir-System vorübergehend abgeschafft und damit die Bindung der Bauern an die Heimatgemeinde aufgehoben hatten, wurde die Übersiedlung zu einer regelrechten Massenwanderung. „Die ländliche Überschußbevölkerung zieht zu Hunderttausenden über den Ural und widmet sich der Urbarmachung der sibirischen Flächen, ihre verkauften

Landanteile dienen aber (in den Abwanderungsregionen, d.V.) zur Stärkung einer emporsteigenden Schicht von lebensfähigen Einzelbetrieben."[24] Allerdings kehrten nicht wenige Übersiedler wieder zurück, nachdem ihre Versuche, sich eine neue wirtschaftliche Existenz aufzubauen, an den schwierigen Bedingungen in den neuen Gebieten gescheitert waren. Die zaristische Siedlungspolitik hatte also die „Landnot" in den Agrarregionen des Westens nicht beseitigt, als die Bolschewiki die Macht übernahmen.

Von 1924 an nahm die sowjetische Regierung mit der Gründung des „Allunions-Umsiedlungskomitees beim Zentralen Exkutivkomitee der UdSSR", abgekürzt: VPK, die Umsiedlungsförderung wieder auf. Das VPK leitete in den folgenden Jahren die staatliche Migrationsregulierung und machte sie gewissermaßen zu einer Ergänzung der Planwirtschaft.

Die Regulierung der Migration erfolgte zunächst mit Hilfe einer – wenn auch bescheidenen – finanziellen Umsiedlungsförderung und einer gleichzeitigen Restriktion der ungelenkten, „spontanen" Übersiedlung.

Zwar siedelten ab Mitte der 20er Jahre jährlich etwa 100.000 Menschen in den Osten über[25], doch weil die Mittel für Investitionen in den Ansiedlungsgebieten fehlten, kehrten viele schon nach kurzer Zeit in den Westen zurück.[26] In den Jahren 1923 bis 1926 wanderten immer noch mehr Menschen in die russischen Städte ab – und vergrößerten dort die Zahl der Arbeitslosen – als nach Sibirien. Das Planungsinstitut des Volkskommissariats für Landwirtschaft *Zemplan*, stellte Perspektivpläne für die Umsiedlung aus den „übervölkerten" Gebieten auf. Doch betrug die tatsächliche Migration zum Beispiel im Jahr 1926 nur zwei Drittel der geplanten, wobei außerdem mehr als die Hälfte der Übersiedler (51,2 Prozent) auf eigene Faust abwanderten.[27] Zudem führte die Kolonisation kaum zu der beabsichtigten Erweiterung der landwirtschaftlichen Anbaufläche, da sich die Übersiedler bevorzugt in den bereits besiedelten Regionen niederließen.[28]

Offensichtlich waren die Versuche, die „Bevölkerungsfrage" auf diesem Wege freiwilliger, aber staatlich geförderter und gelenkter Migration zu „lösen" gescheitert, als die sowjetische Regierung Ende 1927 einen neuen wirtschaftspolitischen Kurs einschlug. Bereits in den vorangegangen Jahren hatten die Bauern versucht, sich dem System der staatlichen Preisfestsetzungen zu entziehen, indem sie ihre Wirtschaften nach Möglichkeit auf solche Produkte umstellten, die nicht dem staatlichen Aufkaufmonopol unterlagen.[29] Als im Jahr 1927/28 die Getreideaufkäufe trotz guter Ernte weit hinter den projektierten Zahlen zurückblieben, entschied sich die sowjetische Führung entgegen allen Beteuerungen, daß es keine Rückkehr zu Kriegskommunismus und Zwangsablieferungen geben werde, zur gewaltsamen Requirierung dieses wichtigen Exportprodukts. Mit Hilfe immer neuer Produktions- und Ablieferungsverpflichtungen wurde in der Folgezeit versucht, eine Steigerung der landwirtschaftlichen Produktion gegen den Widerstand der Bauern zu erzwingen. Auf dem XV. Parteitag der KPdSU, im Dezember 1927, forderte der Vorsitzende des Rats der Volkskommissare, Alexej Rykov, ein enger Vertrauter Bucharins und (damals auch noch) Stalins, die Erschließung bislang ungenutzter Gebiete müsse beschleunigt werden, um die landwirtschaftliche Produktion zu erhöhen und die „Überbevölkerung" zu „besiegen".[30] In den darauffolgenden Jahren wurde die Migrationspolitik neu strukturiert. Die landwirtschaftliche „Überbevölkerung", so stellte die Umsiedlungsbehörde VPK 1928 fest, sei so hoch, daß sie „durch alle geeigneten Maßnahmen gesenkt werden" müsse. Als eine der wichtigsten sei in den nächsten Jahren die Umsiedlung anzusehen. Denn die sonstigen Mittel gegen die „Agrarüberbevölkerung" – wie Flurbereinigung und Mechanisierung – würden zwar die Produktivität der Landwirtschaft erhöhen, aber zumindest kurzfristig noch mehr Menschen „überzählig" machen. Und auch bei der Industrialisierung habe vorerst die Rationalisierung Vorrang, so daß die „Bevölkerungsüberschüsse" aus der Landwirtschaft dort nicht unterzubringen seien.[31] Schließlich lehnte die Regierung auch den Ausbau des bäuerlichen Kleinhandels und Kustarhandwerks ab, da sie diese Gewerbezweige als Nährboden für privatkapitalistische Strömungen ansah.[32]

Die Bilanz der sowjetischen Bevölkerungspolitik am Vorabend der „Entkulakisierung" läßt sich folgendermaßen skizzieren: Fast alle bis dahin versuchten Lösungen des „Überbevölkerungsproblems" waren entweder erfolglos geblieben oder aufgrund anderer politischer Prioritäten versperrt; für die – theoretisch einzig verbleibende Maßnahme – die Umsiedlung, konnnten keine ausreichenden Mittel zur Verfügung gestellt werden. Wenn dennoch die Abwanderung vom Land in die Städte aufgehalten und die Erschließung ungenutzter Territorien gefördert werden sollte, so ließ sich dies nur mit Hilfe von Zwang durchsetzen.

Nach den Planvorgaben für den ersten Fünfjahresplan sollten von 1928 bis 1933 insgesamt 1.720.180 Personen umgesiedelt werden. Diese merkwürdig genaue Zahl ergab sich aus den Berechnungen der Bevölkerungsstatistiker, die nicht nur Herkunftsregionen, sondern auch die Ansiedlungsgebiete genau festgelegt und durchkalkuliert hatten. Es ging ihnen einerseits um die „Entlastung" jener Zentren „überschüssiger ländlicher Arbeitskraft" und andererseits um die innere Kolonisation. Dabei mußte es von Anfang an als unwahrscheinlich gelten, daß die ehrgeizigen Ziele auf freiwilliger Basis erreicht werden könnten.[33]

Die 1929 beginnende Zwangskollektivierung und die damit verbundene „Liquidierung der Kulaken als Klasse" boten die Möglichkeit, die Erschließung der östlichen Regionen, die zuvor auf freiwilliger Basis nicht gelungen war, gewaltsam zu forcieren: Auf diesem Weg konnten Ideologie und „Notwendigkeit" in Einklang gebracht werden. Millionen „Kulaken"* wurden mitsamt ihren Familien in die als untervölkert angesehenen Gebiete deportiert, wo sie zur Zwangsarbeit bei der Erschließung der Regionen (z.B. Kanal- oder Eisenbahnbau sowie Waldarbeiten) eingesetzt wurden. Die hygienischen Bedingungen und die Ernährung sowohl beim Transport als auch in den Arbeitslagern waren so miserabel, daß die Deportierten, vor allem die Kinder unter ihnen, zu Hunderttausenden starben.[35]

Auf alle Widrigkeiten, die ansonsten die Umsiedlungspolitik behindert hatten, brauchte man nun keine Rücksicht mehr zu nehmen: Weder auf den Mangel an Geld, oder die Präferenzen der Übersiedler noch auf die unzureichende Infrastruktur; im Gegenteil: Die geschlossene Ansiedlung größerer Gruppen von Deportierten ermöglichte es, große Gemeinschaftsprojekte in Angriff zu nehmen. Ganze Siedlungen konnten neu aufgebaut und gleich an den Idealen der Kollektivierung ausgerichtet werden, da man auf gewachsene Sozialstrukturen keine Rücksicht zu nehmen brauchte.

Die „Kulaken" wurden als Zwangsarbeitskräfte in denjenigen Gebieten und unter solchen Bedingungen eingesetzt, für die Freiwillige nicht mehr zu gewinnen waren. Ihr Eigentum, das sie bei der Deportation hatten zurücklassen müssen, wurde den neu geschaffenen Kolchosen

---

* Der Begriff „Kulak" sollte eigentlich wohlhabendere Bauern bezeichnen, denen vorgeworfen wurde, andere durch Lohnarbeit oder Verleih von Arbeitsgerät, Vieh etc. auszubeuten. Er wurde jedoch sehr willkürlich ausgelegt und auch auf Bauern und Bäuerinnen angewandt, die kaum etwas besaßen. Merl schätzt, daß selbst bei großzügiger Auslegung der offiziellen Kriterien maximal 500.000 Betriebe mit insgesamt 3 Millionen Menschen als „Kulakenwirtschaften" hätten eingestuft werden können, während die Richtwerte, nach denen bei der „Entkulakisierung" verfahren wurde, doppelt so hoch lagen. Weil alle, die Lohnarbeiter beschäftigten, und sei es nur einen Tag im Jahr, als „Kulaken" eingestuft wurden, waren unter ihnen nicht nur Großbauern, sondern auch viele Frauen (zum Beispiel Witwen) oder alte Leute, die ihre Höfe allein führten.[34]

übergeben – quasi als staatliches Befriedungsangebot, hatte man doch die Bauern gerade mit dem Versprechen der Mechanisierung und besseren landwirtschaftlichen Ausstattung in die Kolchosen zu locken versucht.[36]

Bevölkerungspolitik „an der Agrarfront"

Die bevölkerungspolitische Praxis in Gestalt der „Liquidierung der Kulaken" beeinflußte und radikalisierte die theoretischen Debatten um die „Überbevölkerung". Die Tschajanov-Schule, die für eine Stärkung der Bauernwirtschaften eingetreten war, geriet schon bald in die Schußlinie der orthodoxen Agrarmarxisten, die nun in der Diskussion um die Agrarpolitik die Oberhand gewannen. Sie rechtfertigten die Zwangskollektivierung als geeignete Maßnahme gegen die „chronische Krankheit Überbevölkerung", die die Sowjetunion vom zaristischen Rußland geerbt habe. Die Neue Ökonomische Politik habe die Bauern für die Kollektivierung reif gemacht, aber erst die Kollektivierung selbst, so der Agrartheoretiker Aron S. Libkind, werde nicht nur die „Überbevölkerung", sondern auch deren Wurzel, die Klassenspaltung im Dorf, beseitigen.[37]

Libkind gehörte zur Gruppe der Agrarmarxisten, deren Zentrum das Agrarinstitut der Kommunistischen Akademie in Moskau war und der auch der international renommierte Chef der Statistischen Abteilung des Moskauer Finanzinstituts Pawel Petrovitsch Maslov nahestand.[38] Maslov sah die Dorfarmen als „Herde der Überbevölkerung" an; Libkind schlug vor, sie zu beseitigen, indem man im Zuge der Kollektivierung große Produktionseinheiten schuf.[39] Mit spitzer Feder und denunziatorischem Tonfall zogen die Agrarmarxisten gegen alle konkurrierenden Erklärungsmodelle der „Überbevölkerung" zu Felde. Maslov tat die Normmessungen seiner sowjetischen Kollegen und insbesondere die Goskolonit-Untersuchungen als „primitiven vorwissenschaftlichen Empirismus" ab[40] und übernahm gleichwohl unhinterfragt deren Rechenergebnisse zur „Überbevölkerung".[41] Libkind teilte alle, die vom rechten Weg des Marxismus-Leninismus abwichen, in entweder bürgerliche Malthusianer (Lubny-Gerzik, Litoschenko, Rybnikov) oder in kleinbürgerliche Neonarodniki (Tschajanov, Tschelincev, Makarov und Suchanov). Beiden Richtungen sei die „konterrevolutionäre Ideologie von der Restauration des Kapitalismus" gemeinsam[42] – was Libkind jedoch nicht daran hinderte, mit revolutionärem Vokabular geschmückt, die gleichen Vorschläge zur Umgestaltung der Landwirtschaft zu machen wie seine Gegner und sich dabei auf die empirischen Ergebnisse der Tschajanov-Schule zu stützen. Die Zeitschrift „An der Agrarfront", die vom Agrarinstitut der Kommunistischen Akademie herausgegeben wurde, publizierte in den Jahren 1928-30 in unregelmäßigen Abständen Schmähartikel, unter anderem von Libkind, gegen Kondratiev, Tschajanov und Kollegen. Die Hetzkampagne war gewissermaßen das wissenschaftliche Geleitwort zur Arbeit der Geheimpolizei NKWD, die um 1930 nahezu alle Vertreter der Tschajanov-Schule verhaftete. Kondratiev wurde nach acht Jahren Haft ermordet; Tschajanov, dem vorgeworfen wurde, er habe eine oppositionelle Bauernpartei gegründet, soll seine Positionen in der Haft widerrufen haben. Er und viele seiner Kollegen starben in den Lagern. 1987 wurden sie rehabilitiert.

Das „Experiment Sowjetunion" in der deutschen Rezeption

Die verheerenden, wenn nicht gar mörderischen Folgen der Entkulakisierung und Zwangsumsiedlung waren in Deutschland schon 1929 einer breiten Öffentlichkeit bekannt – nicht zuletzt dadurch, daß Hunderttausende rußlanddeutsche Bauern sich der Deportation durch Emigration nach Deutschland zu entziehen suchten.[43] Dennoch stieg gerade in dieser Zeit das Interesse deutscher Osteuropaexperten und Demographen am „Experiment" Sowjetunion im allgemeinen und der Überbevölkerungsdiskussion im besonderen.

Die Forschungsergebnisse der einschlägigen sowjetischen Institute wurden von Fachleuten wie Oberländer, Hans Jürgen Seraphim, Otto Bräutigam, Gerhard von Mende, Andreas Predöhl und anderen studiert. Das *Archiv für Wanderungswesen* sowie die *Zeitschrift für Geopolitik* referierten die sowjetischen Bevölkerungsstudien für ein deutsches Publikum.[44]

Heinz Konrad Haushofer lobte die Tätigkeit des Internationalen Moskauer Agrarinstituts 1929 vorbehaltlos: Die sowjetischen Kollegen könnten es sich eben „leisten, Probleme radikaler zu behandeln, die in Mitteleuropa anzupacken fast aussichtslos erscheint".[45]

Oberländer hielt die Zwangskollektivierung für „eine Lösung des Problems der agrarischen Überbevölkerung in staatskapitalistischer Form, die für Rußland in dieser Form politisch zwangsläufig war".[46] Mit Bezug auf die staatlich provozierte Hungersnot von 1932/33 schrieb er im gleichen Tonfall des leider Unabänderlichen, letztlich sogar Heilsamen: „da die Bevölkerung weiterhin stark zunahm, mußte der Ausgleich zwischen Produktion und Konsum so vonstatten gehen, daß der Konsum durch repressive Erscheinungen in der Bevölkerungsbewegung der Produktion angepaßt wurde, eine Tatsache, die sich gerade im Jahre 1933 in Rußland mit unerbittlicher Strenge vollzog."[47] An anderer Stelle hieß es, die Sowjetunion habe „die westeuropäische Entwicklung der Verminderung der Landbevölkerung durch die größte Bauernvernichtung aller Zeiten im Rahmen der Kollektivierung nach(geholt)".[48] Die Zwangskollektivierung unter Stalin habe 25 Millionen bäuerliche Betriebe zu 250.000 Großbetrieben zusammengefaßt. Gleichzeitig habe die Industrialisierung den Faktor „Bevölkerung" entlastet und das Problem der Überbevölkerung auf dem Lande „radikal gelöst". Fazit: „Rußland hat den Versuch zu einer Ausdehnung des Nahrungsspielraumes (...) durch gewaltsame Beschränkung des Konsums zugunsten der produktiven Kräfte gemacht. Dieser Versuch ist in seinen extremen Formen mißlungen, bedarf aber immerhin als Versuch einer Würdigung."[49]

Ähnlich hatte sich auch Andreas Predöhl, der spätere NS-Direktor des Instituts für Weltwirtschaft in Kiel, schon 1932 geäußert: Er beschrieb die „Industrialisierung Rußlands" als gewaltsamen Weg zur „Erlösung aus der Urarmut". Dafür entscheidend sei das Verhältnis der Landwirtschaft zum industriellen Sektor. Das Problem dabei sei, daß es die sowjetische Staatsführung mit „einer Masse technisch überaus rückständiger Kleinbauern zu tun gehabt" habe, aus der „Überschüsse selbst bei stärkster Unterdrückung nicht herauszupressen waren". Unter der Devise der „Liquidierung der Kulaken als Klasse" sei zu drakonischen Gewaltmaßnahmen gegriffen worden. Man erdrossle die Bauern mit Steuern und greife, wo sich Widerstand zeige, unbedenklich zum Mittel der Deportation. Dennoch zeige die zentrale Leitung großes Geschick. Ein großes Kollektiv, so Predöhl weiter, sei ja „an und für sich schon politisch viel leichter zu beherrschen und zu kontrollieren als eine Masse von Kleinbauern". Zwar beklagte Predöhl „Reibungsverluste" und „Disproportionalitäten", die Teilaktionen der Industrialisierung seien nicht genügend aufeinander abgestimmt, und häufig würden die Gebote der ökonomischen Vernunft nicht hinreichend befolgt. In anderer Hinsicht aber entsprach die sowjetische Politik genau dem, was der deutsche Ökonom für angebracht hielt: Die Massendeportationen nach Sibirien waren de facto ein Beitrag zur „Verlagerung des Bevölkerungsschwergewichts" nach Osten, die Predöhl als notwendig ansah, bevor der Industrieaufbau dort lohne. Da ausländische Kredite fehlten, so Predöhls Resümee, bliebe letztlich keine Alternative, als die Kosten für die Industrialisierung der Landbevölkerung aufzubürden. Dies sei zum einen aus politischen Gründen am einfachsten, zum anderen habe die russische Landbevölkerung schon früher immer wieder ihre extreme Belastbarkeit unter Beweis gestellt.[50] Jetzt trage sie, so Predöhl im Jahr der großen Hungerkatastrophe, die Kosten der Industrialisierung „in Form einer Unterkonsumtion gewaltigen Ausmaßes".[51]

Sowohl Predöhl als auch wenig später Oberländer beschrieben mithin Zwangskollektivierung, Deportation und staatlich erzwungenen Hunger in der Sowjetunion als einen, wenn nicht sogar den einzig möglichen Weg zur Modernisierung des Wirtschaftssystems und zum Industrieaufbau.

Noch 1953, als die immensen Opfer dieser Politik längst allgemein bekannt waren, setzte der bis heute hoch angesehene deutsche Bevölkerungstheoretiker Gerhard Mackenroth, ein Freund Predöhls, diese Art der Rezeption fort: Bewundernd schrieb er über die Industrialisierung und planmäßige Besiedlung Sibiriens, den absoluten Rückgang der Landbevölkerung durch Zwangskollektivierung und Entkulakisierung; die freigesetzte Bevölkerung werde in der Industrie und im Aufbau der Städte absorbiert.[52] „Neben dem Hunger", so Mackenroth weiter, „dürfte die Sterilisierung von Millionen von Deportierten und Konzentrationären, die in den Zwangsarbeitslagern häufig von jeder Fortpflanzung ausgeschlossen sind", ein weiterer Grund für das stark gedrosselte Bevölkerungswachstum sein.* „Auf lange Sicht ist die Kollektivierung aber unleugbar ein ökonomischer Erfolg. Die Arbeitsproduktivität auf dem Land hebt sich, die Überschüsse für die Ernährung der Stadtbevölkerung steigen (...). Der Nahrungsspielraum hat sich geweitet."[53]

Es ist aufschlußreich, wie die deutschen Bevölkerungsexperten die Auseinandersetzung und praktische Politik in der Sowjetunion interpretierten: Sie begriffen die gewaltsame Bevölkerungsreduzierung auch theoretisch als eine Möglichkeit, wie bei knappen Ressourcen die Industrialisierung bzw. der ökonomische Fortschritt vorangetrieben werden könne. Die Praxis der Massendeportation war zweifelsohne an die Existenz eines diktatorischen Machtapparats gebunden. Unabhängig davon erfuhr aber die Theorie, die Bevölkerungsreduzierung zur Voraussetzung des Wirtschaftsaufbaus machte, allgemeine Anerkennung.

---

* Es ist zu vermuten, daß Mackenroth den Ausdruck „Sterilisierung der Deportierten" nicht wörtlich meinte, sondern damit eben den „Ausschluß von der Fortpflanzung" umschreiben wollte. Wenn es millionenfache Zwangssterilisationen in sowjetischen Lagern gegeben hätte, so müßte dies auch anderweitig bekannt geworden sein.

Einer derjenigen, die die Debatte um die sowjetische Agrar- und Bevölkerungspolitik kontinuierlich – und weitgehend auch vor Ort – verfolgten, war Otto Schiller. Der Ostforscher hatte 1930 an Oberländers Königsberger Institut promoviert und gilt bis heute in der Literatur als kompetenter Kenner der stalinistischen Agrarpolitik und Kritiker der staatlich dirigierten Hungersnot von 1932. Schiller war in den 30er Jahren landwirtschaftlicher Bevollmächtigter der deutschen Botschaft Moskau. 1939 wurde ihm die Einreise in die Sowjetunion verboten. Im Sommer 1941, nachdem die Wehrmacht weite Teile der Sowjetunion besetzt hatte, kehrte Schiller als Agrarexperte der deutschen Besatzungsverwaltung zurück und konnte sein eigenes Modell der Landbaugenossenschaften, das als Alternative zur Kolchose gedacht war und das bäuerliche Privateigentum erhalten sollte, ohne auf die betriebswirtschaftliche Überlegenheit des Großbetriebs zu verzichten, in die Praxis umsetzen: Zur kurzfristigen Steigerung der landwirtschaftlichen Produktion sollte eine „Agrarreform" durchgeführt werden, deren Bestandteil ein gigantisches Aus- und Umsiedlungsprogramm war. In den trotz der stalinistischen Verbrechen noch immer als „extrem übervölkert" angesehenen Gebieten der westlichen Sowjetunion, insbesondere der Ukraine, führten die Deutschen eine „Auslese nach dem Leistungsprinzip" durch, die für die „positiven Kräfte des fremden Volkstums" Landzuteilungen und die Möglichkeit zu sozialem Aufstieg vorsah. Diejenigen sowjetischen Bäuerinnen und Bauern, die ihr Ablieferungssoll nicht erfüllten oder aus einem anderen Grund als „nicht voll leistungsfähig" galten, wurden von sogenannten „Auskämmkommissionen" selektiert und in Gebiete mit Arbeitskräftemangel oder aber zur Zwangsarbeit ins Deutsche Reich deportiert. In manchen Regionen waren es 15 bis 20 Prozent der Landbevölkerung, die als „abzugsfähig" angesehen und verschleppt wurden. Diejenigen jedoch, die von deutschen Landwirtschaftsführer und „Wehrbauern" als „unzuverlässige arbeitsunfähige Elemente" denunziert worden waren, wurden dem SD zur „Sonderbehandlung" übergeben, also „in aller Öffentlichkeit vernichtet", wie der Höhere SS-und Polizeiführer Rußland Mitte Curt von Gottberg offen verkündete.[54] Autor dieses Konzepts, das Agrarreform und Mord kombinierte, war Otto Schiller. 1957 kehrte er noch einmal für fünf Monate zurück – wiederum als landwirtschaftlicher Sachverständiger der deutschen Botschaft in Moskau.

Darüber hinaus war Schiller in den 50er Jahren als Agrarexperte sowohl für die FAO als auch für das Bundeslandwirtschaftsministerium tätig und erteilte Ratschläge, wie mit Hilfe von Musterdörfern der Ausbreitung des Kommunismus in Pakistan engegengewirkt werden könne. Als Mitglied des Ausschusses für agrarische Entwicklungshilfe war Schiller auch im Bundesministerium für wirtschaftliche Zusammenarbeit ein gefragter Fachmann, der seine in der Sowjetunion erworbenen Kenntnisse über das „Agrarproblem" in entwicklungspolitische Konzepte für Mexiko und Südasien umsetzte.[55] Darüber hinaus erweiterte er sein Themenspektrum auf andere Gebiete der Bevölkerungspolitik.

Neben der Ansiedlung von Flüchtlingen in Indien und Pakistan[56] beschäftigte ihn nun auch die Geburtenkontrolle als Mittel zur Lösung des „Überbevölkerungsproblems": „Da man durch Auswanderung überschüssiger Menschen (aus den asiatischen Ländern, d.V.) nicht in derselben Weise ein Ventil für den agrarischen Bevölkerungsdruck schaffen kann, wie das in früheren Zeiten für die europäischen Gebiete agrarischer Überbevölkerung zutraf, führt die Erörterung des Agrarproblems zwangsläufig auch zu der Frage, in wie weit Maßnahmen zur Geburtenkontrolle in diesen Ländern Aussicht haben, zur Anwendung zu kommen."[57]

VON DER FLÜCHTLINGS- ZUR ENTWICKLUNGSPOLITIK

Der europäische Sonderbeauftragte für Bevölkerungsüberschüsse

Im Dezember 1953 erhielt der ehemalige Bevölkerungsminister Frankreichs, Pierre Schneiter, einen neuen Posten: „Sonderbeauftragter für nationale Flüchtlinge und Bevölkerungsüberschüsse" beim Europarat.[1] Die Kombination der beiden Zuständigkeitsbereiche bot sich aus der Sicht der Verantwortlichen vor allem deswegen an, weil „die zur Behebung der einen wie der anderen Notlage zu ergreifenden Maßnahmen gleicher oder ähnlicher Natur" seien.[2] Ein Jahr später legte der neue Sonderbeauftragte ein Aktionsprogramm vor. Neben Integrationsmaßnahmen für Flüchtlinge und Umschulungsprogrammen für Auswanderer, die Europa verlassen wollten, forderte er eine „innereuropäische Wanderungspolitik" sowie eine „europäische Auswanderungspolitik". Auf Schneiters Initiative wurde außerdem ein Wiedereingliederungsfonds zur Finanzierung von Qualifizierungsmaßnahmen und zum Bau von Wohnungen und Bauernhöfen gegründet.* Nach dem Verständnis der acht Geberstaaten handelte es sich bei dem Fonds um eine Art zwischenstaatliches Kreditinstitut, das Darlehen zur Unterstützung der Länder mit „Bevölkerungsüberschüssen" vergab, zu denen insbesondere Griechenland, Italien, die Türkei und die Bundesrepublik Deutschland gerechnet wurden.[3]
Dieser Diagnose lagen jeweils unterschiedliche Kriterien zugrunde. Lediglich in Hinblick auf Griechenland wurde die „Überbevölkerung" auf die hohe Geburtenrate zurückgeführt; in der Regel aber war es das vermeintliche Ungleichgewicht zwischen Ressourcen und Bevölkerungszahl, das zu diesem Schluß führte.
Als „Bevölkerungsproblem" wurden europaweit ganz unterschiedliche Gruppen klassifiziert: Sowohl Menschen, die aufgrund der demographischen Entwicklung und gemessen an den wirtschaftlichen Kapazitäten eines Landes als „überzählig" galten** (im Sprachgebrauch des

---

* Dazu hatten Belgien, Frankreich, Griechenland, die Bundesrepublik Deutschland, Island, Italien, Luxemburg und die Türkei insgesamt rund 6,7 Millionen Dollar aufgebracht.
** Aus der Perspektive des Europarats herrschte „absolute Überbevölkerung (...), wenn die Reichtümer eines Landes auf die rationellste Art und Weise ausgeschöpft sind und dennoch die Vollbeschäftigung nicht erreicht werden kann".[4]

Europarats „natürliche Bevölkerungsüberschüsse"), als auch Personen, die erst im Krieg um ihre Existenzgrundlage gebracht worden waren: Infolge des nationalsozialistischen Versuchs einer wirtschafts- und bevölkerungspolitischen „Neuordnung Europas" waren 1945 Millionen Menschen zu Flüchtlingen, Vertriebenen, Zwangsumgesiedelten und Displaced Persons[5] geworden. In Griechenland hatte der Bürgerkrieg seit 1944 ein Zehntel der Bevölkerung des Landes zur Flucht gezwungen. Derartige Zahlenangaben übersteigen das Vorstellungsvermögen und lassen die einzelnen Menschen in einer statistischen Masse verschwinden. Zudem ist auch die Genauigkeit der Angaben eine Fiktion. Die Flüchtlings- und Vertriebenenzahlen variierten sehr stark, je nachdem, wann und von wem sie erhoben wurden.[6] So können die hier genannten Zahlen nur einen vagen Eindruck vom Ausmaß der Migrationen vermitteln, die Europa in den Jahren nach dem Zweiten Weltkrieg stark verändert haben:

Nach dem 8. Mai 1945 waren Migration, Vertreibung und Flucht aus Osteuropa noch lange nicht beendet: Juden, die die Naziherrschaft überlebt hatten, aber nach Kriegsende erneut zum Opfer von Pogromen zu werden drohten, flohen ebenso in Richtung Westen wie Deutsche, die in Polen oder der Tschechoslowakei gelebt hatten und nach Kriegsende von dort vertrieben wurden. Zu den psychischen Folgen der Flucht und der Ankunft in einer meist abweisenden Umgebung kamen die äußerlichen Schwierigkeiten: In den ausgebombten Städten war die Obdachlosigkeit ohnehin groß, so daß viele Flüchtende in Lagern untergebracht wurden.

In Schätzungen aus den späten 40er und frühen 50er Jahren wird die Zahl der Menschen, die innerhalb Europas geflohen, vertrieben oder umgesiedelt worden waren, mit 20 Millionen angegeben. Damit waren „nur" acht Millionen Displaced Persons[7] und zwölf Millionen Vertriebene gemeint. Die Menschen, die aufgrund der bilateralen Abkommen zum Bevölkerungsaustausch zwischen Polen, der Tschechoslowakei, der Sowjetunion und Ungarn umgesiedelt wurden, um auf dem jeweiligen Staatsgebiet möglichst keine Angehörigen der benachbarten Völker als ethnische Minderheit zuzulassen, sind bei dieser Rechnung nicht mitgezählt. Etwa die Hälfte der Displaced Persons waren sowjetische Staatsbürger; die meisten von ihnen wurden schon bis zum Jahresende 1945 repatriiert. Bis zum Sommer 1947 war die Zahl der Displaced Persons auf weniger als eine Million gesunken.[8] Dennoch rechnete man, als Schneiter sein neues Amt antrat, den „Bevölkerungsüberschuß" noch immer nach Millionen. 1950 wurden in Deutschland zwölf Millionen

Vertriebene gezählt. Zwei Drittel von ihnen lebten in den drei Westzonen, vier Millionen in der Sowjetischen Zone. Wenn man die etwa zwei Millionen Interzonenflüchtlinge (von den Behörden als „infiltrees" bezeichnet) mitzählte, die illegal von der Ost- in die Westzonen wechselten, so betrug die Zahl der MigrantInnen in Westdeutschland im Jahr 1951 etwa 20 Prozent der Bevölkerung, in Österreich sieben Prozent.[9]

In den Niederlanden führte die Angst vor der zukünftigen (!) „Überbevölkerung" zu folgenden Überlegungen im Staatsamt für Nationalplanung: Um dem „Bevölkerungsüberschuß", der bis zum Jahr 2000 auf etwa drei Millionen anwachsen werde, eine Existenzgrundlage zu verschaffen, sollte landwirtschaftlicher Kulturboden im Osten der Niederlande annektiert und die dort lebenden Deutschen nach Deutschland, Polen oder Rußland vertrieben oder deportiert werden. Die niederländische Staatsgrenze sollte im Zuge dieser Planungen entsprechend dem demographischen Wachstum schrittweise, zum Beispiel alle zehn Jahre, ostwärts verschoben werden – begleitet von entsprechenden Aussiedlungen.[10] Die niederländische Regierung verwarf diesen Plan schnell wieder. Und nicht zuletzt blieb auch das projektierte Bevölkerungswachstum aus.

In Italien sammelten sich in der Nachkriegszeit Flüchtlinge und Displaced Persons ganz unterschiedlicher Herkunft: Juden, die von dort aus per Schiff nach Palästina zu gelangen versuchten ebenso wie untergetauchte Nazis und deren Kollaborateure; Menschen aus Polen, Jugoslawien, der Ukraine und Albanien, die sich weigerten, in ihre Herkunftsländer repatriiert zu werden, schließlich istrische, julische und dalmatinische Flüchtlinge und Vertriebene. Zugleich kehrten ItalienerInnen aus den ehemaligen „afrikanischen Besitzungen" zurück und etwa 50.000 in den Jahren zuvor umgesiedelte SüdtirolerInnen wurden repatriiert. Westeuropa galt also vor allem wegen der Flüchtlinge aus dem Osten als „überbevölkert". Doch auch östlich der Oder-Neiße-Linie beklagten die Behörden des neugegründeten polnischen Staates ein „Bevölkerungsproblem". Die polnischen Nachkriegsplanungen sahen vor, aus den wie es hieß „wiedergewonnenen Gebieten"* die deutsche Be-

---

* Der Ausdruck ist insofern unzutreffend, als der polnische Staat 1945 nicht in seinen Vorkriegsgrenzen wiederhergestellt, sondern im Norden und im Westen um Gebiete erweitert wurde, die vor 1939 deutsch gewesen waren und auch mehrheitlich von Deutschen bewohnt wurden (Hinterpommern, Westpreußen, ein Teil Schlesiens und das südliche Ostpreußen). Im Osten dagegen wurden die 1939 von der Roten Armee besetzten Gebiete nach dem Krieg nur zum geringen Teil (zum Beispiel Bialystok und Przemysl) an Polen zurückgegeben.

völkerung auszusiedeln. Die Vertreibungen sollten den Weg für eine Strukturreform frei machen, um die auch von polnischen Experten als Problem angesehene landwirtschaftliche „Überbevölkerung" Polens erheblich zu reduzieren, größere Höfe zu schaffen und dadurch die landwirtschaftliche Produktion zu steigern sowie gleichzeitig die Industrialisierung zu fördern.[11] Schließlich sollte auf diese Weise auch das Minderheitenproblem, das Polen in der Zwischenkriegszeit zu schaffen gemacht hatte, mit den Mitteln der Umsiedlung „gelöst" werden. In einer Denkschrift der polnischen Exilregierung zur Nachkriegsplanung hieß es bereits 1941: „Neben den Überflüssigen existiert die große Masse des landwirtschaftlichen Proletariats, von der ein Teil ebenfalls landwirtschaftliche Stellen erhalten sollte. (...) Der Anschluß Ostpreußens an Polen würde die Durchführung der Landreform wesentlich erleichtern."[12] Vorausgesetzt wurde dabei zum einen die „Aussiedlung der deutschen Bevölkerung von dort", zum anderen eine Massenumsiedlung, um die Gebiete neu zu bevölkern: mit Polinnen und Polen, die aus der Emigration und von der Zwangsarbeit zurückgekehrt waren oder zuvor in den Provinzen gelebt hatten, die nun der Sowjetunion einverleibt worden waren. Die meisten Siedler jedoch – in den Plänen war von 1.850.000 Menschen die Rede – wurden aus dem „Bevölkerungsüberschuß" Zentralpolens angeworben, in erster Linie in den vom Krieg zerstörten Gegenden sowie in den Gebieten, deren Bevölkerungszahl als besonders problematisch galt.

Aus dem Flüchtling wird ein „Aktivum der Wirtschaft"

Nicht nur das Anwachsen der Bevölkerungszahlen durch Flüchtlinge und die über Westeuropa verstreuten Deportierten, Umgesiedelten und ehemaligen Zwangsarbeiterinnen und Zwangsarbeiter ließ – trotz der ungeheuren Menschenopfer des Krieges – die alte Überbevölkerungsfurcht in der zweiten Hälfte der 40er Jahre in neuem Gewand erscheinen, sondern auch eine andere Kriegsfolge: Die Zerstörung von Städten und ganzen Landstrichen hatte Millionen Menschen obdachlos gemacht, Produktionsanlagen vernichtet, die Infrastruktur in weiten Teilen Europas zusammenbrechen lassen und den halben Kontinent in eine Ruinenlandschaft verwandelt.

Der Mangel war allgegenwärtig, nicht nur im Hungerwinter 1945/46; noch jahrelang sollten die Westzonen Deutschlands und andere Länder

Westeuropas auf die Care-Pakete und Lebensmittellieferungen aus den USA angewiesen bleiben. Die Verheerungen des Krieges stellten aus demographischer Perspektive betrachtet vor allem eine „Schrumpfung des Nahrungsspielraums" dar. Einer enorm gewachsenen Bevölkerungszahl in Westeuropa stand eine drastische Verringerung der Ressourcen gegenüber, so die Darstellung der Kriegsauswirkungen in den Kategorien der Ökonomie. Doch schon wenn es darum ging, das Ausmaß der „Bevölkerungsüberschüsse" zu berechnen, zeigte sich erneut das Elend aller Bevölkerungsprognosen. Das 1951 gegründete Intergovernmental Committee for European Migration (ICEM), eine von zahlreichen europäischen Organisationen, die zur Bewältigung des Flüchtlingsproblems gegründet worden waren, bezifferte den „Bevölkerungsüberschuß" in Westeuropa auf drei bis fünf Millionen Menschen, deren „Präsenz eine ökonomische Last und eine politische Bedrohung" darstelle.[13] Dagegen veranschlagte das Population Reference Bureau, das notorisch Weltuntergangsstimmung schürte, den „Überschuß" gleich 15 bis 25 mal so groß, auf 78 Millionen Menschen.[14] Dieser Kalkulation, mit der die Einwohnerschaft mehrerer europäischer Staaten gleichsam als Ballast abqualifiziert wurde, lag eine Landnorm zugrunde. Alle Staaten, die pro Kopf der Bevölkerung weniger als einen acre (4047 qm) landwirtschaftliche Nutzfläche hatten, galten nach Ansicht der in Washington ansässigen Lobbyorganisation als „überbevölkert".*

Angesichts erheblich voneinander abweichender Berechnungen schrieben auch Experten ganz unumwunden und entgegen dem eigenen Tun, daß der „Bevölkerungsdruck" nicht „objektiv" meßbar sei, sondern es sich vielmehr um ein subjektives Gefühl handele.[15] Dennoch bestand allgemeine Einigkeit darüber, daß die „Überbevölkerung" eine Gefahr darstelle – eine Kriegsgefahr. Im Fall des Population Reference Bureau mag das nicht weiter verwundern, war doch dessen Präsident, Guy Irving Burch, Mitautor eines Buches, das die demographische Entwicklung zum entscheidenden Faktor für Krieg und Frieden deklarierte.[16] Aber auch in zahlreichen anderen Publikationen schlug sich die Angst, der soeben erreichte Frieden könne von kurzer Dauer sein, in einer Überbevölke-

---

* In Griechenland sei es die geringe Produktivität der Landwirtschaft, in Westdeutschland und Österreich die Vertriebenen von „jenseits des Eisernen Vorhangs", die nach Ansicht des Population Reference Bureaus die ohnehin chronische „Überbevölkerung" weiter forcierten. Das ICEM und der Europarat sahen demgegenüber vor allem Italien als Problemfall an. Das Land stehe unter extremem „Bevölkerungsdruck", der sich in hohen Arbeitslosenzahlen und „Unterbeschäftigung" in der Landwirtschaft ausdrücke.

rungsphobie nieder. So begreiflich die Angst – kurz nach Ende des Zweiten Weltkriegs – war, so absurd ist ihre Projektion auf die demographische Entwicklung. Hatte man gerade den Krieg als Ursache für die „Überbevölkerung" ausgemacht, so wurde im nächsten Schritt die Argumentation umgedreht und die „Überbevölkerung" als Kriegsursache analysiert.[17]

Und wie in den Hochkonjunkturen der Überbevölkerungsangst üblich, fehlte es nicht an Verweisen darauf, von wem diese Gefahr ausgehe. Nach Einschätzung des international bekannten italienischen Demographen und Rassenhygienikers Corrado Gini waren es die „farbigen Völker", die einen „alarmierenden Bevölkerungsdruck auf die europäischen Überseebesitzungen" ausübten, sowie die „Völker hinter dem Eisernen Vorhang" mit ihren hohen Geburtenraten; beide gemeinsam bedrohten laut Gini die westliche Zivilisation „von zwei Fronten" her.[18] Abgesehen von derartigen Attacken von außen, sahen insbesondere deutsche Demographen Gefahren für die Bevölkerung im Innern, weil sie – nach wie vor der eugenischen Logik verhaftet – die „Bevölkerungsqualität" derer, die den Krieg überlebt hatten, für unterdurchschnittlich hielten. Die Besten der Nation, so ihre Überzeugung, seien im Krieg gefallen. Alarmiert waren vor allem jene Experten, die ohnehin seit Jahrzehnten das Gespenst des „Volkstods" in Westeuropa umgehen sahen. In ihrem „Grundriß der Bevölkerungswissenschaft" wiesen Roderich von Ungern-Sternberg[19], der erzkonservative „Nestor der deutschen Demographen", und Hermann Schubnell, späterer Gründungsdirektor des Bundesinstituts für Bevölkerungswissenschaft in Wiesbaden, darauf hin, daß sich die demographische Lage Deutschlands, die vom Krieg ohnehin ungünstig beeinflußt worden war, vermutlich in Zukunft noch rapide verschlechtern werde. „Der Frauenüberschuß und die Vergreisung, der Mangel an Männern im arbeits- und fortpflanzungsfähigen Alter", so prognostizierten sie 1950, würden sich in den 60er Jahren „vermutlich in einer Schrumpfung des Bevölkerungsbestandes und in einem Rückgang der Leistungsfähigkeit auswirken." Zu diesem „Verfall des deutschen Volkes" werde außerdem der „Entzug der östlichen Gebiete, die vor dem Kriege den Grundstock der deutschen Ernährung (Kartoffeln und Getreide) geliefert haben, weiter beitragen".[20] Folgt man der Logik männlicher Selbstherrlichkeit in Ungern-Sternbergs Schriften, so mußte die verminderte Leistungsfähigkeit langfristig den „Frauenüberschuß" noch erhöhen. Denn: „Die Austragung der männlichen Frucht ist schwieriger und stellt eine größere Leistung dar, der nicht jede Frau gewachsen ist (...) männliche Föten haben höhere Ansprüche und Be-

96

dürfnisse".[21] Während Ungern-Sternberg und Schubnell das deutsche
Volk infolge der Kriegsauswirkungen „verfallen" sahen, zog ihr Kollege
Karl Valentin Müller den entgegengesetzten Schluß und hielt gerade die
„heimatvertriebene Jugend" für besonders tüchtig – für eine positive
Auslese.* Und die Kieler Bevölkerungsökonomin Hilde Wander sah in
den Flüchtlingen in Westdeutschland ebenso wie der bereits erwähnte
italienische Demograph Corrado Gini ein wirtschaftliches Potential, das
es zu nutzen gelte. Mit anderen Worten: Es sei eine Frage der Wirtschafts-
und Bevölkerungspolitik, ob sich Flüchtlinge und Vertriebene als „wirtschaftliche Belastung" oder als ein „Aktivum der westdeutschen Wirtschaft"[22] auswirken würden, ob sie zu einer Bremse des Wiederaufbaus
würden oder gerade zu dessen Triebkraft.

„Kredithergabe" oder „Bevölkerungstransfer"

Als Voraussetzung für die Aktivierung dieses Potentials wurden zum
einen Kapitalinvestitionen angesehen, mit deren Hilfe zerstörte Produktionsanlagen und Infrastruktur in Westeuropa wieder aufgebaut werden
sollten. Darüber hinaus aber galt vor allem eine kontrollierte, an ökonomischen Kriterien orientierte Migration, der sogenannte rationale Bevölkerungstransfer, als unverzichtbare Bedingung, um die „Bevölkerungsüberschüsse" in ein wirtschaftliches Plus zu verwandeln.

Schon während des Krieges hatten Demographen im Auftrag des Völ-
kerbundes die Bevölkerungsverschiebungen innerhalb Europas voraus-
zuberechnen versucht und Vorschläge gemacht, wie man die Flüchtlinge und Migranten aus Osteuropa in die Nachkriegswirtschaft integrieren
könne.[23] Sie hatten dafür plädiert, Kapital von West- nach Osteuropa zu
transferieren und im Gegenzug einen Bevölkerungstransfer in die umge-
kehrte Richtung vorzunehmen. Der Kalte Krieg verhinderte den West-
Ost-Transfer jedoch wenig später. Stattdessen wurde nun nach anderen
Möglichkeiten gesucht, um Wiederaufbau und Flüchtlingsintegration
miteinander zu verbinden. In Westdeutschland waren Verteilung und

---

* Karl Valentin Müller, Heimatvertriebene Jugend. Eine soziologische Studie zum Problem
der Sozialtüchtigkeit des Nachwuchses der heimatvertriebenen Bevölkerung, Kitzingen
a.M. 1953. Fragen der Bevölkerungsauslese waren der wissenschaftliche Schwerpunkt
des Soziologen Müller schon lange bevor er auch zum Vertriebenenexperten wurde.
Vgl. beispielsweise sein Buch „Der Aufstieg des Arbeiters durch Rasse und Meister-
schaft", München 1935. Vor 1933 war Müller Sozialdemokrat gewesen.

„Eingliederung" der Flüchtlinge *das* Thema für alle Bevölkerungswissenschaftler, Ökonomen und Statistiker, die sich noch bis vor kurzem mit der Rassenhygiene im „Volk ohne Raum" oder aber mit der
gewaltsamen Beseitigung der „Überbevölkerung" in Osteuropa beschäftigt
hatten. Auffällig ist in vielen Veröffentlichungen über Flüchtlingsfragen,
mit welcher Empathie sich BevölkerungswissenschaftlerInnen in die Situation der Vertriebenen einfühlen[24] – während die Opfer der deutschen Vernichtungspolitik in der bevölkerungswissenschaftlichen Literatur nicht selten kommentarlos als „Kriegsverluste" aufgelistet werden.
Wie in anderen Wissenschaftssparten, so waren auch in der Demographie bald wieder die alten Fachleute gefragt, sofern sie bereit waren, ihr
Vokabular dem Trend der Zeit anzupassen.

Im Zweiten Weltkrieg hatten sich die deutschen Besatzer in Osteuropa
dafür entschieden, das Ungleichgewicht zwischen Menschenzahl und
wirtschaftlichen Ressourcen zu beseitigen, indem sie den „Faktor Bevölkerung" gewaltsam reduzierten. Im Nachkriegsdeutschland waren es
bisweilen dieselben Experten, die jetzt für eine „Ausweitung des
Nahrungsspielraums" mittels Kapitalzufuhr plädierten, um die Balance
wiederherzustellen. So erarbeitete Helmut Meinhold, vormals Wirtschaftsplaner im besetzten Polen, schon im Herbst 1945 im Auftrag der britischen Militärregierung eine Studie über den „Wiederaufbau Groß-Ham-
burgs". Darin legte er dar, daß es zwei Wege aus dem Dilemma der
„Überbevölkerung" gebe: Entweder „Kredithergabe" oder aber die Lie-
ferung von Produktionsanlagen aus dem Ausland gegen Agrarexporte
aus dem hungernden Deutschland. Ohne Kreditzufuhr von außen müßte entweder das gesamte Kapital für die Deckung des Existenzmini-
mums aufgewandt werden, oder es würden Menschen zugunsten der
Kapitalbildung „zugrunde gehen". Um eine „Verzettelung der in der
deutschen Volkswirtschaft vorhandenen Kräfte" zu vermeiden, sei es
daher richtiger, von 100 Arbeitskräften nur 50 zu beschäftigen, diese
aber möglichst effektiv, damit sie den Rest der Bevölkerung vorübergehend „durchschleppen" könnten, als daß knappe Ressourcen in Arbeitsplätze investiert würden, die keine Überschüsse erbrächten. „Man könnte", so hatte Meinhold erwogen, „natürlich auch einen anderen Aus-
gangspunkt wählen (...). Man kann nämlich sagen: Es ist besser, im
Kampf ums Dasein bleiben die 75 sich bewährenden am Leben, der
Rest kommt sogleich um, als wenn im Endeffekt alle 100 zu Grunde
gehen. Ein solcher Standpunkt wäre zu vertreten, wenn es sich wirklich
um eine Auslese handelte." [25]

Die von Meinhold ausgemalte Alternative zwischen dem kalkulierten Hungertod eines Teils der Bevölkerung und einem dauernden Dahinvegetieren auf niedrigstem Wirtschaftsniveau blieb den Westdeutschen erspart. Das von dem US-amerikanischen Außenminister George Marshall angeregte European Recovery Program stellte in den Jahren 1948 bis 1952 insgesamt 16,3 Milliarden Dollar für den Wiederaufbau in Westeuropa zur Verfügung. Etwa ein Viertel der Marshallplan-Gelder floß in die Westzonen Deutschlands. Später sollten Kredite der Internationalen Bank für Wiederaufbau und Entwicklung (Weltbank) folgen.

Dennoch wurde das Problem der „Bevölkerungsüberschüsse" noch bis weit in die 50er Jahre hinein für akut gehalten. Als unverzichtbar galt nach wie vor eine koordinierte europäische Migrationspolitik, die sowohl die Migration innerhalb der europäischen Staaten als auch die Auswanderung nach Übersee regulieren sollte.

Dieser „Bevölkerungstransfer" sollte dem wirtschaftlichen Fortschritt in doppelter Hinsicht dienen: mittels einer „Reduktion des Bevölkerungsdrucks" in Europa und indem man qualifizierte Arbeitskräfte in Länder vermittelte, in denen es an solchen mangelte. Auf diese Weise würden wirtschaftliche Werte geschaffen, die die Kosten der Umsiedlung bei weitem übersteigen würden – zumal sich die Auswanderer an den Unkosten beteiligten.[26]

Dennoch gab es insbesondere in Deutschland auch Stimmen, die – ähnlich wie in den frühen 30er Jahren – auf die vermeintlichen Verluste hinwiesen, die dem Staat aufgrund der Auswanderungspolitik entstehen würden. Da gerade die leistungsfähigen jungen Menschen zuerst emigrieren würden, so Hilde Wander, bestehe die Gefahr, daß sich in den Auswanderungsstaaten, vor allem in Deutschland und Österreich, die Bevölkerungszusammensetzung verschlechtere.[27] Eine Migrationspolitik, die nur darauf ausgerichtet sei, die Bevölkerungszahl zu reduzieren, so Wanders Fazit, drohe die Auswirkungen der „Überbevölkerung" in Westeuropa eher zu verstärken als sie einzuschränken. Dabei galt eine Bevölkerung als umso „schlechter" oder „belasteter", je höher der Anteil der alten Menschen oder der Kriegsinvaliden war. Für manche, wie die Bevölkerungsökonomin Wander, stellte auch ein hoher Anteil an Frauen eine „Belastung" dar.[28] Der damalige Flüchtlingsminister Hans Lukaschek argumentierte ebenfalls im Sinne der „Menschenökonomie": „Wenn das Ausland sich nur bereitfinden würde, Fachkräfte und voll arbeitsfähige Personen aufzunehmen, die nicht mehr Erwerbsfähigen aber von der Auswanderung auszuschließen, dann müßten wir dagegen Einspruch erheben. Denn auf diese Weise würde das Mißverhältnis in der Bundes-republik zwischen den produktiven Kräften und dem 'sozialen Gepäck' der Rentenempfänger nur noch vergrößert. Wir brauchen gerade die Fachkräfte selbst, um auf dem Weltmarkt konkurrenzfähig zu werden."[29]

Wohl aufgrund des sehr viel weniger entwickelten Sozialsystems hatte die italienische Regierung derartige Bedenken offenbar nicht und be-trieb in der Nachkriegszeit eine „planmäßige Auswanderungspolitik."[30] Der italienische Bevölkerungswissenschaftler Gini rechnete vor, daß die ImmigrantInnen für die Einwanderungsstaaten einen Gewinn bedeute-ten; sie repräsentierten Kapital, das auf Kosten ihrer Herkunftsländer gebildet worden sei und jetzt von den Aufnahmestaaten abgeschöpft würde, da diese nun weniger in die Aufzucht und Ausbildung einer neuen Generation zu investieren bräuchten.[31] *

Ginis Überlegungen deuten auch an, wie man in Westeuropa in den 50er Jahren aus der Not eine Tugend zu machen verstand: Während in der unmittelbaren Nachkriegszeit allein die materielle Versorgung und Unterbringung von Flüchtlingen, Displaced Persons und Vertriebenen die Besatzungsmächte im zerstörten Deutschland vor riesige Probleme stellte, wurden die einstigen „Bevölkerungsüberschüsse" wenig später in den Wirtschaftswunderjahren willkommene Arbeitskräfte" oder aber „Kolonisatoren" in Übersee.

Aus der Perspektive der Wirtschaftsplaner waren Kriegszerstörungen und Flüchtlingsbewegungen auch eine Chance zur wirtschaftlichen „Neu-ordnung". Produktionsanlagen, die im Krieg zertrümmert worden wa-ren, konnten auf neuestem technischen Stand und nach den Kriterien einer effizienten Raumplanung an neuen Standorten wieder aufgebaut werden. Dies schien umso leichter möglich, als man angesichts des Nachkriegschaos glaubte, auf überkommene Strukturen wenig Rück-sichten nehmen zu müssen und in den Flüchtlingen die „disponible Masse" sah, die an die neuen Standorte verteilt werden konnte.

Derartige Überlegungen trafen im Westeuropa der frühen 50er Jahre auf eine Art Gründerzeitklima. Nicht mehr nationalstaatliche Konkur-renz war gefragt, sondern die „europäische Solidarität zur Überwindung

---

* Für die USA hatte Gini ausgerechnet, daß dieses Kapital, wenn es mit 3 1/2 Prozent verzinst würde, im Jahr 1954 schon den Reichtum Amerikas im Jahre 1930 übersteige.
** Die Integration der Flüchtlinge als Arbeitskräfte in die westdeutsche Produktion rechne-te die DDR in den 60er Jahren in entgangenen Gewinn um: Für die 3,3 Mio. Menschen, die in der Zeit zwischen 1945 und 1966 aus dem Gebiet der DDR in den Westen abge-wandert waren, forderte sie einen „Schadensersatz" in Höhe von 30 Milliarden DM.[32]

der bestehenden Hindernisse" und „energische gemeinsame Maßnahmen". Denn der „Bevölkerungsdruck" sei zu einer „lebenswichtigen und dringlichen Angelegenheit (geworden), die in ihrer Auswirkung nicht auf die Länder beschränkt bleibt, in denen sie auftritt, sondern die europäische Gemeinschaft und die ganze freie Welt unmittelbar angeht".[33]

Die „Nutzbarmachung der Bevölkerungsüberschüsse in Europa"[34] war die politische Aufgabe, die nach dem Zweiten Weltkrieg zur Herausbildung erster europäischer und internationaler Institutionen führte. Schließlich war mit Pierre Schneiter „zum ersten Male in der Geschichte des Europarats (...) eine einzelne Persönlichkeit zum Sprecher und Organ aller Mitgliedstaaten (...) gemacht worden".[35]

Der Europarat sah in der „Behandlung des Problems der europäischen Überbevölkerung (...) eine (seiner) wichtigsten Initiativen".[36] Im Sachverständigen-Ausschuß, den er zu diesem Zweck gründete, saßen Experten aus den Mitgliedsstaaten des Europarats zusammen mit Vertretern verschiedener internationaler Organisationen wie der ILO, IRO, UNHCR, OEEC (später OECD, der europäische Wirtschaftsrat), der Internationalen Bank für Wiederaufbau und Entwicklung und der Vereinigten Staaten.[37] Zu den Hauptforderungen des Ausschusses, der sich im Frühjahr 1951 konstituierte und – da „schleunige Maßnahmen" gefordert seien – im September bereits zum zweiten Mal tagte, gehörten Kredite von der Weltbank, eine „größere Bewegungsfreiheit der Arbeitskräfte innerhalb Europas" und „die Neuverteilung eines beträchtlichen Teils der Bevölkerungsüberschüsse." Im August hatte der europäische Wirtschaftsrat „einen Fünfjahresplan zur Steigerung der europäischen Produktion um 25 Prozent" vorgelegt. Dieser sollte die „Grundlage für ein gemeinsames Vorgehen (sein), das eine gleichzeitige Absorbierung des überschüssigen Arbeitspotentials erhoffen läßt."[38] Mit Hilfe eines aus internationalen Mitteln finanzierten Wohnungsbauprogramms sollte die Mobilität der Arbeitskräfte innerhalb Europas erleichtert werden. (Der Wohnungsmangel galt als entscheidendes Hindernis für die Arbeitsmigration). Die Aufgabe der ILO bestand darin, „die internationalen Wanderungsbewegungen von Arbeitskräften zu regeln"; dies habe sie „im allgemeinen Rahmen ihres Programms für die rationellere Ausnützung des in der Welt verfügbaren Arbeitspotentials"[39] zu unternehmen und dabei „die Tätigkeit der verschiedenen internationalen Organisationen auf dem Gebiet der Wanderungen einzuleiten".[40]*

---

* Neben der ILO hatte auch die UNESCO die „Flüchtlingsarbeit unter dem Gesichtspunkt

Zur speziellen Förderung der Übersee-Emigration wurde im Dezember 1951 das Intergovernmental Committee for European Migration (ICEM) gegründet, das allein in den ersten zweieinhalb Jahren seines Bestehens eine Viertel Million EuropäerInnen in Nord- und Südamerika, Australien und Israel ansiedelte und sie mit Krediten, Umschulungs- und Sprachkursen bei der Existenzgründung unterstützte.[41] In Lateinamerika waren verschiedene Kolonisationsinstitute gegründet worden, um den „europäischen Menschenzufluß" und das Auslandskapital für den landwirtschaftlichen Aufbau nutzbar zu machen. Neben der beruflichen Qualifikation der MigrantInnen spielte in manchen Ländern, so zum Beispiel in Venezuela, „auch die Stärkung der weißen Rasse (...) bei der Einwanderungspolitik (...) eine Rolle".[42] Deutsche Einwanderer seien in Südamerika überall willkommen, so wußte der Leiter des Instituts für Auslandskunde und Kulturwissenschaft in München-Starnberg, Hugo Grothe, bereits fünf Jahre nach Kriegsende wieder zu berichten und sah denn auch „dem europäischen Siedler ein Paradiesland entgegenlachen". Die „kolonisatorische Hauptaufgabe" bleibe jedoch aus klimatischen Gründen und „wegen der Anpassung an die völkische Umwelt" Spaniern und Portugiesen vorbehalten.[43] Im Jahr 1940 hatte Grothe in anderem politischen Kontext ähnliche Formulierungen zur „Rückwanderung von dichten Scharen treuer Volksdeutscher" gefunden, „die, dem Rufe des Führers folgend, ihre Hütten nunmehr unter dem Schutze des Deutschen Reiches auf wiedergewonnener Erde an unseren östlichen Grenzen aufzustellen vermögen".[44]

„Konstruktive Migrationspolitik", schrieb Hilde Wander in einer Studie im Auftrag einer „Forschungsgruppe für europäische Migrationsprobleme", müsse Bevölkerungsbewegungen in Abstimmung mit dem Wiederaufbau und dem ökonomischen Fortschritt – je nach Bedarf – fördern oder beschränken. Dabei müsse, so fuhr sie fort, eine „Synthese" zwi-

---

der Überbevölkerung in Angriff genommen". Darüber hinaus beschäftigten sich vor allem die IRO und der UNHCR die UNESCO mit „Wanderungen" und Flüchtlingen, allerdings nicht primär im Hinblick auf die „Nutzbarmachung" der Arbeitskraft, sondern ihnen oblag die Unterbringung von Displaced Persons und Staatenlosen. Die Zuständigkeit der deutschen Vertriebenen hatten die UN und IRO explizit abgelehnt, was insbesondere von deutscher Seite jahrelang bemängelt wurde. Der Europarat hatte dagegen einen anderen Ansatz: Er unterschied die Migrantinnen und Migranten nicht in Vertriebene (die, die auf dem Territorium des Staates lebten, dem sie „angehörten") einerseits und Displaced Persons und Staatenlose andererseits, sondern fragte nach „Bevölkerungsüberschüssen" - unabhängig vom Rechtsstatus bzw. der Nationalität der Person.

schen persönlicher Handlungs- und Bewegungsfreiheit und kontrollierter Migration gesucht werden.[45]

„Umfassende internationale Wanderungsplanung" hieß das Gebot der Stunde. Zum einen zur „Minderung der Weltspannungen", zum anderen aber auch weil „Entwicklungspläne in vielen Teilen der Welt nur dann zum Erfolg führen könnten, wenn sie mit einer geplanten Wanderung gekoppelt werden". Der Europarat schuf sich binnen weniger Monate ein umfassendes institutionelles Instrumentarium zur Migrationsregulierung. Schon US-Präsident Franklin D. Roosevelt hätte gern die „Weltwanderung" reguliert, starb jedoch, bevor er sein geheimes „M"-Projekt realisieren konnte: „Wie es heißt, soll er eine 'Internationale Siedlungsbehörde' mit einem jährlichen Haushalt von einer Milliarde Dollar geplant haben, die nicht nur den Opfern des Krieges, sondern auch der 'Überschußbevölkerung' in Asien und Europa und ethnischen Minderheiten, die der Präsident 'Geopolitische Problemkinder' nannte, helfen sollte."[46]

Der Boom der Migrationsplanung in den 50er Jahren hatte in erster Linie mit dem Wiederaufbau nach dem Zweiten Weltkrieg zu tun, ging es doch vornehmlich um die „Nutzbarmachung der Arbeitskräfte". Schließlich aber galt Migrationspolitik zum damaligen Zeitpunkt noch als die zuverlässigste Methode, die Bevölkerungszahl an die Ressourcen und Produktionskapazitäten anzupassen. Denn, so schrieb ein US-amerikanischer Experte für Außenpolitik noch Anfang 1951, „eine andere Inangriffnahme des Problems – durch Geburtenkontrolle – weist so viele Schwierigkeiten auf und kann auf lange Sicht keine konkreten Resultate erzwingen, so daß diese Möglichkeit nicht ernsthaft in Erwägung gezogen worden ist."[47]

Das Population Reference Bureau in Washington war als rührige Lobby-Organisation auch hier wieder der Politik eine Nasenlänge voraus. Dem Redakteur des zweimonatlich erscheinenden Bulletins schwebte nicht nur die Steuerung der Migration sondern auch der Reproduktion vor, um das „Überbevölkerungsproblem" auf dem alten Kontinent zu lösen: Ein „Schuman-Plan[48] für eine ausgewogene Fortpflanzung" sei der erste Schritt in die richtige Richtung und – der Hinweis durfte beim Population Reference Bureau nie fehlen – „ein großer Beitrag zum Weltfrieden".[49]

Obwohl das Problem der „Überbevölkerung" in Deutschland in den ersten Nachkriegsjahren als besonders akut angesehen wurde, bedeutete dies – im Gegensatz zu dem, was heute in den angeblich überbevölkerten Ländern des Südens für selbstverständlich angesehen wird – keineswegs, daß Geburtenkontrolle von Staats wegen gefördert worden wäre. Eher im Gegenteil: Sowohl in Ost- als auch in Westdeutschland waren Familien- und Bevölkerungspolitik pronatalistisch ausgerichtet, und es wurde, wenn auch in unterschiedlichen politischen Kontexten, dem Wohl des „Volkskörpers" Priorität gegenüber der Entscheidungsfreiheit der Frauen eingeräumt. Schwangerschaftsabbrüche waren nur in den ersten Wochen nach dem 8. Mai 1945 de facto erlaubt, wenn die Frau, die einen Abbruch wünschte, glaubhaft machte, daß sie vergewaltigt worden war. In der sowjetischen Zone wurde zwar der alte § 218 liberalisiert, die dabei eingeführte soziale Indikationsregelung jedoch bereits 1950 trotz heftiger Proteste von seiten der Frauen wieder gestrichen – unter Hinweis auf die Errungenschaften der sozialistischen Familienpolitik, die eine solche Regelung gegenstandslos machen würden. Die alte Parole „Dein Körper gehört Dir", unter der in der Weimarer Republik der Kampf gerade der Linken für die Abschaffung des § 218 geführt worden war, erschien nun vielen KommunistInnen als zu individualistisch.[50] Auf den Vorwurf, der Pronatalismus der SED gleiche dem der Nazi-Regierung, erwiderten FunktionärInnen von Partei und Frauenorganisation, es gehe nicht darum, Soldaten für einen Krieg zu gebären, sondern um die Zukunft des „Volks".[51]

In den Westzonen ging mit Kaltem Krieg und Wiederaufbau auch die Reetablierung einer rigiden Sexualmoral einher. Die ersten Versuche, die Sexualreformbewegung der Weimarer Zeit wieder aufleben zu lassen, stießen auf Mißtrauen, weil sie als „sozialistische" Projekte galten, insbesondere in den Augen der Ärzte, die in ihrer überwiegenden Zahl zwölf Jahre lang bereitwillige Vollstrecker der NS-Bevölkerungspolitik gewesen waren. Aber auch außerhalb der Ärzteschaft war das Ansehen von Geburtenkontrolle und Familienplanung gering, weil damit ein staatlicher Dirigismus assoziiert wurde, egal ob das Negativbild nun der NS-Staat oder die SED-Regierung im Osten des Landes war. Die verbreitete Ablehnung der Idee einer Familien*planung* war nach Ansicht der Historikerin Atina Grossmann der Grund dafür, daß „Pro Familia" bei ihrer Namensgebung die Begriffe (Geburten-)„Kontrolle" oder „Planung" sorgsam vermied.

In Deutschland hatten sich mit Anne-Marie Durand-Wever und Ilse Lederer zwei Frauen um eine Wiedergründung der Geburtenkontrollbewegung bemüht, die in der Tradition der Sexualreformbewegung der Weimarer Republik standen und sich in der demokratischen Frauenbewegung engagiert hatten. Doch bei der Gründung von Pro Familia im Jahr 1952 drängte sich der Sozialhygieniker und Bevölkerungspolitiker Hans Harmsen an die Spitze der neuen Organisation. Der Schüler Alfred Grotjahns, der bereits den internationalen Kongreß für Bevölkerungspolitik 1935 in Berlin mit ausgerichtet hatte und seit Jahrzehnten aus ökonomischen wie aus Gründen der „Hygiene" die Sterilisation von Behinderten befürwortete, wurde politisch von Margaret Sanger und finanziell von der Rockefeller-Foundation unterstützt.[52] Sein Antikommunismus war für die Karriere des zehnfachen Vaters als Familienplanungsfunktionär durchaus von Vorteil. Seine NS-Vergangenheit – Harmsen war verantwortlich für die Zwangssterilisationen in den Anstalten der Inneren Mission, der größten Trägerin der Wohlfahrtspflege, gewesen[53] – und sein nach wie vor positives Verhältnis zur Bevölkerungspolitik des Dritten Reiches[54], haben ihm zumindest nicht geschadet. Harmsen war Arzt, Leiter der Akademie für Staatsmedizin in Hamburg und gründete im Jahr 1953 die Deutsche Akademie für Bevölkerungswissenschaft. Als Arzt und Bevölkerungswissenschaftler war ihm besonders daran gelegen, daß Geburtenkontrolle nicht eine Sache von „Laien" oder womöglich der Frauenbewegung war, sondern Aufgabe von Ärzten und professionellen Organisationen, die sich dem Ideal der Familienplanung – orientiert am „Volkswohl" – verpflichtet sahen. Damit waren wichtige Voraussetzungen für eine Kontinuität eugenischer Wertvorstellungen in der Bevölkerungspolitik erfüllt. Deren Einfluß allerdings hatte sich, sehr zum Leidwesen der Bevölkerungswissenschaftler, erheblich verringert; und die Bandbreite der Maßnahmen, die zur Verwirklichung bevölkerungspolitischer Ziele zur Verfügung standen, war ebenfalls stark geschrumpft.

Vom japanischen „Bevölkerungswunder" zur Dekade der Frau

Ähnlich wie Westeuropa galt auch Japan nach dem Zweiten Weltkrieg als „überbevölkert". Auch hier wurden die Kriegsfolgen zu einem Bevölkerungsproblem umgedeutet: Es fehle an Kapital, die große Zahl von Kriegsheimkehrern[55] könnten nicht in die Wirtschaft integriert werden, zumal das japanische Territorium sich seit Kriegsende um 43,5 Prozent (und dabei um die rohstoffreichen Gebiete) verkleinert habe, die Bevölkerung dagegen in der Zeit zwischen 1938 und 1950 um 20 Prozent gewachsen sei. So schilderte Ayanori Okasaki, Direktor des Japanischen Instituts für Bevölkerungswissenschaften, die seiner Ansicht nach „hoffnungslose" Bevölkerungssituation des Landes. Schon die landwirtschaftliche „Überbevölkerung" schätzte er auf 4 Millionen Menschen.[56] Allein mit Hilfe der Auswanderung ließe sich das Problem nicht lösen. Stattdessen galt ähnlich wie in Westeuropa die „Kredithergabe" als probates Mittel, um die „Überbevölkerung" in Arbeitskräfte zu verwandeln. Darüber hinaus aber wurde in Japan – anders als in Westeuropa – versucht, die „Überbevölkerung" mit den Mitteln der Familienplanung zu reduzieren. Nach Kriegsende hatte es in Japan zunächst einen Babyboom gegeben.[57] Die USA, die das Land in den Jahren 1946 bis 1949 besetzt hatten, zeigten nun ihrerseits starkes Interesse an einer Begrenzung des japanischen Bevölkerungswachstums und holten Ende der 40er Jahre zahlreiche Experten vom Office of Population Research an der Princeton University nach Japan.[58] Ein verarmtes, dann möglicherweise kommunistisches Japan, so meldete das Population Bulletin, stelle eine Gefahr für die amerikanische Sicherheit ebenso wie für den Weltfrieden dar.[59]

Das Land wurde in der Folgezeit zu einem ersten Testfall für die Reduzierung des Bevölkerungswachstums mit den Mitteln der Familienplanung. Im Juli 1948 verabschiedete die Regierung ein „Gesetz über den eugenischen Schutz der Bevölkerung", das das Abtreibungsverbot lockerte und erstmals auch Schwangerschaftsabbrüche aus ökonomischen Gründen für legal erklärte. Als daraufhin die Zahl der Abtreibungen stark anstieg, wurde die Verbreitung von Verhütungsmitteln erlaubt, für die auch in Presse, Rundfunk und Film geworben wurde – nicht ohne daß die Gegner einer solchen Liberalisierung vor dem „Niedergang der japanischen Moral" insbesondere bei der Jugend des Landes warnten.[60] Vor allem aufgrund der Schwangerschaftsabbrüche sank die Geburtenrate in Japan binnen weniger Jahre auf das Niveau westlicher Industriestaaten. Massenmedien spielten in der Werbung für Familienplanungsideen eine wichtige Rolle, besonders die Frauenzeitschriften. Mit wissenschaftlichen Studien und praktischen Ratschlägen wurde der Geburtenrückgang von einer Reihe von Instituten und Verbänden begleitet, die zumeist Ende der 40er Jahre entstanden.[61] Die Rockefeller Foundation hatte bereits 1938 beim Aufbau eines Institute of Public Health Hilfestellung geleistet, das sich nun verstärkt mit Fragen der Bevölkerungskontrolle beschäftigte und die Widerstände zu erforschen suchte, auf die die Idee der Familienplanung bei der japanischen Bevölkerung stieß.[62] Als besonders effizient galten die Familienplanungskurse, die von großen Industrieunternehmen initiiert wurden. Ergänzt wurden sie seit 1952 durch staatliche Programme wachsenden Umfangs: In den Jahren 1952 bis 1964 verdreifachte das japanische Gesundheitsministerium sein Familienplanungsbudget.[63] Mit Zufriedenheit konstatierten die Demographen einen steten Anstieg im Gebrauch von Verhütungsmitteln.[64] Zwar wurde ganz allgemein Werbung für Verhütungsmittel gemacht und Informationen über Methoden der Empfängnisverhütung angeboten. Doch dem neo-malthusianischen Trend entsprechend richteten sich Spezialprogramme an die „ökonomisch Unterprivilegierten", denen die Begrenzung der Kinderzahl als ein Weg in den Wohlstand nahegelegt wurde.[65] Das japanische Wirtschaftswunder, so urteilten die meisten ausländischen Gutachter, wäre ohne diese „Rationalisierung der Fortpflanzung" nicht möglich gewesen. Das Population Bulletin prägte in Analogie zum „Wirtschaftswunder" gar den Begriff vom „japanischen Bevölkerungswunder". Besonders hervorzuheben sei, so fährt das Blatt hintersinnig fort, daß die „Lösung" des Bevölkerungsproblems aus dem Land selbst kam, da sonst der Vorwurf des Völkermords hätte erhoben werden können.[66]

In dem Maße, wie das Flüchtlingsproblem in Westeuropa als bewältigt galt, verlagerte sich die Überbevölkerungsdiskussion im Verlauf der 50er Jahre auf die „Dritte Welt", deutlich geprägt vom Kalten Krieg und der Konkurrenz um Rohstoffe. Beim „Klassenkampf im Erdmaßstab" müßten die westlichen Industriestaaten versuchen, die bevölkerungsreichen Länder Asiens an sich zu binden und via Entwicklungspolitik zur Steigerung des Lebensstandards in der „Dritten Welt" beitragen, so formulierte es Giselher Wirsing in seinem 1956 erschienenen Buch „die Menschenlawine". Andernfalls würde die „Elendsmasse (...) für die sozial konsolidierten Völker zur ständigen Bedrohung werden". Außerdem sei nicht zu bezweifeln, „daß das bolschewistische Führungszentrum die Dynamik der künftigen asiatischen Bevölkerungsentwicklung als einen Faktor erster Ordnung in seine Berechnungen einbezieht. Und nicht weniger gilt dies von China".[67] Wirsing war, als er dies schrieb, Chefredakteur der Zeitschrift Christ und Welt. Bis zum Ende des Krieges hatte er sich auf andere Weise dem Kampf gegen den („jüdischen") Bolschewismus verschrieben: als SS-Sturmbannführer und Mitarbeiter des Sicherheitsdienstes. 1941 war er Mitarbeiter des Frankfurter „Instituts zur Erforschung der Judenfrage" geworden und hatte angekündigt, die Palästinafrage werde „im Zuge der großen Entscheidungen, die dieser Krieg bringen wird, eine Lösung finden". Dennoch sollten „die Juden das Land wieder verlassen", schon aufgrund seiner geringen Fassungskraft", um so den Arabern ein „menschenwürdiges Dasein" zu ermöglichen.[68]

Während Wirsing seine Verachtung gegenüber Juden und Bolschewisten nun auf Menschen in der „Dritten Welt" übertrug, wurden in der Bevölkerungsdiskussion der 50er Jahre auch die rassistischen Kategorien der Kolonialzeit wieder belebt. Als Problem galt die „Überbevölkerung" den meisten Demographen damals nicht primär wegen der Armut oder der geringen Arbeitsproduktivität in den ehemaligen Kolonialländern, sondern aufgrund der unterschiedlichen „Reproduktionsrate" zwischen „weißen und farbigen Völkern". Von Ungern-Sternberg sah es 1959 als Gefahr an, „daß die Völker Westeuropas durch eine sie überflügelnde und mit der Zeit womöglich überflutende Zunahme der Vermehrung der Farbigen aller Schattierungen an Geltung in der Welt verlieren und obendrein einem seit Jahrhunderten aufgestauten Vergeltungsdrang der Farbigen ausgeliefert werden".[69] *

Von Ungern-Sternberg fühlte sich und Westeuropa nicht nur von den Farbigen bedroht, sondern in alter Tradition nach wie vor von den Slawen: „Westeuropa", so schrieb er weiter, „ist gegenwärtig eingekreist von Ländern, die eine sehr viel höhere natürliche Vermehrung aufweisen. Infolgedessen wird sich, wenn dieser Zustand andauert, von Osteuropa und von Nordafrika her ein Bevölkerungsgefälle von Westeuropa ergeben unter dem Druck des demographischen Expansionsdranges. Bedingt ist diese Gefahr vor allem durch die vergleichsweise sehr niedrige westeuropäische Geburtenrate."[70]

Mit ähnlichen Argumenten wurde bereits im Staatslexikon von 1957 unter dem Stichwort „Bevölkerungspolitik" vor einer „für die abendlän-

---

* Dieses Argument ist, wenn auch weniger ausgeschmückt, durchaus aktuell. In einer öffentlichen Anhörung der Enquetekommission „Demographischer Wandel" des Deutschen Bundestags im Januar 1996 wurde folgende Rechnung aufgemacht: Europas Anteil an der Weltbevölkerung habe sich seit 1950 „von fast 22 % auf unter 13 %" verringert. „Deutschland stellte 1950 etwa 2,7 % der Weltbevölkerung" - im Jahr 2050 würden es dagegen voraussichtlich nur noch 0.7 % sein." Zum Vergleich zog der Sachverständige „ganz Nordafrika" heran: Dort lebten 1950 weniger Menschen als in Deutschland, heute jedoch „gibt es mehr als doppelt soviele Nordafrikaner wie Deutsche". (Öffentliche Anhörung der Enquetekommission „Demographischer Wandel" am 15. Januar in Bonn, zit. nach: Bevölkerung & Entwicklung, Nr. 28, April 1996, S.6.) Daß im Vergleichsjahr 1950 Deutschland und Westeuropa als „überbevölkert" galten, wurde in der Anhörung selbstverständlich nicht erwähnt. Wegen Europas sinkendem Anteil an der Weltbevölkerung hatte sich das Europäische Parlament schon 1984 dafür ausgesprochen, das Bevölkerungswachstum zu fördern, weil dieses entscheidenden Einfluß auf die künftige Rolle des Kontinents in der Welt haben werde. (Vgl. Resolution Nr. C 127/78 vom 14.5.1984; nachgedruckt in: Michael Teitelbaum, Jay Winter, The Fear of Population Decline, New York u.a. 1985, S.162.)

dischen Völker beunruhigende(n) Dynamik" gewarnt. „Sie bilden nur 1/3 der Weltbevölkerung, haben aber mehr als 2/3 der Produktivkräfte der Welt in ihrem Besitz. Dieses ökonomisch-demographische Ungleichgewicht muß auf Dauer den Weltfrieden bedrohen und drängt – auch ohne Krieg – zu einer völlig neuen Welt-Kräfte-Verteilung, bei der die Positionen des weißen Mannes mehr und mehr zusammenschrumpfen."[71]

Gerhard Mackenroth hielt der „hysterischen Angst" vor der „Überbevölkerung", die er noch 1953 als „etwas völlig Albernes" zurückwies, einen Optimismus eigener Art entgegen: „Undifferenzierte und unorganisierte Menschenmassen haben noch nie Geschichte gemacht und werden sie auch in Zukunft nicht machen. Weltgeschichte (...) vollzieht sich nicht über die Genitalorgane. Unorganisierte Massen sind immer nur Objekte gewesen und sind kleinen, aber sozial überlegen organisierten Minderheiten noch immer erlegen."[72]

Im Verlauf der 60er Jahre verschob sich die Diskussion auf eine andere Ebene: Allmählich galt die „Überbevölkerung" in den Ländern des Südens nicht mehr als Gefahr für die ehemaligen Kolonialmächte, sondern als Gefahr für die betreffenden Länder selbst.

Während in Europa mit der Industrialisierung eine „Rationalisierung des Geschlechtslebens" einhergegangen sei, so der Statistiker und Bevölkerungswissenschaftler Hermann Schubnell[73], stehe zu befürchten, daß diese bei den nicht-europäischen Bevölkerungen ausbleibe. Zwei Jahrzehnte zuvor, im Jahr 1941, hatte Schubnell den Schwarzwaldbauern noch ein Lob dafür ausgesprochen, daß sie die „Rationalisierung des Fortpflanzungsverhaltens" nicht mitgemacht hätten. Sie trügen so dazu bei, daß „das deutsche Volk wieder ein wachsendes Volk" werde, das dann auch „den Auftrag einer europäischen Neuordnung und Führung (...) auf Dauer erfüllen" könne.[74]

1961 dagegen vermißte Schubnell eine vergleichbare Rationalisierung in den Entwicklungsländern. Die Menschen dort täten gut daran, „ihr Fortpflanzungsverhalten zu europäisieren". Eben dies sah Schubnell gewissermaßen als Erziehungsaufgabe der Entwicklungshilfe an: „Welches sind die Voraussetzungen, daß das indische, chinesische, malaiische oder peruanische Ehepaar in gleicher Weise wie das europäische eine Vorstellung von einer gewollten Anzahl von Kindern hat, daß es einen Lebensplan macht, der nicht mehr acht oder zehn Kinder, sondern eben nur noch drei oder zwei vorsieht? Und welche Chance besteht, daß wir darauf nicht 50 oder 80 oder 100 Jahre warten müssen? (...) Wie kann man von Millionenmassen von Menschen, die in elenden

Behausungen leben, die weder lesen noch schreiben können, Erwerbs- und Bildungsstreben erwarten und die Einsicht, daß zwischen Verbesserung der Lebensverhältnisse, sozialem Aufstieg und ihrer Kinderzahl ein enger Zusammenhang besteht? Wie kann man ihnen, die kaum rational zu handeln gewohnt sind, klarmachen, daß die Umarmung, die sie spontan und affektvoll vollziehen, „bedacht", daß zwischen dem Akt und seinen Folgen unterschieden werden muß, daß es persönlich sinnvoll und für die Entwicklung des Landes nützlich sei, weniger Kinder zu haben, daß dort, wo bisher nur spontan und aus dem Gefühl gehandelt wurde, jetzt vernünftiges und auf bestimmte Ziele gerichtetes Handeln besser sei?"[75]

Fünfundzwanzig Jahre später mußte er noch immer mit Bedauern feststellen, daß „die große spontane Leistung des europäischen Menschen", nämlich sein „Fortpflanzungsverhalten überwiegend rational und ökonomisch" zu gestalten, noch immer nicht auf die „Entwicklungsländer" übergegriffen hatte und die Menschen dort ihr generatives Verhalten nach wie vor an „Traditionen und religösen Leitsätzen" orientierten.[76] Stolz auf die „spontane Leistung" war Schubnell allerdings immer nur dann, wenn er sie gegenüber Menschen aus der „Dritten Welt" zum Maßstab machen konnte. Bei „hochentwickelten Bevölkerungen" (gemeint waren die in industrialisierten Ländern) hielt er dagegen die „freiwillige Beschränkung der Geburtenzahl" für ein „biologisches Versagen", das die Arterhaltung gefährde.[77]

Der globale erzieherische Impetus, der aus Schubnells Betrachtungen über die „Entwicklungsländer" spricht, schlug sich in den Schulbüchern nieder, in denen zu Beginn der 60er Jahre erstmals die „Überbevölkerung" thematisiert wurde. Dem Lernziel entsprechend sind die heute 40jährigen die erste Generation, der die Existenz dieses „Problems" zu einer nicht mehr hinterfragten Gewißheit geworden ist. Doch die Erziehungsidee wurde schon bald durch nüchternere Konzepte abgelöst. In den 60er Jahren hatte innerhalb der bevölkerungspolitischen Lobby noch die Vorstellung dominiert, Familienplanung ließe sich in Form von Pillen und Spiralen in die „Dritte Welt" exportieren und die „Lösung des Überbevölkerungsproblems" sei lediglich eine Frage der Distribution von Verhütungsmitteln. Doch nachdem auch mit viel propagandistischem Aufwand betriebene, groß angelegte Familienplanungsprogramme nicht die erwünschte Senkung der Geburtenrate zur Folge hatten, rückte in den 70er Jahren die Frage nach den (materiellen) Interessen der Menschen in den Ländern des Südens an einer hohen Kinderzahl in den

Mittelpunkt der Bevölkerungsforschung. Die „Gesamtheit der Motivationsfaktoren", aufgrund derer sich Frauen oder Paare für oder gegen Kinder entschieden, sollte erforscht werden, um so die privaten Wünsche an die demographischen Zielvorstellung anpassen zu können.[78]

In Deutschland war Hilde Wander, Bevölkerungsökonomin am Kieler Institut für Weltwirtschaft, eine der ersten, die Kinderwünsche in wirtschaftliche Kategorien faßte und statt Familienplanungspropaganda durchgreifende Veränderungen der Sozialstruktur forderte: „Die größeren Anstrengungen, die die selbstgenügsamen Kleinbauern machen, um mehr Kinder aufzuziehen, dienen vor allem der Stabilisierung überkommener Lebensformen und Produktionsweisen, nicht aber dem notwendigen wirtschaftlichen und sozialen Strukturwandel." Die Aufzucht vieler Kinder, so Wander weiter, „mag für einzelne Familien lohnend sein; volkswirtschaftlich (...) ist ein solches Verhalten aber schädlich. Es fördert das Bevölkerungswachstum, nicht aber den Aufbau eines leistungsfähigen Arbeitspotentials und die Schaffung produktiver Arbeitsplätze."[79] Welche Faktoren, so fragte Wander, beeinflussen „Angebot und Nachfrage nach Kindern" bzw. die familiäre „Kosten-Nutzen-Relation", und wie kann man sie ändern? „Die Notwendigkeit, die Verhaltensweisen der Bevölkerung zielgerecht zu beeinflussen, wird oft übersehen. Es genügt nicht, einen Geburtenrückgang zu propagieren und die erforderlichen Dienste dafür bereitzustellen, wenn nicht zugleich die wirtschaftlichen und sozialen Voraussetzungen für fortschrittsgerechte Verhaltensänderung geschaffen werden."[80] Auf der Weltbevölkerungskonferenz 1974 in Bukarest war erstmals die Bedeutung der Frauen für die Familienplanung betont worden. In der „Dekade der Frau", die die UNO im Anschluß an die Konferenz ausrief, wurden einkommensschaffende Maßnahmen und Bildung für Frauen zumindest dem Anspruch nach zum Bestandteil der Entwicklungshilfe – in der Begriffswelt Wanders eine Form der „Bildung von Humankapital".

„Dunkle Vergangenheit" und deutsche Gegenwart

Hermann Schubnell war bei weitem nicht der einzige deutsche Bevölkerungswissenschaftler, der nach 1945 unangefochten seine Karriere fortsetzen konnte. Der bevölkerungspolitische Multifunktionär Hans Harmsen war der erste deutsche Bevölkerungswissenschaftler, der nach dem Krieg in internationalen Fachkreisen wieder Anerkennung fand –

trotz seiner Beteiligung an der Zwangssterilisationspolitik. Er war schließlich auch Gründer der Deutschen Gesellschaft für Bevölkerungswissenschaft – ein Fachverband, der sich bis heute dadurch auszeichnet, daß er auf Kritik, insbesondere wenn sich diese auf die Vergangenheit der Bevölkerungswissenschaft bezieht, vorwiegend beleidigt reagiert.[81] Zur ersten Mitgliedergeneration der 1952 gegründeten Gesellschaft gehörten unter anderem Statistiker wie Friedrich Burgdörfer, der in den 30er Jahren die Zahl der „Rassejuden" im Deutschen Reich und diejenige des „Weltjudentums" für das Rassenpolitsiche Amt der NSDAP geschätzt hatte. Oder Siegfried Koller, ebenfalls Statistiker. Er war 1941 am Gesetzentwurf zur Zwangssterilisation der von ihm statistisch definierten „Gemeinschaftsunfähigen" beteiligt, deren Zahl er auf zwei Prozent der deutschen Bevölkerung, also 1,6 Millionen Menschen geschätzt, und denen er „im Rahmen der rassenhygienischen Maßnahmen eine Sonderbehandlung" zugedacht hatte. Nach dem Krieg und einigen Jahren Gefangenschaft avancierte Koller zum Stellvertretenden Leiter des Statistischen Bundesamts. 1982 wurde er für seine Verdienste mit dem Bundesverdienstkreuz Erster Klasse ausgezeichnet. Zu den Festrednern gehörte Karl Schwarz, ehemaliger Direktor des Bundesinstituts für Bevölkerungswissenschaft und Vorsitzender der Gesellschaft, der Kollers „Pionierarbeit" lobte. Die Ehrenreden auf den Verfasser des „Gemeinschaftsunfähigengesetzes" wurden in der Publikationsreihe des Bundesinsituts veröffentlicht. Die Schrift wird noch heute kostenlos an Interessierte verteilt. Ebenfalls zu den Gründungsmitgliedern gehörte der „Zigeunerforscher" Hermann Arnold und der Astronom und Mitunterzeichner des Heidelberger Manifests Theodor Schmidt-Kaler ebenso wie der Rassenhygieniker Karl Valentin Müller. Wenn in den Publikationen deutscher Bevölkerungswissenschaftlerinnen und -wissenschaftler die nationalsozialistische Vergangenheit des Fachs thematisiert wird, geschieht das in der Regel nach dem einfachen Muster: Zuerst ein Satz über „Verstrikkung" oder „Mißbrauch" der Bevölkerungsforschung in „unserer dunklen Vergangenheit", in der „versucht wurde, die Wissenschaft in den Strudel unlauterer Machtwünsche zu ziehen". Dem folgt dann in Ausnahmefällen ein floskelhaft wirkendes Bedauern.[82]

Im Anschluß an solche Pflichtübungen werden dann im nächsten Satz in der Regel nicht mehr die Verbrechen der Bevölkerungswissenschaftler bedauert, sondern die Diskreditierung der ganzen Disziplin durch besagten „Mißbrauch". Es folgt ein detaillierte Klage darüber, wie sehr die „Verstrickungen" der deutschen Bevölkerungswissenschaft geschadet haben und ihren Handlungsspielraum bis heute einengen.[83] Lange noch sei man deswegen nach 1945 gegenüber den ausländischen Kollegen benachteiligt gewesen, hatte doch die Bevölkerungswissenschaft in der Bundesrepublik über einen Mangel an Ansehen, staatlicher Förderung und wissenschaftlichem Nachwuchs zu klagen:* keine eigene Fachzeitschrift, kein wissenschaftliches Institut, kein Lehrstuhl und lange Zeit eine eher randständige Position auf internationalen Konferenzen. Erst die Gründung des Bundesinstituts für Bevölkerungsforschung in Wiesbaden (BIB) im Jahre 1973 – eine Reaktion auf den Geburtenrückgang in der Bundesrepublik – besserte die „mißliche Lage". Daß die nationalsozialistische Bevölkerungswissenschaft als Vorbereitung des Massenmords vom Schreibtisch aus dem Ansehen des Faches geschadet hat, ist richtig. Allerdings wäre es falsch, daraus den Schluß zu ziehen, daß eugenischen und sozialbiologischen Tendenzen in der Bevölkerungswissenschaft dadurch der Boden entzogen wurde. Noch im Jahr 1953 hat der renommierte Bevölkerungswissenschaftler Gerhard Mackenroth in seiner „Bevölkerungslehre" das nationalsozialistische „Gesetz zur Verhütung erbkranken Nachwuchses" gerechtfertigt und Sterilisationen aus eugenischen Gründen befürwortet.[85] Dieses Plädoyer hat nichts daran geändert, daß Mackenroths Buch jahrzehntelang *das* Grundlagenwerk zur Ausbildung des wissenschaftlichen Nachwuchses in der Bundesrepublik war – und manche Vertreterin der Disziplin ihn noch heute für ein Genie hält.[86] Die Tradition lebt vor allem im Wiesbadener Bundesinstitut fort. Dessen erster Direktor war der Bevölkerungswissenschaftler Hans Wilhelm Jürgens, der 1961 über „Asozialität als biologisches und sozialbiologisches Problem" habilitierte und mittels Schädelvermessungen 200 „Rassetypen in Afrika" untersuchte.[87] Unter seiner Nachfolgerin Charlotte Höhn gab das BIB 1990 eine Bibliographie bevölkerungswissenschaftlicher Aufsätze heraus, in deren Vorwort der Bevölkerungswissenschaft im Nationalsozialismus Hochachtung gezollt wird.[88] Die Publikation löste einen Skandal aus und mußte kurz nach Erscheinen zurückge-

---

* Als ein Beispiel von vielen sei hier Franz Xaver Kaufmann, Bevölkerungswissenschaftler aus Bielefeld, zitiert: „Die historische Hypothek der nationalsozialistischen Bevölkerungspolitik hat den Aufbau und die Fortentwicklung der Bevölkerungswissenschaft in der Bundesrepublik ernsthaft behindert". Auch nach der Gründung des Bundesinstituts für Bevölkerungsforschung, so fährt er fort, sei die Institutionalisierung dieser Wissenschaft nach wie vor völlig ungenügend. „Bevölkerungswissenschaft (wird) an den Hochschulen meist nur nebenbei, oftmals unter erheblichen persönlichen Opfern der betreffenden Wissenschaftler betrieben".[84]

zogen werden. 1994 geriet das Institut erneut in die Schlagzeilen. In einem Interview mit den Verfasserinnen hatte Direktorin Höhn unter anderem die Ansicht vertreten, es sei „statistisch nachweisbar", daß Afrikaner „weniger intelligent (seien) als andere".[89] Nach Bekanntwerden dieser Äußerungen mußte sie die Weltbevölkerungskonferenz in Kairo vorzeitig verlassen und wurde vorübergehend vom Dienst suspendiert. Den daraufhin verkündeten Beschluß, das Bundesinstitut aufzulösen, nahm Innenminister Kanther nach einem Jahr zurück.

Länger als in den meisten anderen wissenschaftlichen Disziplinen hat sich in der Bevölkerungswissenschaft eine Art Korpsgeist gehalten, der den LeserInnen aus jeder Festschrift entgegenschlägt. Während andere Fachverbände sich in den letzten Jahren kritisch mit ihren Gründungsvätern auseinandersetzten – Hans Harmsen wurde die Ehrenmitgliedschaft des von ihm gegründeten Pro-Familia-Verbandes entzogen; Siegfried Koller wurde aus der Biometrischen Gesellschaft ausgeschlossen – setzen die Bevölkerungswissenschaftler auf die „biologische Lösung". Man geht auf Distanz zu den eigenen Kollegen öffentlich erst, wenn sie bereits verstorben sind – und auch dann nur vorsichtig und nicht zu allen. Will man die eigenen wissenschaftlichen Traditionen zumindest partiell retten, so empfiehlt sich die Aufteilung der Disziplin in die „schlechte" Rassenhygiene und die vermeintlich unbelastete, im Nationalsozialismus „in den Hintergrund" getretene „Bevölkerungsökonomie und Bevökerungstheorie soziologischer Art". Ähnliches geschieht mit den geistigen Vätern des Faches: Personelle „Verstrickungen" werden nach Möglichkeit nicht namentlich konkretisiert. Nach Parallelen im methodischen Vorgehen oder den inhaltlichen Positionen wird gar nicht erst gefragt.[90]

Auch in der DDR stellte die „Bevölkerungsexplosion in den Entwicklungsländern" für die Demographen ein Problem dar. Der langjährige Professor für Bevölkerungswissenschaften an der Berliner Humboldt-Universität, Parviz Khalatbari, hat sein wissenschaftliches Werk diesem Thema gewidmet. Zur Beschreibung der „Überbevölkerung" verwendet er das gleiche Katastrophenvokabular („Explosion", „Bombe", „alarmierendes Tempo") und ähnliche Rechenexempel wie seine Kollegen aus dem Westen. „In einer Woche schreien 1 Million zusätzlicher Münder nach Nahrung."[91] Indiz für die „Bevölkerungsexplosion in den Entwicklungsländern"[92] ist nach Khalatbari deren „Rückständigkeit". Auch wenn er eine differenzierte Betrachtung dieser Länder einfordert, da die Produktionsweise von Land zu Land unterschiedlich sei, so sind doch seine

Beschreibungen des „erstrangigen Problems"[93] Bevölkerung eher stereotyp und pauschal. Das Verhältnis zwischen arbeitender und nichtarbeitender Bevölkerung in den Entwicklungsländern sei „ungesund", da die Gesellschaft den „unproduktiven Teil der Bevölkerung mitversorgen (muß), obwohl er trotz einer gewissen Erhöhung der Lebenserwartung nicht über lange Zeit im Produktionsprozeß verweilt".[94] Differenziert wird weniger zwischen einzelnen Ländern als vielmehr zwischen verschiedenen Formen der „Überbevölkerung": Khalatbari unterscheidet mit Marx zwischen „flüssiger, latenter und stockender Überbevölkerung".[95] Er kritisiert die „bürgerliche Vulgärwissenschaft"[96], die in der Bevölkerung eine Variable sieht und „Überbevölkerung" für ein bedauerliches, aber unvermeidliches Phänomen hält, an dem „weder der Kolonialismus noch die herrschende Rückständigkeit schuld sind."[97] * Der marxistische Bevölkerunsgwissenschaftler sieht dagegen die „Überbevölkerung" als Produkt der Klassengesellschaft, das durch die Produktionsweise und ausbeuterische Produktionsbedingungen hervorgebracht wurde – mithin als ein Phänomen, das mit einer sozialistischen Gesellschaft überwunden werde.[98] Zwar sei in der Übergangsphase zum Sozialismus die „überschüssige Bevölkerung", einer der „Überreste der Klassengesellschaft", nicht schlagartig verschwunden, jedoch sei „die sozialistische Produktionsweise selbst unfähig(...), eine Überbevölkerung zu erzeugen." Aufgrund der „Schwächung der Position des Imperialismus", gestützt auf ein Leninzitat und das „sozialistische Weltsystem" sieht Khalatbari im Jahr 1968 gute Chancen, daß die „Entwicklungsländer" nicht erst den Kapitalismus durchlaufen müssen, um „Überbevölkerung" und „Rückständigkeit" zu beseitigen.[99] Wenn dies geschafft ist, biete sich ihnen im Kommunismus die Möglichkeit einer planmäßigen Menschenproduktion. Der sozialistische Entwicklungsweg, so Khalatbari, „schaltet die Widersprüche, die einer kapitalistischen Dynamik innewohnen, aus und minimiert damit die Reibungsfaktoren im Prozeß der Entwicklung. Damit wird es möglich, das gesamte System zu planen. Ein solcher Entwicklungsweg, gestützt auf brüderliche Hilfe anderer sozialistischer Länder, garantiert die Lösung der brennenden Probleme

---

* Durch seinen Vorwurf, daß die „bürgerliche Wissenschaft" die wahren Ursachen der „Bevölkerungsexplosion" nicht benenne, macht Khalatbari deutlich, daß seiner Ansicht nach neben dem Kolonialismus die „herrschende Rückständigkeit" schuld an der „Überbevölkerung" sei. So dreht sich seine Argumentation im Kreis: Erst ist Bevölkerungswachstum an der „Rückständigkeit" schuld (S. 11) und dann die „Rückständigkeit" an der „Überbevölkerung".

in den Entwicklungsländern rascher, reibungsloser und sicherer. (...)
Dieser Entwicklungsweg wird es ihnen letztlich ermöglichen, die 'Produktion von Menschen' ebenso zu regeln wie die 'Produktion von Din-
gen'. Der sozialistische Entwicklungsweg hat gegenüber dem kapitalistischen seine Überlegenheit bereits bewiesen."[100]
Daß dann doch alles anders kam, ist sicher nicht Khalatbari anzula-
sten. Und nicht der Triumphalismus ist das Problem seiner Analyse,
sondern daß er von den gleichen apokalyptischen Visionen geplagt wird
wie die vielgeschmähte „bourgeoise Bevölkerungswissenschaft" – und
letztlich bei ähnlich autoritären Vorstellungen staatlicher Bevölkerungsplanung endet wie diese. Interessant ist nun, wie Khalatbari sich ein
knappes Vierteljahrhundert später, inzwischen eingereiht unter die „bürgerlichen Vulgärwissenschaftler" der Deutschen Gesellschaft für Bevölkerungswissenschaft, die Probleme der „Entwicklungsländer" vorstellt.
Er findet das Bevölkerungswachstum dort nach wie vor „alarmierend"
und den „Weltverstädterungsprozeß" bedrohlich. Zwar hält er daran fest,
daß das Bevölkerungswachstum nicht primär ein biologisches, sondern
ein soziales Phänomen sei und „Überbevölkerung" durch die Produkti-
onsverhältnisse erzeugt werde. Da ihm jedoch die Hoffnung auf das
sozialistische Weltsystem abhanden gekommen ist, gerät ihm die Schilderung des Problems „Überbevölkerung" im Jahr 1992 fatalistisch und
bisweilen zynisch: „Offensichtlich sind Krankheit, Rückständigkeit, Hunger und Armut das Los von Milliarden Menschen, die in der internationalen Arbeitsteilung als Lieferanten der Rohstoffe für die Industriestaaten bestimmt sind. Und der Wohlstand, Prosperität, Überkonsumption
und Überfluß sind das Los anderer Partner – der Industriestaaten."[101]
Zwar sind die „Überzähligen" und Pauperisierten an ihrem „Los" laut
Khalatbari nicht selbst schuld, aber eine Gefahr bilden sie dennoch.
Wenige Sätze braucht Khalatbari, um die pauperisierten Bauern, die er
anfangs noch als Opfer einer „perversen Wirtschaft" schildert, in eine
„Gefahr für den Weltfrieden" zu verwandeln: „Physische und seelische
Degenerierung, die moralische Degradation, gekoppelt mit (...) Haß"
befähigt die Armen zur Brutalität. Folglich bestehe die Gefahr, daß
„Abenteuercliquen", gestützt auf ein fanatisiertes und radikalisiertes
„Lumpen-'Proletariat' (...) die Macht ergreifen und eine reaktionäre Dik-
tatur errichten".[102]
Da das „Know-how für die Herstellung von Kernwaffen" aufgrund
der aktiven Unterstützung „profitsüchtiger Großunternehmer" auch in
den Entwicklungsländern verbreitet sei, ergibt sich für Khalatbari im

nächsten Schritt besagte „potentielle Gefahr für den Weltfrieden". Von einigen sprachlichen Versatzstücken abgesehen, unterscheidet sich diese Schilderung kaum noch von den Horrorszenarien eines Hugh Moore oder Paul Ehrlich. Khalatbaris Verachtung gegenüber dem „Lumpen-'Proletariat'" ist das Gegenstück zum Ekel vor Schmutz und Armut, der in der Medienberichterstattung zum Thema „Überbevölkerung" breiten Raum einnimmt. Abhilfe vorm drohenden Weltuntergang verspricht er sich nur noch von einer „solidarischen Weltgemeinschaft und einer Weltregierung". Dabei sieht auch er, ähnlich wie Schubnell, sich und seinesgleichen in einer Art Erzieherfunktion, wenn er mit der Frage schließt: „Können wir die tiefverwurzelten Vorurteile von sechs Milliarden Menschen in absehbarer Zeit radikal abbauen und ihre Verhaltens- und Denkweise an die Bedingungen unserer immer kleiner werdenden Welt anpassen"?[103]

Ökologie, Humanökologie und „Überbevölkerung"

Seit den frühen 70er Jahren trat an die Stelle der Auffassung, wonach die „Dritte Welt" Erziehungsobjekt der „Ersten" sei, schrittweise das Paradigma der „globalen Verantwortung". Dieser Wandel vollzog sich vor dem Hintergrund eines wachsenden Umweltbewußtseins in Westeuropa und den USA. Die Ökologie wurde zu einer neuen Leitwissenschaft, die den Anspruch erhob, die Probleme der Welt ebenso zu definieren wie Wege zu deren Lösung anzubieten oder zumindest „eine verbindliche Orientierung für die vielfältigen Krisen des ausgehenden Jahrhunderts, die in der ökologischen Krise zu kulminieren scheinen".[104] Damit einher ging der Trend zu einer globalen Betrachtungsweise nicht nur der ökologischen, sondern auch der Bevölkerungsfrage. Vom „Raumschiff Erde" war die Rede, derzufolge die Erde ein geschlossenes ökologisches System ist, das sowohl in bezug auf die Ressourcen, als auch hinsichtlich der Fähigkeit zur Regeneration bei ökologischer Belastung begrenzt ist. Die Metapher vom „Raumschiff Erde" brachte die Vorstellung einer „Zwangs-Interessensgemeinschaft aller Menschen der Welt"[105] zum Ausdruck.

Vor dem Hintergrund solcher Vorstellungen hat sich erst vor kurzem eine große Koalition vom Journalisten Franz Alt über Joschka Fischer bis zur Deutschen Stiftung Weltbevölkerung zusammengefunden, um mittels eines Ökologischen Marshallplans die Erde vor Klimakatastrophe, Artensterben und Bevölkerungswachstum gleichermaßen zu retten.[106]

Im Jahr 1972 erschien das Buch von Paul und Anne Ehrlich „Bevölkerungswachstum und Umweltkrise" in deutscher Übersetzung. Das
Biologenpaar warnte vor einem ganzen Konglomerat von Katastrophen:
vor den Folgen der Umweltverschmutzung ebenso wie vor einer drastischen Reduzierung der Artenvielfalt; die Erschöpfung der Energiequel-
len sowie der nicht-erneuerbaren Ressourcen entziehe künftigen Generationen die Existenzgrundlage. Hungerkatastrophen seien zu befürchten, Aufstände und vor allem Kriege, wahrscheinlich sogar ein Atom-
krieg. Die Ursachen für diese Katastrophen seien vielfältig miteinander
verknüpft; die größte Bedrohung allen irdischen Lebens gehe jedoch
vom „explosiven" Bevölkerungswachstum aus. Trotz dramatischer
Weltuntergangsprophezeiungen endeten die Ehrlichs mit dem, was sie
„ein positives Programm" nannten. Sie forderten, daß „die Regierung
der Vereinigten Staaten ihre Verantwortung wahrnimmt und das Wachstum der amerikanischen Bevölkerung stoppt." Sobald die USA damit
begonnen (!) hätten „im eigenen Hause Ordnung zu schaffen, können
sie dazu übergehen, die Probleme der Rückentwicklung (de-development)
der übrigen Industrieländer, der Bevölkerungskontrolle und des ökologisch begrenzten partiellen industriellen Aufbaus in den Entwicklungsländern ins Auge zu fassen."[107]

Die US-Regierung, so Paul Ehrlich in einem Interview mit der Zeitschrift *Playboy*, müsse propagieren, daß jede amerikanische Familie, die
patriotisch gesinnt sei, nicht mehr als zwei Kinder haben dürfe. „Heute
kontrollieren die Gesetze bereits die Zahl der Ehefrauen, die man haben
darf, und wenn es notwendig ist, werden sie auch die Zahl der Kinder
festlegen."[108] Er hoffe zwar, so Ehrlich weiter, daß die Senkung der Geburtenzahlen auf freiwilliger Basis möglich sein werde, der Tenor seiner
Ausführungen ist jedoch ein anderer: Zur Not müsse eben Gewalt angewandt werden. Auf jeden Appell an Freiwilligkeit und Aufklärung folg-
ten immer wieder neue Katastrophenszenarien und anschließend das
Inbetrachtziehen von Zwangsprogrammen. Die Zugabe chemischer Verhütungsmittel zum Trinkwasser, so erwog Ehrlich beispielsweise, sei
zwar massenhaft wirksam, habe jedoch den Nachteil, daß sie undiffe-
renziert auch sehr junge und alte Menschen treffen würde, von denen ohnehin keine Kinder zu erwarten seien. In seinem 1973 erschienen Buch
„Die Bevölkerungsbombe" verkündete Ehrlich aber schon im Prolog:
„Wir müssen die Geburtenregelung bei uns einführen, wenn irgend möglich durch ein System von Anreiz und Bestrafung, notfalls auch durch
Zwangsmaßnahmen. (...) Wir können es uns nicht länger leisten, nur

die Symptome dieser Krebsgeschwulst Bevölkerungszunahme zu behandeln. Die Geschwulst selbst muß entfernt werden. Geburtenregelung ist die einzige Antwort."[109]

Paul Ehrlich hatte seit jeher eine intime Nähe zur US-amerikanischen Bevölkerungslobby. Bei allem wissenschaftlichen Anspruch war er sich für keine noch so platte bevölkerungspolitische Propaganda zu schade. Sein Buch „Die Bevölkerungsbombe" ist eine abenteuerliche Mischung aus ökologischen Erkenntnissen, politischen Schlußfolgerungen und einer Projektion der eigenen Ängste auf den ganzen Planeten und die Zukunft der Menschheit. Als Populationsbiologe läßt er seinen Blick von den Wanderratten über die Stubenfliegen zu *den* Kolumbianern schweifen. So erfährt man von Ehrlich, daß in Kolumbien „jedes Kind die unerträgliche finanzielle Last der Familie und die Verzweiflung der Mutter" vergrößert. „Das Verhängnis beginnt mit wirkungslosen einheimischen Mitteln zur Empfängnisverhütung, es folgen Abtreibungen durch Quacksalber und Kurpfuscher, Kindsmord, Frigidität, und am Ende steht nur allzuoft der Selbstmord."[110]

Die Darstellung von Menschen (insbesondere denen außerhalb Westeuropas und Nordamerikas) als wimmelndes Getier fördert den Fatalismus. Obwohl bisweilen ins Groteske übertrieben, enthalten die Schreckensszenarien immer auch Versatzstücke einer realen Problembeschreibung, und nicht jede Katastrophenprognose, die zu (bevölkerungs-)politischen Zwecken funktionalisiert wird, ist deswegen frei erfunden.[111] Das Problem liegt gerade in dem Sammelsurium von Fakten, Meinungen und politischen Konsequenzen, die daraus gezogen werden sowie in der Anmaßung, biologische Antworten auf gesellschaftliche Fragen geben zu können.

Hans Magnus Enzensberger hat das Programm der Ehrlichs 1973 einer Kritik unterzogen, die sinngemäß auch auf die unzähligen anderen Studien zutrifft, die die ökologische und die Bevölkerungsfrage miteinander verknüpfen. Die Ökologie als Teildisziplin der Biologie, so Enzensberger, sei angetreten, um die wechselseitige Abhängigkeit und Balance zwischen verschiedenen Bewohnern eines Ökosystems zu analysieren. Erst als sie den Menschen in ihre Betrachtungen mit einbezog, mit Entstehung der „Humanökologie" also, sei „dieser Wissenschaft ein Totalitätsanspruch zugewachsen (...), dem sie in keiner Hinsicht gewachsen ist. Je größer die Tragweite ihrer Ergebnisse, desto geringer ihre Zuverlässigkeit." Indem die Humanökologie komplexe, gesellschaftlich vermittelte Beziehungen zwischen Mensch und Umwelt auf Biologisches reduziere, werde sie dem eigenen Hegemonieanspruch nicht gerecht und kapituliere vor der Größe der Probleme, die sie selbst aufgeworfen habe.[112] Natur- und sozialwissenschaftliche Kategorien und Methoden würden unreflektiert nebeneinanderher angewandt. Unter dem Druck der öffentlichen Diskussion und unter Verweis auf die Dringlichkeit des Ziels erlangten die Aussagen der Ökologen trotz des methodischen Wirrwarrs mehr und mehr prognostische Züge. Der Mensch als Gegenstand der Humanökologie wird nicht als gesellschaftlich geprägtes Wesen begriffen, sondern Erkenntnisse aus der Forschung an Ameisen, Ratten oder Fruchtfliegen auf ihn übertragen. „Die gesellschaftliche Neutralität", so Enzensberger weiter, „welche die ökologische Argumentation für sich in Anspruch nimmt, indem sie auf naturwissenschaftliche Beweisstrategie rekurriert, ist eine Fiktion".[113] Gerade die Metapher vom Raumschiff Erde aber verfestigt die Vorstellung des „Wir sitzen alle in einem Boot" und verleugnet so den „Unterschied zwischen Erster Klasse und Zwischendeck, Kommandobrücke und Maschinenraum."

Die ökologischen „Sofortprogramme", wie Anne und Paul Ehrlich sie aufstellen, charakterisiert Enzensberger als ein „Abziehbild politischer Idiotie": Zunächst werde akribisch der Untergang ausgemalt, so „daß man sich nach der Lektüre (...) darüber wundert, mit welcher Beharrlichkeit nach wie vor Kinder geboren und Pensionsregelungen entworfen werden. An das Ende ihrer Traktate, in denen die Unvermeidlichkeit des Endes (der Industrialisierung, der Zivilisation, des Menschen, des Lebens auf dem Planeten) überzeugend dargetan, wenn nicht bewiesen wird, hängen sie jedoch ein Kapitel an, in dem sie betonen, daß es auch anders geht. (...) Dabei steht die Entsetzlichkeit der angekündigten Katastrophe in einem merkwürdigen Gegensatz zu der Harmlosigkeit der Ermahnungen, mit denen wir entlassen werden. (...) Sie bleiben folgenlos wie das Wort zum Sonntag." Obwohl gigantische Veränderungen prognostiziert würden, erscheine jeder fundamentale Eingriff ins politische System der USA undenkbar. „Dieses System wird vielmehr als konstanter, unwandelbarer Faktor in seine (Ehrlichs) Kalkulationen eingebracht, und zwar nicht so wie es ist, sondern so, wie es dem weißen Angehörigen der Mittelklasse erscheint, also in seiner bis zur Unkenntlichkeit ideologisierten Gestalt. Klassenwidersprüche und Klasseninteressen werden durchweg verleugnet. Der parlamentarische Mechanismus der Wahlen wird ohne weiteres als funktionstüchtiges Mittel betrachtet, mit dem alle denkbaren Konflikte gelöst werden können; es handelt sich nur darum, die richtigen Kandidaten ausfindig zu machen."[114] Soweit Enzensberger im Jahr 1973.

Zwar gilt das System der parlamentarischen Demokratie als unveränderlich; dennoch werden immer wieder autoritäre „Lösungen" für die vielbeschworenen Krisen nahegelegt oder auch gefordert, in deren Zentrum die „Überbevölkerung" steht. Das rigide „Durchgreifen" gilt als „Notwehr", mittels derer die Menschheit – unabhängig vom konkreten Gesellschaftssystem – ihren zukünftigen Bestand sichern muß. Vor diesem Hintergrund erscheint schließlich alles erlaubt und umfaßt der „Konsens der Demokraten" (im industrialisierten Norden) auch diktatorische Maßnahmen (meist auf der anderen Halbkugel). Die Prognosen der Ehrlichs sind aus einem anderen Blickwinkel auch von verschiedenen Ökonomen kritisiert worden, die die pessimistische Einschätzung der Folgen wirtschaftlichen Wachstums nicht teilen. Einer von ihnen ist Julian Simon, ein Wirtschafts- und Bevölkerungswissenschaftler aus den USA, der insbesondere der Annahme von einer bevorstehenden Erschöpfung der mineralischen Rohstoffe widersprach. Als Nachweis galt ihm die Tatsache, daß die Preise für die meisten Rohstoffe nicht gestiegen, sondern vielmehr gefallen waren, diese folglich nach den Gesetzen des Marktes nicht knapper geworden sein könnten. 1980 schloß Simon mit Paul Ehrlich eine viel beachtete Wette ab, daß die Rohölpreise im nächsten Jahrzehnt real fallen würden. Simon gewann.[115] *

Fünfundzwanzig Jahre nach den Schreckensszenarien der Eheleute Ehrlich sind deren Ansichten weitgehend zum Gemeinplatz in der Diskussion um Ökologie und Bevölkerung geworden. In den USA hat die Überzeugungskraft der Katastrophenszenarien ausgereicht, um 1985 ein breites Bündnis zwischen Umweltgruppen und Bevölkerungslobby entstehen zu lassen, das sich die Bekämpfung von Umweltzerstörung und Bevölkerungswachstum zum Ziel gesetzt hat.[116]

Trotz aller scharfsinnigen Kritik hat sich der Biologismus in der Gesellschaftswissenschaft ebenso wie in der Politikberatung einen festen Platz erobert. Dazu beigetragen haben nicht zuletzt die zahlreichen Globalstudien über die Begrenztheit der Ressourcenvorräte, die zunehmende Umweltverschmutzung und das Bevölkerungswachstum, die seit den 70er Jahren entstanden sind und von denen hier nur die be-

---

* Die Wette macht trotz der gegenteiligen Auffassungen von Simon und Ehrlich auch deren Gemeinsamkeiten (sowie die Begrenztheit von Simons Kritik) deutlich: Offenbar sind beide so sehr davon überzeugt, daß Angebot und Nachfrage den Preis bestimmen, daß sie steigende Preise als Beweis für knapper werdende Rohstoffe ansehen. Gerade die Rohölpreise waren jedoch in der Vergangenheit häufig ganz offenkundig mehr von politischen Faktoren bestimmt als von den Marktgesetzen.

kanntesten genannt werden können: Der Club of Rome, ein Verein illustrer Männer aus Industrie und Wissenschaft, gab 1972 den vom Massachusetts Institute of Technology erarbeiteten Bericht „Die Grenzen des Wachstums" heraus[117]; im Jahr 1979 erschien die Studie „Global 2000: Bericht an den Präsidenten", zwei Jahre später der sogenannte Brandt-Report „Das Überleben sichern" als Bericht der Nord-Süd-Kommission. Der Brundtland-Report führte 1987 eine neue Komponente in die Debatte um Ressourcen und Bevölkerung ein: Die Idee der „nachhaltigen Entwicklung" ist seither zum festen Bestandteil ökologischer und ökonomischer Entwicklungsmodelle geworden. Ziel ist eine Entwicklung, so der Brundtland-Report, „die die Bedürfnisse der Gegenwart befriedigt, ohne zu riskieren, daß zukünftige Generationen ihre eigenen Bedürfnisse nicht befriedigen können".[118] Dazu sei eine umweltschonende Technologie und ein moderates Wirtschaftswachstum ebenso erforderlich wie die Reduzierung des Bevölkerungswachstums mittels Armutsbekämpfung und Familienplanung. Armut wird als Ursache für das Bevölkerungswachstum im Süden angesehen, das ebenso zur ökologischen Krise beitrage wie der verschwenderische Umgang mit den Ressourcen im reichen Norden. Zwar werden Reichtum im Norden und Armut im Süden als wechselseitig bedingt angesehen, doch: „die Rhetorik löst sich auf" so eine Kritikerin, „sobald Lösungsansätze diskutiert werden. Moralische Maßhalteappelle und vage Formulierungen dessen, was tragfähiges Wachstum sein soll, ersetzen definitive Aussagen zum grundsätzlichen 'Umbau der Industriegesellschaft'. So bietet das Tragfähigkeitskonzept seinen Rezipienten – der Weltbank, den Vereinten Nationen oder zum Beispiel den Nichtregierungsorganisationen (NROs) – eine Auslegung nach Maßgabe des jeweiligen politischen Standpunkts."[119] Sowohl die Definition von „nachhaltiger Entwicklung" als auch die Antwort auf die Frage, was zu deren Realisierung zu tun sei, hängt vom Standpunkt des Betrachters ab. So variieren die Positionen, welche Ressourcen als knapp und lebenswichtig für künftige Generationen angesehen werden ebenso wie die Ansichten darüber, ob die Veränderung der Umwelt nicht auch unter dem Gesichtspunkt ihrer sozialen Konsequenzen betrachtet werden müßte. Wenn zum Beispiel Abholzungen zugunsten eines Staudammprojekts durch Anpflanzungen an anderer Stelle kompensiert werden, so könnten sie – unter ökologischen Gesichtspunkten – als „neutral" gelten. Unbedenklich sind sie deswegen noch lange nicht: Wenn die Frauen in den angrenzenden Dörfern aufgrund der Abholzungen gezwungen werden, zum Feuerholzsammeln einen wesentlich weiteren Weg zurückzulegen, so kann von „Neutralität" keine Rede mehr sein.

Wichtig ist in diesem Zusammenhang vor allem, daß die Globalanalysen „Entwicklung" ebenso wie Umweltverschmutzung und Ressourcenverbrauch als meßbare Größen behandeln. Sie haben so zu der Erkenntnis beigetragen, daß die Menschen in den Industrieländern die Ressourcen im Pro-Kopf-Durchschnitt weit mehr beanspruchen, als diejenigen in den Ländern des Südens. Auf diese Weise werden aber nicht nur die Unterschiede zwischen Arm und Reich innerhalb der westlichen Metropolen ignoriert, vielmehr werden die verschiedenen „Maßeinheiten" als kompatibel angesehen: Demnach wäre also eine Verordnung zur Reduzierung des CO_2-Ausstoßes im privaten Autoverkehr gleichermaßen ein Beitrag zur „Nachhaltigkeit" wie eine Familienplanungskampagne oder die Einführung von Langzeitverhütungsmitteln in einem asiatischen Land. Eben dies aber müßte eigentlich dazu führen, die Frage nach den Machtverhältnissen zu stellen, die in fast allen Globalstudien ausgeblendet bleibt: Wer hat die ökonomische oder politische Macht, wem welche Vorschriften zur Rettung des Planeten zu machen? Die Kritik trifft nicht nur auf die Globalstudien, sondern auch auf Studien über nachhaltiges Wirtschaften in einzelnen Industriestaaten zu.[120] Die Szenarien abstrahieren in der Regel ebenso von den politischen Machtverhältnissen wie von den Geschlechterverhältnissen und den Unterschieden zwischen Frauen und Männern im Umgang mit den Ressourcen.

Das Denken in Globalkategorien hat die Vorstellung gefördert, daß „Bevölkerung" ein Faktor sei, der in die Welt-Ressourcen- und Verschmutzungsgleichung mit einbezogen werden müsse. Daraus ist meist im nächsten Schritt abgeleitet worden, daß Bevölkerungspolitik im Zentrum aller Maßnahmen zur Sicherung der ökologischen Zukunft stehen müsse – in erster Linie selbstverständlich in denjenigen Ländern, in denen das Bevölkerungswachstum besonders hoch ist.

Diese Sichtweise hat sich auch in der neueren bevölkerungspolitischen Diskussion in der Bundesrepublik durchgesetzt. Von Ende 1991 bis zur Jahresmitte 1992 hat das Deutsche Institut für Fernstudien an der Universität Tübingen in seiner populären Funkkolleg-Reihe einen Kurs über Humanökologie, Weltbevölkerung, Ernährung und Umwelt angeboten. Die HörerInnen konnten das Pensum der 30 Radiosendungen zu Hause mit Hilfe von „Studienbriefen" vertiefen, bei denen ihnen am Ende jeder Lektion die Essentials und zentralen Begriffe noch einmal abgefragt wurden; bisweilen wurden Begleitkurse in Volkshochschulen angeboten und wer wollte, konnte am Ende eine Prüfung ablegen, die in fachverwandten Studiengängen anerkannt wurde. Zum wissenschaftlichen Team, das die Studienunterlagen erstellte, gehörte Herwig Birg. Von seiner Ausbildung her Maschinenbauer und Volkswirt war Birg in den 70er Jahren zeitweilig am Deutschen Institut für Wirtschaftsforschung beschäftigt und ist seit 1981 Direktor des Instituts für Bevölkerungsforschung der Universität Bielefeld. Er ist Ordentliches Mitglied der Akademie für Raumordnung und Landesplanung sowie in verschiedenen wissenschaftichen Gesellschaften, darunter auch der Deutschen Gesellschaft für Bevölkerungswissenschaft, vertreten; vorübergehend engagierte er sich auch in der bevölkerungspolitischen Lobby-Arbeit, bei der Deutschen Stiftung Weltbevölkerung.[121]

Zwar widerspricht Birg manchen in der Überbevölkerungspropaganda gängigen Glaubensgrundsätzen wie etwa der immer wieder hartnäckig wiederholten Behauptung, daß die „landwirtschaftliche Tragfähigkeit" (also die Möglichkeiten zur Steigerung der Nahrungsmittelproduktion) erschöpft sei. Er geht davon aus, daß eine Reduzierung des Energieverbrauchs etwa um ein Prozent in den Industrieländern „eine viermal größere Energieeinsparung in der Weltenergiebilanz für 1990 zur Folge hätte als eine Verringerung des Bevölkerungszuwachses in den Entwicklungsländern z.B. von 2% auf 1%".[122] Dennoch ist auch für Birg wie für die meisten Funkkolleg-AutorInnen klar, daß es der „demographische Problemdruck" ist, der in den „Entwicklungsländern" Mangel- und Unterernährung ebenso verursacht wie Landflucht, Massenarbeitslosigkeit, Kriminalität, Prostitution, politische Instabilität und Kriege sowie „Problemdruck in den Industrieländern durch massenhafte Einwanderungen".[123]

Bedroht sind nach Birgs Ansicht die Industrieländer jedoch nicht nur von den Bevölkerungsentwicklungen in anderen Ländern, sondern auch von denjenigen innerhalb der eigenen Grenzen: Die Bevölkerungsschrumpfung in Deutschland gefährde nicht nur die Renten, sondern werde auch zur Folge haben, daß die Deutschen in absehbarer Zeit in vielen Großstädten ihres Landes zur Minderheit unter der großen Zahl von Ausländern und Asylbewerbern würden.[124] Mit anderen Worten: Deutschland ist nach Ansicht eines seiner führenden Demographen von Über- und Untervölkerung gleichermaßen bedroht. Enzensberger hat für dieses Phänomen den Begriff der „demographischen Bulimie" geprägt und dazu ausgeführt: „Mit dem logischen Status von Wahnvorstellungen ist es so, daß zwei Phobien, die einander ausschließen, ohne weiteres in ein und demselben Gehirn Platz finden."[125]

Es liegt auf der Hand, daß die Tragfähigkeit des Planeten davon abhängt, *wie* die Menschen leben, wie sie mit der Erde, den Ressourcen umgehen, die ihnen zur Verfügung stehen. Fraglich ist zudem, ob die Tragfähigkeit der Erde – selbst mit differenzierten Computerprogrammen – überhaupt berechnet werden kann. (Die widersprüchlichen Rechenergebnisse legen eine negative Antwort nahe.)[126]

Obwohl in vielen Schriften zum Thema Bevölkerung und Umwelt davon ausgegangen wird, daß selbst geringfügige Veränderungen von Konsumgewohnheiten und Produktionsmethoden im Norden weit mehr zum ökologischen Schutz der Erde beitragen würden, steht am Ende der meisten Betrachtungen immer wieder die Forderung nach einer Einschränkung des Bevölkerungwachstums in den Ländern des Südens. Der logische Bruch in der Argumentation wird mit folgendem argumentativen Hilfsmittel überwunden, auf das schon die deutschen Ökonomen der frühen 40er Jahre im besetzten Osteuropa zurückgriffen, um Mord mit ökonomischer Rationalität zu rechtfertigen: Zum entscheidenden Kriterium für die „Überbevölkerung" wird das Pro-Kopf-Einkommen gemacht. Ist es niedrig, so die Annahme, müsse alles für die Grundbedürfnisse aufgewendet werden; es könne kein Kapital akkumuliert werden und die Wirtschaft stagniere oder rotiere im „Zirkel der Armut", den Birg auch „malthusianische Falle" nennt.[127] Schon der Maßstab des „Pro-Kopf-Einkommens" ist problematisch, denn er suggeriert, daß sich Wohlergehen (und damit wird ein hoher Lebensstandard oder ein hohes Pro-Kopf-Einkommen im westlichen Entwicklungsmodell gleichgesetzt) quantifizieren ließe und so alle verschiedenen Lebensweisen auf der Erde nach einem universal gültigen Maßstab miteinander verglichen werden könnten.[128] Zudem basiert die Argumentation auf sogenannten aggregierten makro-ökonomischen Größen: Das Pro-Kopf-Einkommen wird (ebenso wie die Nachfrage und andere Größen) im jeweiligen Landesdurchschnitt errechnet, wobei dann die erheblichen Unterschiede zwischen Angehörigen einer superreichen Oberschicht und Besitzlosen in der Statistik zu einem niedrigen Durchschnitt zusammengerechnet werden. „Der Begriff niedrige Nachfrage umfaßt z.B. für ein zentralafrikanisches Land die Nachfrage nach Mercedes-Luxus-Limousinen ebenso wie die Nachfrage einer Bauersfrau auf dem Markt nach Salz."[129] Auch die Annahme, daß die Kapitalbildung in den „Entwicklungsländern" dadurch verhindert wird, daß alle Überschüsse von einer wachsenden Bevölkerung konsumiert werden, ist eher fraglich. Häufig werden die Überschüsse zwar erwirtschaftet, nur nicht im Lande selbst produktiv investiert, sondern ins Ausland transferiert oder von Angehörigen der Oberschicht in Luxuskonsumgüter umgesetzt.[130] Zudem bleiben wichtige Bereiche der Volkswirtschaft wie etwa die Selbstversorgungslandwirtschaft ganz aus der Analyse ausgeklammert, weil die dort geschaffenen Werte nicht in Geld oder „Pro-Kopf-Einkommen" umgerechnet in die Statistik eingehen. „Den Anspruch, die Ursachen fortwährender Unterentwicklung aufgespürt zu haben und zu benennen, kann die 'Teufelskreis'-Argumentation nicht einlösen."[131]

Reiche Länder können nach dieser Logik gar nicht „überbevölkert" sein. Die Identifikation von Armut mit „Überbevölkerung" läßt die Forderung nach weitreichenden Eingriffen gegenüber den „überbevölkerten" Ländern umso gerechtfertigter erscheinen, weil ihre „Unfähigkeit", mit den Problemen des eigenen Landes fertig zu werden, scheinbar offenkundig ist. Bevormundung braucht daher nicht erst legitimiert zu werden, sondern wird von denen, die sie ausüben, als Hilfe verstanden. Ein Leser der *FAZ* dachte diese autoritäre Logik wie folgt weiter: „Können die 960 Millionen Analphabeten wirklich gleichberechtigt dazugehören? Muß nicht auch für die weiteren fünf Millliarden Menschen in den Entwicklungsländern (...) Vormundschaft übernommen werden? Es wird Zeit, daß die demokratisch regierten Industrienationen ihre Skrupel beiseite legen und sich zu einer Weltregierung aufschwingen, die sich von Wissen und Vernunft leiten läßt, um das Leben auf dem erreichten Niveau zu retten."[132]

Im Kontext der Ökologiedebatte ist auch das herkömmliche Verständnis vom Menschen, der sich die Erde untertan macht, hinterfragt worden. Die Kritik am anthropozentrischen Weltbild und die Anerkennung der Tatsache, daß der Mensch nur eine unter vielen Spezies sei, die die Erde bewohnen, gingen bisweilen seltsame Wege. So ist in ökobewegten Kreisen mitunter von „Bruder Igel" und „Schwester Linde" die Rede, die von der „Biomasse Mensch" bedroht würden.[133] Manche UmweltschützerInnen begreifen sich als Anwälte der Natur und glauben, diese gegen den Aggressor „Mensch" in Schutz nehmen zu müssen. Dabei wird der Mensch in Gegensatz zur Natur gestellt und – unabhängig von sozialen Verhältnissen und individuellem Verhalten – als wandelndes Zerstörungspotential begriffen.[134] Seine Vermehrung, das Bevölkerungswachstum, gilt als unnatürlich und als Gefahr für die Natur; und so erscheint jeder Eingriff – auch der in den Körper von Frauen in den Ländern des Südens – gerechtfertigt, um diese Gefahr abzuwenden.

Von einer Vorstellung des Menschen als biologisch determiniertem Lebewesen gehen auch die SoziobiologInnen und Verhaltensforscher-

Innen aus, deren Erkenntnisse im Kontext der Überbevölkerungsdebatte eine neue Popularität erfahren haben. Aggressivität, Egoismus, Machtstreben und ein „ausbeuterischer Drang" gegenüber der Natur sind nach Ansicht des Verhaltensforschers und Konrad-Lorenz-Schülers Irenäus Eibl-Eibesfeldt ebenso angeboren wie das Bestreben, den „Fortpflanzungserfolg" zu maximieren. Ähnlich wie in der Populationsbiologie wird zur Untermauerung dieser These der Mensch mit allen möglichen anderen Lebewesen von der Graugans bis zur Bakterie gleichgesetzt. „Organismen", so der Verhaltensforscher, „nutzen opportunistisch jede Chance, möglichst viele Nachkommen in die Welt zu setzen, und zwar ohne jede Voraussicht".[135] Mit einer etwas anderen Begründung nähert sich die Soziobiologie so wieder an die Positionen von Malthus an: „Überbevölkerung" als Ausdruck eines ehernen Naturgesetzes entwickelt sich quasi von allein, es sei denn, dem menschlichen Trieb wird Einhalt geboten. Was zunächst noch als purer Biologismus erscheint, geht im Fall des Biologen Eibl-Eibesfeldt auch in offenkundigen Rassismus über, wenn vom Geburtenrückgang in Europa die Rede ist. Dieser wird nicht als Linderung des zuvor rein biologisch begründeten Bevölkerungsproblems begrüßt, sondern als erster Schritt zum Aussterben eines Volkes gefürchtet. Mögliche positive Auswirkungen sinkender Geburtenraten werden laut Eibl-Eibesfeldt von einer „völlig irrationalen Einwanderungspolitik zunichte gemacht", die zudem die Gefahr „massiver biologischer Unterwanderung" mit sich bringe.[136]

Migration, „Geburtenkontrollvorbehalt" und Gewalt

In den 70er und 80er Jahren war die drohende Ökokatastrophe das Argument Nummer Eins für eine Begrenzung des Bevölkerungswachstums. In den letzten Jahren hat die Angst vor einer Massenmigration eine fast ebenso große Bedeutung erlangt. Die Befürchtung, Migrations- und Flüchtlingsbewegungen könnten soziale Unruhe erzeugen und damit den Frieden gefährden, hat in verschiedenen historischen Situationen immer wieder eine Rolle gespielt.[137] Nicht immer ist dabei die Grenze zwischen der Angst vor Krieg und der vor einer „rassischen Durchmischung" oder „Überfremdung" ganz deutlich.[138] Ein Indiz dafür ist heute die unterschiedliche Bewertung der Migration, je nachdem ob es Deutsche (Aussiedler aus Osteuropa oder vor 1989 sogenannte Übersiedler aus der DDR) und Menschen aus den europäischen Nachbarstaaten sind, die einwandern, oder „Menschen aus ganz anderen Kulturkreisen, nämlich aus Afrika und Asien." Durch den „Einwanderungsdruck" würden die EG-Staaten starken Belastungsproben ausgesetzt, bei denen der Vorsitzende der Deutschen Gesellschaft für Bevölkerungswissenschaft, Karl Schwarz, nur noch die Alternative zwischen Anpassungsdruck und Ausgrenzung sieht: „eine Entscheidung zwischen einer rigorosen Assimilationspolitik und einer Politik (...), die sich mit ghettoähnlichen Erscheinungen abfindet."[139] Die Tatsache, daß in Deutschland nicht nur Deutsche leben, ist nicht nur für Schwarz ganz selbstverständlich eine „Belastung". Auch in den offiziellen Bevölkerungsstatistiken werden Deutsche, „Aussiedler", „Ausländer" und „Asylbewerber" getrennt erfaßt.

Bedrohungsszenarien, wonach Kriege, ökologische Katastrophen oder politische Umbrüche gigantische Flüchtlingsbewegungen zur Folge haben könnten, die über Westeuropa hinwegrollen, sind jeder Zeitungsleserin geläufig. Das apokalyptische Vokabular ist so abgegriffen, daß der Horror, den die Artikel erzeugen sollen, oft schon verfliegt, noch ehe die Zeitung beiseite gelegt ist. Ebenso wie bei anderen Katastrophenszenarien erzeugt auch hier die Unermeßlichkeit des Schreckens eine Mischung aus Abstumpfung, Resignation und Hoffnung auf (autoritäre) Großlösungen (Weltregierung, „hartes Durchgreifen", starke Männer etc.).

Die Annahme, daß Migration eine Gefahr darstelle, wird in der Regel auch in der bevölkerungswissenschaftlichen Literatur nicht mehr begründet, sondern als selbstverständlich angenommen. Die düsteren Visionen in punkto Migration beziehen ihre Substanz vor allem aus der Vorstellung, daß die massenhafte Bevölkerungsbewegung ungeplant und ohne Unterscheidung zwischen erwünschten und unerwünschten Zuwanderern vonstatten gehen könnte.

Auch der Bamberger Bevölkerungswissenschaftler Joseph Schmid geht selbstverständlich davon aus, daß die „fortschreitende Ethnifizierung" der Gesellschaft ein Problem darstelle, das das „Zerbröseln des soliden Nationalstaats und seiner Berechenbarkeit" zur Folge hat. In Frankreich, Großbritannien, den USA und Deutschland sieht er die „Ethnizität" ihre zerstörerische Wirkung entfalten. Die drei erstgenannten Länder sind ihr laut Schmid vor allem dadurch ausgeliefert, weil dort die Staatsangehörigkeit nach dem Territorialprinzip geregelt ist (also alle, die auf dem Territorium des jeweiligen Staates geboren sind, unabhängig von der Abstammung auch die entsprechende Staatsangehörigkeit haben) und so sozialpolitische Leistungen schwerer nach ethnischen Kriterien gestaffelt werden können: „Nun lächelt in Frankreich die algerische Frau, wenn sie die für die europäische Französin erdachten enormen Leistungen für das dritte Kind kassiert". Aber auch in Deutschland sieht der Bamberger Demograph ein „generöses Kindergeld" als problematisch an – mit einer Begründung, die die Ausländerfeindlichkeit nur noch dürftig unter dem Mäntelchen der Wissenschaft verhüllt: „Nicht nur, daß es die Ethnien anwachsen läßt, weil ihr 'generatives Verhalten' andere Wurzeln hat und auf Hartwährung noch reagiert, auch die Kindererziehung kann in eine desintegrative Richtung gehen und das deutsche Kindergeld zweckentfremden. Unter den sechshunderttausend Kurden dürfte kaum eine Mutter sein, die ihre fünf bis acht Kinder im Hinblick auf deren Einbürgerung zu deutschen Jungen und Mädchen erzieht." Josef Schmid war der erste Wissenschaftler, der an einer bundesdeutschen Universität einen Lehrstuhl für Demographie erhalten hat. Für ihn steht fest, daß Einbürgerung kein Weg zur Konfliktminderung sein kann und bei der Definition der deutschen Staatsangehörigkeit am Abstammungsprinzip, dem ius sanguinis, festzuhalten sei. Denn: „Es ermöglicht am ehesten die 'Anerkennung von Anderssein', weil den Kampf ums Gleiche ein friedenstiftender Zaun mildert. Gerade diesen würde eine egalitäre Philosophie niedertrampeln und den Kessel zum Brodeln bringen."[140]

Während für Schmid und andere die Migration demographische Auswirkungen hat, ist sie für Hartmut Dießenbacher, zunächst Alters- und später Genozidforscher an der Universität Bremen, demographisch bedingt. Als Folge des Bevölkerungswachstums, so Dießenbacher, üben heute die „Wirtschaftsflüchtlinge" – er unterscheidet zwischen „Fluchtwilligen" und „Fluchtfähigen, die jederzeit vom Wanderungssog erfaßt werden können" – einen „Wanderungsdruck" auf die Industrieländer aus. Weil sie an den Grenzen abgewiesen werden, kehren sie in ihre Heimat zurück, wo frustrierte Hoffnungen und Sozialneid sie in einen Bürgerkrieg oder eine bewaffnete Bande hineintreiben. Durch die Teilnahme an einer bewaffneten Konfrontation „verwandeln" sie sich in politisch Verfolgte, die dann in Europa aufgrund des Asylrechts aufgenommen werden müssen – so schrieb Dießenbacher 1993 vor der drastischen Einschränkung des Asylrechts in Deutschland.[141] In seiner Skizze schert Dießenbacher alle politischen Konflikte in Lateinamerika, Afrika und Asien, von Burma, über Sri Lanka, den Sudan, Ruanda und Zimbabwe bis hin nach El Salvador und Costa Rica über einen Kamm, – den „Bevölkerungsdruck". Migrantinnen und Migranten erscheinen so nicht mehr als handelnde Subjekte, sondern werden vom „Sog" gezogen oder vom „Druck" getrieben. Ähnliche Katastrophenszenarien finden sich in den letzten Jahren immer wieder in der Presse – aus ganz unterschiedlichen Federn. Von der jeweils konkreten politischen und wirtschaftlichen Siutation in einem Land wird so weit abstrahiert, daß sich schließlich alle Länder ähneln, die für die europäische Leserschaft (geistig oder geographisch) „weit weg" sind. Nur in dieser Vergröberung bis zur Unkenntlichkeit läßt sich alles Übel auf eine Ursache zurückführen. In einem Heft mit dem Titel „Sprengstoff Mensch" wurde in der Zeitschrift *Geo* die Beteiligung von Frauen am Befreiungskampf in Eritrea ebenso als eine „typische Folge der Überbevölkerung" dargestellt wie der Golfkrieg. Denn: „Kriege brechen letzten Endes aus, wenn zu viele Menschen um begrenzte Ressourcen konkurrieren."[142] Für den *Spiegel*-Reporter Carlos Widmann hat auch der Kampf von Zapatisten und Indios im mexikanischen Chiapas mehr mit der „Überbevölkerung" zu tun als mit den ungerechten wirtschaftlichen Strukturen. Der katholische Bischof Don Samuel Ruiz ist für den Journalisten daher auch doppelt schuldig: weil er die chiapatekischen „Terroristen" im Kampf gegen die Ungerechtigkeit moralisch unterstützt und als Repräsentant der Katholischen Kirche, der keine Geburtenkontrolle predigt.[143]

Die Vorstellung, wonach Krieg auf Migration und diese wiederum auf Bevölkerungswachstum zurückzuführen ist, schlägt sich verschiedentlich auch in Politik nieder. So schrieb das Bundesministerium für wirtschaftliche Zusammenarbeit in sein bevölkerungspolitisches Konzept den Satz: „Schließlich kann besonders hoher Bevölkerungsdruck unkontrollierte Wanderungsbewegungen in andere Länder und damit außenpolitische Konflikte auslösen, die den Weltfrieden gefährden können."[144] Hartmut Dießenbacher möchte den Quasi-Automatismus von Migration und Krieg, den er sich ausmalt, mittels einer „Eindämmung des Bevölkerungswachstums um jeden Preis" durchbrechen und so „das überfüllte Boot vorm Kentern bewahren". Die Parteiendemokratie erscheint ihm dabei „keine Garantie für Bevölkerungsreduzierung. Oft sind autoritäre Regime wie Singapur dabei erfolgreicher." Diese Einschätzung ist weit verbreitet und wird insbesondere in bezug auf China häufig geäußert. Obwohl allgemein bekannt ist, daß zum Repertoire der dortigen Bevölkerungspolitik auch Zwangsabtreibungen in einem weit fortgeschrittenen Stadium der Schwangerschaft gehören, wird dieser Politik doch immer wieder ob ihrer Effizienz Hochachtung gezollt oder gar der Zwangscharakter als Ausdruck kultureller Eigenart bagatellisiert.[145]

130

Die Regierungen der reichen Länder sollten laut Dießenbacher alle Beziehungen zu den Ländern mit „Bevölkerungsdruck" unter einen „Geburtenkontrollvorbehalt" stellen. „Wirtschafts- und Handelsverträge, Waffenlieferungen, Schuldenerlasse, Zollabkommen, Entwicklungshilfen aller Art sind an den Nachweis wirksamer Geburtenkontrolle zu binden."[146]

Die Unterscheidung zwischen denjenigen, die sich bevölkerungspolitische Eingriffe selbstverständlich gefallen lassen müssen und den anderen, denen man so etwas nicht zumuten kann, kommt auch in dem Bericht der deutschen Bundesregierung für die Weltbevölkerungskonferenz in Kairo zum Ausdruck. Darin hat die Regierung die Bevölkerungspolitik in den Ländern des Südens zum Schwerpunkt ihrer Entwicklungszusammenarbeit in den 90er Jahren erklärt. In Deutschland gibt es dagegen nach Regierungsverlautbarungen keine Bevölkerungspolitik – allenfalls Familienpolitik, mit der jedoch keine bevölkerungsrelevanten Ziele verfolgt würden.[147] In der Bundesrepublik soll eine ungünstige demographische Entwicklung („Überalterung", Bevölkerungsrückgang und als Folge davon Arbeitskräfteknappheit) durch politische Maßnahmen in anderen Bereichen kompensiert werden; für die Länder des Südens gilt dagegen als selbstverständlich, was schon bei der ersten Weltbevölkerungskonferenz in Genf auf der Tagesordnung stand: die Anpassung der „Variablen Bevölkerung" an das von Ökonomen errechnete Optimum. Bundesinnenminister Manfred Kanther hat auf der Weltbevölkerungskonferenz die doppelten Standards in aller Offenheit bestätigt. Beim Kurzbesuch in Kairo machte der sechsfache Vater klar, daß man in Sachen Bevölkerungspolitik zwischen Nord und Süd „deutlich trennen" müsse.[148] Auf die eigenen sechs Kinder angesprochen, meinte er, Bevölkerungskontrolle sei nur etwas für die Länder im Süden.[149]

Zu den wenigen Autoren, die auf ethische Fragen der Bevölkerungspolitik nicht nur beiläufig eingehen, gehört Klaus Leisinger.[150] Der Professor für Entwicklungssoziologie und Leiter der Ciba-Geigy-Stiftung[151] für Zusammenarbeit mit den Entwicklungsländern fordert eine „ethisch vertretbare Bevölkerungspolitik" und stellt dafür Kriterien auf: Keine Zwangsmaßnahmen, keine „targets" (Zielvorgaben), keine Prämien für die Teilnahme an oder Anwerbung für Familienplanungsprogramme, umfassende Information über und Zugang zu sicheren und nicht-gesundheitsschädlichen Verhütungsmitteln, informiertes Einverständnis bei jedem körperlichen Eingriff, generell „good governance" – um nur einige zu nennen. Da jedoch diese Bedingungen in den meisten Staaten, in denen Bevölkerungspolitik betrieben wird, nicht realisiert sind, müßte sich für Leisinger eigentlich schon nach seinen eigenen Kriterien eine Regulierung der Bevölkerungszahl verbieten. Stattdessen aber relativiert er die eigenen ethischen Maßstäbe ebenso wie die Forderung nach Einhaltung der Menschenrechte im Bereich der Bevölkerungspolitik und stärkt damit die Macht von Staaten, denen er eigentlich zutiefst mißtrauen müßte: „Auch eine Beschränkung der Fortpflanzungsfreiheit – sollte sie als ultima ratio tatsächlich unausweichlich sein – muß hingeordnet sein auf das Ziel einer menschengerechten Entwicklung in Würde und Freiheit. Bei Zielkonflikten besteht die Verpflichtung, so zu handeln, daß jegliche Einschränkung eine zeitlich befristete Ausnahme und das kleinere Übel darstellt."[152] An anderer Stelle hält Leisinger eine Verletzung des „Menschenrechts auf Weitergabe des Lebens" für legitimierbar, wenn dies der „Abwehr eines schwereren Übels für die Gesamtgesellschaft" diene. Welche Art Übel gemeint ist, wird jedoch nur sehr vage definiert: „ökologische Katastrophe, mangelnde Lebensgrundlagen für ein menschenwürdiges Dasein, Massenarmut oder Verteilungskämpfe um schwindende Ressourcen".[153] Mit dem Argument des „kleineren Übels" läßt sich fast alles rechtfertigen. Hinter gewundenen Formulierungen versteckt Leisinger die Konsequenz aus seinen Überlegungen: daß letztlich das Inviduum im Zweifelsfall den Kürzeren zieht. Bevölkerungspolitik soll demnach einerseits Eltern motivieren, sich freiwillig für Familienplanung zu entscheiden, andererseits soll diese Entscheidung „eigenverantwortet" sein – und das heißt für Leisinger „rückgebunden an das Allgemeinwohl"; auch wofür sie sich entscheiden sollen, ist bereits vorab festgelegt, nämlich: „die Anzahl ihrer Kinder auf ein Maß zu beschränken, das mit einer nachhaltigen Entwicklung vereinbar ist".[154]

Wer definiert dieses Maß? In den meisten Industrieländern sind auch zwei Kinder, die unter normalen Großstadtbedingungen aufwachsen, in Pampers, mit Plastikspielzeug, Baby-Fertignahrung etc. nicht mit einer nachhaltigen Entwicklung vereinbar. Voraussetzung eines „nachhaltigen Wirtschaftswachstums" sei auch, so Leisinger ein „begrenzter Kulturwandel" in den Entwicklungsländern, den er an folgenden Werten ausrichten möchte: „Hohe individuelle Leistungsfähigkeit, Tüchtigkeit und Fleiß; Ordnungsliebe, Pünktlichkeit, Zuverlässigkeit und Sparsamkeit".[155] Zwar möchte er nicht die „Wertorientierungen" der westlichen Industrieländer „als universellen Maßstab proklamiert" wissen, aber ... die protestantischen Tugenden sollen doch auch in Indien, Albanien oder

In den USA sind schon seit vielen Jahren Lobby-Organisationen aktiv, die mit großer Hartnäckigkeit dafür gesorgt haben, daß das Thema „Überbevölkerung" Gegenstand von Kongreßdebatten und Senatsbeschlüssen wurde. Seit 1992 versucht die „Deutsche Stiftung Weltbevölkerung" hierzulande ähnliches. Die Partnerorganisation des Population Reference Bureaus gehörte, obwohl gerade erst gegründet, 1994 bereits als eine der wenigen NROs zur offiziellen deutschen Delegation bei der Weltbevölkerungskonferenz in Kairo. Neben der Unterstützung von Familienplanungsprojekten vornehmlich in Afrika (Tansania, Kenia und Äthiopien) betreibt die rasch expandierende Stiftung Öffentlichkeitsarbeit sowie in geringem Maße auch Forschungsförderung und bemüht sich vor allem, „Abgeordnete und Entscheidungsträger in Ministerien und größeren Organisationen" von der Notwendigkeit bevölkerungspolitischer Maßnahmen zu überzeugen. Finanziert wird die Lobby-Arbeit außer von den Stiftern, zwei Hannoveraner Unternehmern, von anderen deutschen sowie US-amerikanischen Stiftungen (darunter auch die Robert-Bosch-Stiftung und die Rockefeller-Foundation). 1995 zahlte auch die Weltbank – dafür, daß die Stiftung förderungswürdige Basisinitiativen für reproduktive Gesundheit in Entwicklungsländern ausfindig mache.[156]

Die Deutsche Gesellschaft für die Vereinten Nationen (DGVN) gibt neben vielen anderen Aktivitäten einmal jährlich den Weltbevölkerungsbericht in deutscher Übersetzung heraus.[157] Die Kommission für Internationale Bevölkerungsfragen der DGVN wirkt demgegenüber eher über die enge Verbindung zwischen Wissenschaft, Politik und Presse: Ihr gehören Mitarbeiter aus dem Bundesministerium für wirtschaftliche Zusammenarbeit und dessen Gesellschaft für technische Zusammenarbeit an, aus dem Bundesinnenministerium und dem Auswärtigem Amt sowie Abgeordnete aus dem Bundestag und dem Europa-Parlament. Die Bevölkerungswissenschaft vertreten unter anderen Birg, Höhn und ihr Stellvertreter Johannes Otto, Schmid und Wingen sowie Jürg Hauser als korrespondierendes Mitglied. Der Demograph und Statistiker Hermann Schubnell gehörte zu den Gründungsmitgliedern der Kommission. Vermittelt über den Redakteur Klaus Natorp, ebenfalls Kommissonsmitglied, haben die DemographInnen in der FAZ ein Forum für bevölkerungspolitische Forderungen. Für die *Zeit* gehört Chefredakteur Robert Leicht der Kommission als korrespondierendes Mitglied an. Darüber hinaus sind auch Mitarbeiter von WDR und Deutsche Welle vertreten; last not least die evangelische Kirche.[158]

Ghana akzeptiert werden. In Leisingers Gedankenwelt ist letztlich das Bevölkerungswachstum eine Gefahr und eine „konsequente Bevölkerungspolitik" die „Voraussetzung einer menschengerechten, nachhaltigen globalen Entwicklung".[159] Und so stimmt er als Kuratoriumsmitglied der „Deutschen Stiftung Weltbevölkerung" letztlich in den Chor der Bevölkerungsalarmisten mit ein. Das Vorwort zu seinem Buch schrieb der bevölkerungspolitische Hardliner Robert McNamara, der als Präsident der Weltbank (1968-1981) durchsetzte, daß Bevölkerungskontrolle zur Bedingung für die Kreditvergabe gemacht wurde.[160]

Unter Verweis auf das Wohl „aller", inklusive künftiger Generationen, wird einer Relativierung der individuellen Freiheit der heute lebenden Menschen das Wort geredet und Bevölkerungsregulierung als Aufgabe des Staats akzeptiert.

Die Vorstellung, daß der Zweck die Mittel heilige, wird seit Jahren öffentlich propagiert. 1991 warnte Thomas von Randow in der *Zeit* davor, daß die „übertriebenen Umweltsorgen" von der größten Gefahr, der „Bevölkerungsexplosion", ablenken würden. „Je ärmer ein Land", so von Randow, „desto stärker vermehrt sich sein Volk." Eine Wohlstandssteigerung in den Entwicklungsländern sei jedoch wegen der dafür notwendigen „unsagbaren Opfer der Industrienationen" nicht durchsetzbar. Von Randows Schlußfolgerung: „Ohne Zwang aber wird – so entsetzlich dies ist – wohl keine noch so wirksame Geburtenregelung greifen". Was das konkret heißen sollte, blieb der Phantasie der Leserschaft überlassen. Der Artikel endet mit einem Aufruf zur präventiven Selbstverteidigung: „Wir (...) haben sehr wahrscheinlich nur noch drei, vier Jahrzehnte, bis uns die Explosion unserer eigenen Art ganz existentiell bedroht, sofern wir nicht sofort damit beginnen, die Prioritäten radikal neu zu setzen – zu *unserem* Schutz".[161] Der *Spiegel* veröffentlichte im November 1995 einen Essay des Biologen Hubert Markl. Unter dem Titel „Pflicht zur Widernatürlichkeit"[162] skizzierte er die sittliche Verantwortung des Menschen zum „Management der Biosphäre" – inclusive Nutzung der Gentechnik – um die „Schöpfung vor völliger Zerstörung zu retten". Der wichtigste Auftrag des Menschen sei es, „seine Reproduktion zu zügeln". Eher nebenbei erwähnt der Autor, daß dieses Management es nötig machen werde, „den Übervölkerungszustand der Erde auf eine unbegrenzt verträgliche Zahl, die vielleicht eher bei einer Milliarde Menschen liegen könnte, zurückzuführen". Ende 1995 bedeutet dies, etwa fünf Milliarden Menschen als „überzählig" zu deklarieren – wie das „Zurückführen auf eine verträgliche Zahl" praktisch aussehen soll, erläutert Markl nicht. Im Juni 1996 hat er die Präsidentschaft der größten deutschen Forschungsinstitution, der Max-Planck-Gesellschaft, übernommen.

Auch in anderen großen Zeitungen werden in Artikeln zum Thema „Bevölkerung" ähnliche Gedankenspiele angestellt. Ein technokratisches Vokabular, mit dessen Hilfe Menschen auf statistische Größen reduziert werden, trägt ebenso dazu bei, die Hemmschwelle der Gewaltanwendung herabzusetzen wie düstere Visionen, in denen Menschen aus dem Süden nur noch als willenlose, vom Schicksal oder den eigenen Trieben dirigierte, gefährliche Masse geschildert werden, derer man sich mit allen Mitteln erwehren muß. Je dramatischer die Katastrophenbeschreibungen und je schwärzer die Prognosen, desto eher erscheinen bevölkerungspolitische Zwangsmaßnahmen als das kleinere – und notwendige – Übel. Nach jedem Wirbelsturm oder einer Flutkatastrophe in Bangladesch wird in der hiesigen Öffentlichkeit nicht über Flutschutzmaßnahmen nachgedacht, sondern die „Eindämmung des Bevölkerungswachstums gefordert"* – notfalls auch mit bevölkerungspolitischen Zwangsmaßnahmen. Lester Brown, Gründer des World Watch Institutes, das einmal jährlich furchterregende Zahlen über den ökologischen Niedergang publiziert und die neuesten Daten zur Geburtenentwicklung in den Ländern des Südens damit vermengt, hält unter Umständen auch Notstandsmaßnahmen zur Begrenzung des Bevölkerungswachstums für gerechtfertigt.[163]

Überbevölkerungsszenarien sind eine Spielwiese für intellektuelle Gewaltphantasien. Das Spektrum der Vorschläge ist breit. Und je weiter diejenigen entfernt sind, auf die diese Vorschläge Anwendung finden sollen, desto rabiater werden die Konzepte. Mitunter wird die Brutalität der projektierten Maßnahmen erst deutlich, wenn sie auf ein Land der westlichen Hemisphäre bezogen werden. So war die Entrüstung groß, als der Chirurg Sir Roy Calne im Sommer 1994 vorschlug, das Bevölkerungswachstum in Großbritannien per Gesetz zu drosseln. Eltern mit mehr als zwei Kindern sollten durch höhere Steuern „bestraft" und/ oder von öffentlichen Ämtern ausgeschlossen werden. Außerdem kön-

---

* So Gabriele Venzky nach der Flutkatastrophe vom Mai 1991 in der *Zeit* (9.5.91) und dem Berliner *Tagesspiegel* (11.5.91). Auf den sogenannten Menschenrechtsvorbehalt verzichtet die Autorin explizit: „Es wird nämlich zu einem fragwürdigen Unterfangen, die Menschenrechte einzuklagen, wenn ein würdiges Leben nicht mehr möglich ist, weil es einfach zu viele Menschen gibt." (*Zeit*).

ne man ein Mindestalter (zum Beispiel 25 Jahre) und ein Mindestmaß an finanzieller Absicherung zur gesetzlichen Voraussetzung für die Elternschaft machen. Berufen fühlte sich Calne zu solchen Vorschlägen gerade als Spezialist für Organtransplantationen, der qua Beruf das „Bevölkerungsproblem" verschlimmere (indem er Menschenleben verlängere) und daher auch die Verantwortung spüre, Ideen zu dessen „Lösung" zu entwickeln. In Großbritannien provozierten seine Vorschläge entsetzte Reaktionen insbesondere bei Leuten, die den Normvorstellungen Calnes nicht entsprachen. Sie fürchteten Diskriminierung, weil sie mehr als zwei Kinder hatten, schon in jungen Jahren Eltern geworden waren oder aber von der Sozialhilfe lebten.[164] Vermutlich wäre die Empörung nicht so groß gewesen, wenn Calne seine Vorschläge nicht auf britische Familien, sondern auf indische gemünzt hätte oder – wie etwa Dießenbacher und andere – generell auf Menschen in Ländern, in denen die Geburtenrate ein bestimmtes Limit überstiegen hat.[165]

Weit radikaler als die Vorschläge von Sir Calne sind diejenigen von Maurice King. Der Direktor des Department of Public Health Medicine der Universität Leeds gilt als einer der Väter des Basisgesundheitskonzepts und war langjähriger Berater der WHO (1972-1977) sowie Mitarbeiter der Gesellschaft für Technische Zusammenarbeit (1978-1984 in Kenia). In einem 1990 im *Lancet*, der weltweit bedeutendsten medizinischen Fachzeitschrift, veröffentlichten Artikel plädierte er dafür, Maßnahmen zur Senkung der Kindersterblichkeit (Impfkampagnen, orale Rehydration) zu unterlassen in Ländern, in denen das Bevölkerungswachstum die ökologische Tragfähigkeit und die wirtschaftlichen Kapazitäten zur Ernährung der Bevölkerung übersteige. Denn dort würden solche Maßnahmen nur dazu beitragen, die Pro-Kopf-Zahl der Jahre menschlichen Elends zu vermehren, die letztlich im Hungertod enden.[166] Mit seiner Argumentation geht King noch einen Schritt weiter als die meisten anderen Befürworterinnen und Befürworter von Zwangsmaßnahmen, indem er eine weitere ethische Grenze in Frage stellt. Er plädiert nicht nur dafür, die Geburtenraten zu senken, sondern auch dafür, die Zahl der Toten – durch unterlassene Hilfeleistung – zu erhöhen.[167]

Noch deutlicher wird der Chemiker James Arthur Campbell. Auf der Suche nach einer Lösung des „Überbevölkerungsproblems" hätten sich, so argumentiert er, die Verringerung der Geburtenziffern, die Erhöhung der Sterbeziffern und das „Aussiedeln von Völkern" als unzureichend erwiesen. Darüber hinaus gebe es aber noch eine vierte Maßnahme: „Man hört auf, einzelne Individuen – gewöhnlich ethnische oder soziale

Gruppen von Individuen – als menschliche Wesen zu betrachten und sie als solche zu behandeln. Wenn man Individuen nicht länger als Menschen ansieht, muß man sie auch nicht berücksichtigen, wenn Entscheidungen in Überlebensfragen getroffen werden, d.h. man verfährt mit ihnen wie mit Haustieren, Pflanzen oder wilden Tieren (...). Es gibt genügend Hinweise, daß diese vierte Möglichkeit in der Geschichte mitunter in die Tat umgesetzt wurde. So stehen (...) die Indianer in Nord- und Südamerika, die Juden und Zigeuner während des nationalsozialistischen Regimes in Deutschland beispielhaft für Gruppen, die als `minderwertige Rasse ohne Rechte' eingestuft wurden (...). Sollte man die vierte Maßnahme auch heute noch verteidigen?"[168]

Gemeinsam ist all diesen Vorschlägen die Berufung auf das Wohl der Menschheit, sowie eine scheinbar selbstverständliche, zumindest kaum hinterfragte Einschränkung der Menschenrechte anderer. Denn in der Regel sind die Rezepte, mittels derer der Planet gerettet werden soll, nicht von denjenigen zu befolgen, die sie entwerfen, weißen Männern der gehobenen Mittelschicht, sondern an die „anderen" gerichtet – vor allem Menschen im Süden. Die persönliche Würde und körperliche Integrität einer Frau, zumal wenn sie arm ist oder in einem Land der „Dritten Welt" lebt, erscheint zweitrangig, wenn es darum geht, vermeintliches Unheil von der ganzen Menschheit abzuwenden.

10. Oktober 1994

Ganzseitige Anzeige der Deutschen Stiftung Weltbevölkerung
DER SPIEGEL, Heft 41.

Noch nie in der Geschichte der Menschheit
war unser Planet so bevölkert.
Heute zählen wir 5.6 Milliarden Menschen.
Noch nie kamen Jahr für Jahr so viele
Erdenbürger hinzu. Allein 1994 werden
es über 95 Millionen sein.
Das sind über 260.000 pro Tag,
über 10.000 in jeder Stunde, 3 pro Sekunde.

Helfen Sie mit! Spenden Sie mit!
Dieses Problem geht uns alle an.

MENSCH, TU WAS!

SAGEN SIE SPÄTER NICHT, SIE HABEN VON NICHTS GEWUSST!

Pro Tag wächst die Weltbevölkerung um 260.000 Menschen.

Noch nie in der Geschichte der Menschheit war unser Planet so bevölkert. Heute zählen wir 5,6 Milliarden Menschen. Noch nie kamen Jahr für Jahr so viele Erdenbürger hinzu. Allein 1994 werden es über 95 Millionen sein. Das sind über 260.000 pro Tag, über 10.000 in jeder Stunde, 3 pro Sekunde.

Das hohe Bevölkerungswachstum hat gravierende Auswirkungen auf die Wirtschaft, die Gesellschaft, auf die Umwelt und den Frieden in der Welt.

Weltweit ist jede dritte Schwangerschaft ungeplant und ungewollt. Die Deutsche Stiftung Weltbevölkerung fördert menschenwürdige Familienplanung in den armen Ländern der Erde.

Helfen Sie mit! Spenden Sie mit! Dieses Problem geht uns alle an.

DEUTSCHE STIFTUNG WELTBEVÖLKERUNG

Deutsche Stiftung
Weltbevölkerung
Göttinger Chaussee 115
30459 Hannover
Telefon: 0511 - 234 60 50
Telefax: 0511 - 234 60 51

Gerne senden wir Ihnen ausführliches Informationsmaterial zu.

Spendenkonto Nr. 38 38 38 0 · Commerzbank Hannover · BLZ 250 400 66

17. AUGUST, 1969

Ganzseitige Anzeige der Hugh Moore Stiftung
THE NEW YORK TIMES

Kampagne zur Kontrolle der Bevölkerungsexplosion

Was immer
ihre Sache ist,
sie ist verloren,
es sei denn,
wir kontrollieren die Bevölkerung.

Robert S. McNamara, Präsident der Weltbank
George Champion, Direktor der Chase Manhattan Bank
Dr. Philip M. Hauser, Universität Chicago
General William H. Draper Jr., ehemaliger Nato-Botschafter
Ernest Gruening, ehemaliger US-Senator von Alaska
Prentice Rockefeller
Eugene R. Black, ehemaliger Präsident der Weltbank
und 21 weitere UnterzeichnerInnen

THE
POPULATION BOMB
KEEPS TICKING

Die Bevölkerungsbombe tickt und tickt...

Whatever your cause, it's a lost cause unless we control population.

At last an American President has acknowledged that it is his Administration's "clear responsibility to provide essential leadership" to control the flood of humanity that threatens to engulf the earth. President Nixon's July 18th message to Congress on the hazards of unchecked population growth brings the U.S. one step closer to meeting the most far-reaching crisis of our time.

"Today the world population is three and a half billion persons," the President told Congress. "It took many thousands of years to produce the first billion people; the next billion took a century; the third billion came after 30 years; the fourth will be produced in just 15....Over the next 30 years...the world's population could double!...With birth rates remaining high and with death rates dropping sharply, many countries of Latin America, Asia and Africa now grow 10 times as fast as they did a century ago."

There will be a hundred million more people in *our own country* in another 30 years or so. Whatever your present cause, it is a lost cause unless we check the population explosion. Good causes such as schools, churches, colleges, hospitals, museums, libraries, community chests, heart funds, and conservation will inevitably be swamped by too many people.

President Nixon's Proposals

The President has proposed that Congress set up a commission on "population growth and the American future." He has directed government agencies to:
1. Undertake additional research on birth-control methods of all types.
2. Train more people to work in population and family planning programs, both in this country and abroad.
3. Give the highest priority to new techniques that can help safeguard the environment.
4. Establish as a national goal the provision of adequate family planning services in the United

States within the next five years for all those who want them but cannot afford them.

The President pointed out that we will, therefore, "have to increase the amount we are spending on population and family planning." (See chart at right.) We will also have to break down the barriers of illiteracy and misinformation that surround the subject by utilizing fully the modern communication techniques of television and other mass media.

President Nixon deserves and needs your approval of his plans. Write him in your own words that you applaud this courageous first step. But it must be followed promptly by *action.* Urge him to continue to give top priority to population-control measures. Also contact anyone else in Washington you think might be helpful. Write your newspaper editor and talk to your friends, asking them to help.

We'll be glad to send you reprints of this ad for posting where others will see it or for mailing to friends. We'll also send you reprints of

President Nixon's recent message to Congress.
Remember: *Whatever your cause, it's a lost cause unless we control population.*

CURRENT FEDERAL PROGRAMS IN MILLIONS OF DOLLARS (APPROXIMATE)	
DEFENSE	$80,000
FEDERAL HEALTH PROGRAMS	$10,000
SPACE PROGRAM	$ 4,000
WELFARE GRANTS TO STATES	$ 3,000
POPULATION PROGRAMS*	$ 116

Man's greatest problem is the fearful race between food and population. If we lose that race our hopes for the future will turn to ashes.
—FORMER PRESIDENT JOHNSON

Please post this advertisement where others may share it.

Kampagne zur Kontrolle der Bevölkerungsexplosion

Während Sie heute zu Abend essen, sterben 417 Menschen an Hunger.

Ein nettes, gemütliches Abendessen dauert ungefähr eine Stunde. Von dem Zeitpunkt der Vorspeise bis zur Beendigung des Nachtischs sind 417 Menschen verhungert.

Sehen Sie, die Weltbevölkerung hat bereits die Nahrungsmittelvorräte überholt. Alle 8,6 Sekunden stirbt jemand in einem unterentwickelten Land aufgrund von Krankheiten, die auf Fehlernährung zurückzuführen sind. Das bedeutet: 7 Todesfälle je Minute. 417 Tote jede Stunde. 10.000 Tote jeden Tag. Die meisten sind Kinder.

Dies ist nur ein Vorgeschmack auf die Dinge, die auf uns zukommen. Experten sagen voraus, daß -zig Millionen – sogar hunderte von Millionen – in den Jahren, die vor uns liegen, an Hunger sterben werden, wenn wir nicht etwas dagegen tun.

Aber was können wir tun? Zwei Dinge. Wir können versuchen, die Nahrungsmittelversorgung zu erhöhen. Und wir können das Wachstum der Bevölkerung kontrollieren.

Einige Fortschritte sind bereits erzielt worden, um die Nahrungsmittelvorräte zu erhöhen, aber nichts wurde getan, um das Bevölkerungswachstum zu reduzieren.

Wir brauchen ein Sofortprogramm, um das Bevölkerungswachstum in den hungrigen, überbevölkerten Gebieten der Welt zu kontrollieren. Wir müssen jetzt beginnen, während noch Zeit ist...

Wir müssen jetzt handeln. Je länger wir warten, umso mehr Menschen werden an Hunger sterben. Darüber sollten sie nachdenken, während sie heute zu Abend essen.

THE
POPULATION BOMB
KEEPS TICKING

Die Bevölkerungsbombe tickt und tickt...

While you're eating dinner tonight, 417 people will die from starvation.

It takes you about an hour to eat a nice, leisurely dinner. From the time you start your appetizer to the time you finish your dessert, 417 people will die from starvation.

You see, world population has already out-grown world food supply. Every 8.6 seconds someone in an underdeveloped country dies as a result of illness caused by malnutrition. That's 7 deaths every minute, 417 deaths every hour. 10,000 deaths every day. Most of them children.

And that's just a taste of things to come. Experts predict that tens of millions—even hundreds of millions—will die from famine in the years ahead unless something is done about it.

What can we do about it? Two things. We can try to increase the food supply. And we can try to check the growth of population.

Some progress has been made in increasing food supply. But not nearly enough has been done in reducing population growth.

A crash program is needed to control population growth in the hungry, over-populated areas of the world. And it must begin now. While there is still time.

A White House panel has recommended that the United States Government spend at least $100 million a year on family planning help to underdeveloped nations. (That's only a tiny fraction of the $15 billion we've already spent on our Food for Peace Program.)

There is a lot at stake. Not only the lives of the starving people of the world. But our lives. And the lives of our children. A hungry world can never be a peaceful world.

Take a few minutes to wire, write or telephone anyone in Washington you think might be helpful. Urge the speeding up of Government action in the population emergency. And write us for more information and ideas on how you can help.

We must act now. The longer we wait, the more people will die from starvation. That's something to think about over dinner tonight.

CAMPAIGN TO CHECK THE POPULATION EXPLOSION
EMERSON FOOTE, CHAIRMAN

CAMPAIGN TO CHECK THE POPULATION EXPLOSION
60 EAST 42ND STREET
NEW YORK, N.Y. 10017
☐ I'm interested. Tell me how I can help.
☐ Please send me more information.
☐ Please send me___ free reprints of this ad.
NAME
ADDRESS
CITY___ STATE___ ZIP___

NAMES OF SIGNERS WILL GO HERE

13. Mai 1968

Ganzseitige Anzeige
Washington Post

Die Bevölkerungsbombe gefährdet den Weltfrieden

Was sollen wir tun?

Präsident Johnson hat gesagt, daß die Bevölkerungskrise das größte Problem der Menschheit sei. Und die
„National Academy of Sciences" hat gesagt, die
Bevölkerungsbombe „könne durch die Entwicklung
neuer Methoden der Fruchtbarkeitsregulierung sowie
durch die unverzügliche, weltweite Einrichtung von
Programmen zur Familienplanung erfolgreich angegrif-
fen werden."

Wir können es uns nicht leisten, länger zu warten.
Jeder verlorene Tag verschlimmert das Problem nur.

Kampagne zur Kontrolle der Bevölkerungsexplosion

THE
POPULATION BOMB
KEEPS TICKING

Die Bevölkerungsbombe tickt und tickt...

THE POPULATION BOMB THREATENS THE PEACE OF THE WORLD

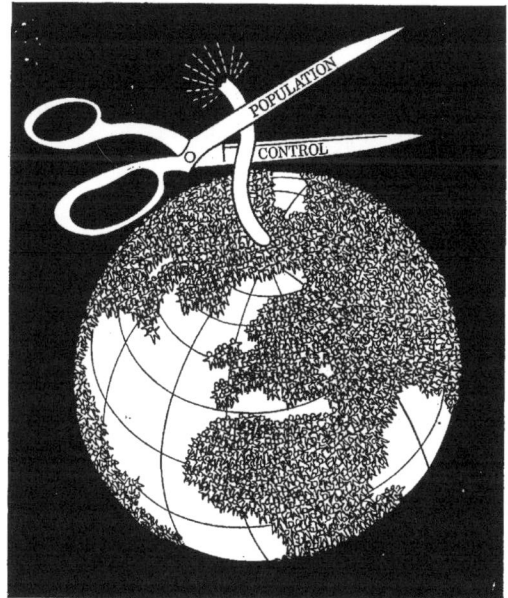

SO WHAT ARE WE DOING ABOUT IT?

Fifteen years ago there were 2.5 billion people on earth. Today there are 3.5 billion—and newcomers are arriving on the scene at the net rate of more than one million a week! In another fifteen short years there will be at least 4.5 billion people on this small planet of ours. Most of them hungry. And make no mistake about it, America cannot long remain an island of prosperity in a sea of poverty and hunger.

If corrective measures to check this human flood are not taken right here and now the resulting world-wide misery, strife, revolutions and wars will make our experiences in Viet Nam appear minor by comparison.

President Johnson has said that the population crisis is the greatest problem humanity faces. And the National Academy of Sciences has said that the Population Bomb "can be successfully attacked by developing new methods of fertility regulation and implementing programs of family planning widely and rapidly throughout the world." Yet the accompanying chart reflects the scant amount of attention the population problem is currently receiving from our Government.

This is your problem and you can do something about it. Tear out this ad and send it to anyone in Washington you think might be helpful. Urge the Government to initiate a crash program for population stabilization. And write us for two things: (1) Measures the Government can take to implement such a program. (2) Additional things you can do to help.

We can't afford to wait much longer. Every day lost only compounds the problem. The time to act is now.

CURRENT GOVERNMENT PROGRAMS (1968 Estimates from 1969 Budget)	
Space Program	$5 billion
Grants to States for Welfare	$5 billion
Health and Death Control Programs	$2.5 billion
Food for Peace Exports	$1.2 billion
Supersonic Plane (Pilot Model)	$170 million
Air Pollution Control	$100 million
Crime Control	$100 million
Rat Control	$40 million
Population Control (United States)	$35 million
Population Control (Foreign)	$35 million

CAMPAIGN TO CHECK THE POPULATION EXPLOSION
EMERSON FOOTE, CHAIRMAN

EUGENE R. BLACK, former head, World Bank
HAROLD W. BOSTROM,
    UOP Transportation Equipment Group
DR. DETLEV BRONK, President, Rockefeller University
THOMAS D. CABOT, Chairman, Cabot Corporation
VIRGINIUS DABNEY, Editor, Richmond Times-Dispatch
AUGUST DERLETH, Author
GENERAL WILLIAM H. DRAPER, JR.,
    former Ambassador to NATO
MARRINER S. ECCLES, former Chairman,
    Federal Reserve Board
ROBERT E. FISKE, Director, Pillsbury Company

HENRY C. FLOWER, JR., former Vice Chairman,
    J. Walter Thompson Co.
DR. PHILIP M. HAUSER, University of Chicago
LELAND HAZARD, Pittsburgh Plate Glass Co.
RABBI MORRIS KERTZMAN, The Rabbinical Assembly
MRS. ALBERT D. LASKER
MRS. CORDELIA S. MAY
DR. ASHLEY MONTAGU, Anthropologist
HUGH MOORE, former Chairman,
    St. Lawrence Seaway Corporation
DR. REINHOLD NIEBUHR, Union Theological Seminary
JOHN HAVEN

DR. LINUS PAULING, Nobel Laureate
FRANCIS T. P. PLIMPTON,
    former Deputy U.S. Rep. to the United Nations
ROCKEFELLER PRENTICE
ELMO ROPER, Public Opinion Analyst
JONAS SALK, Director, The Salk Institute
ADOLPH W. SCHMIDT, Governor, T. Mellon & Sons
CHARLES E. SCRIPPS, Chairman of
    Scripps-Howard Newspapers
LEWIS L. STRAUSS, former Secretary of Commerce
ROBERT G. WEHLE, Genesee Brewing Company
DR. DON M. YOST, California Institute of Technology

THE
POPULATION BOMB
HELPS NO ONE

Those signing this statement do so in their personal and individual capacity. The institutional and business affiliations are purely descriptive carrying no implication of authorization or participation by the organizations noted.

USA und UNO:
Die Freiheit der Empfängnisbekämpfung

Während im Europa der Nachkriegszeit vor allem die Migration als Folge des Zweiten Weltkriegs diskutiert wurde, verliefen die Auseinandersetzungen um die „Bevölkerungsfrage" in den USA in anderen Bahnen. Nicht nur die „Überbevölkerung" einzelner Länder, sondern vor allem die des ganzen Erdballs war Thema einschlägiger Veröffentlichungen und eindringlicher Warnungen. Der Zweite Weltkrieg, so die gängige Ansicht, sei bereits Folge eines wachsenden Ungleichgewichts zwischen Bevölkerung und Nahrungsmitteln gewesen. Und auch weiterhin bedrohe das demographische Wachstum den Weltfrieden - und damit die Sicherheitsinteressen des Landes. Allerdings waren die wissenschaftlichen Disziplinen Eugenik und Rassenlehre und in gewissem Maße auch der staatliche Anspruch auf Bevölkerungsregulierung infolge der Nazi-Verbrechen generell in Mißkredit geraten. Auch in den USA mußte dies Auswirkungen auf die Bevölkerungswissenschaft haben - waren doch die meisten Vertreterinnen und Vertreter dieses Fachs sowie der größte Teil der fachspezifischen Organisationen aus der Eugenikbewegung hervorgegangen oder mit ihr liiert gewesen: Nahezu alle namhaften Bevölkerungswissenschaftler und -aktivisten waren auch Mitglieder, wenn nicht gar leitende Funktionäre, der American Eugenic Society.[1] Allerdings hatten viele von ihnen die Rassenlehre und die ihr entsprechende rassistische Politik im nationalsozialistischen Deutschland abgelehnt. Genetische „Qualität", so ihr Argument, sei nicht an die Zugehörigkeit zu einer Rasse gebunden. Die Einteilung der Menschheit in Rassen stellten sie nicht in Frage. Die Unterscheidung zwischen einer angeblich wissenschaftlich fundierten „guten" Eugenik und einer unwissenschaftlichen, „irrationalen" Rassenlehre sollte es in der Folgezeit erlauben, die Eugenikbewegung zu reformieren. Ein Teil ihres Gedankenguts konnte so in die bevölkerungspolitische Debatte - und Praxis - wieder eingebracht werden.[2] Jedoch erschien es den BefürworterInnen einer qualitativen Bevölkerungspolitik ratsam, den Begriff „Eugenik" nach Möglichkeit zu vermeiden, um ihre Ziele durchzusetzen.[3]

Breiten Raum nahm in der Debatte die Befürchtung ein, Russen, Asiaten und vor allem Chinesen könnten sich zu stark vermehren. Die alte

Pauperismusfurcht, die These, daß sich die unteren Gesellschaftsschichten stärker vermehren würden als die Oberschicht, wurden gewissermaßen auf die „Dritte Welt" übertragen, und die Vorstellung von einer unterschiedlichen Wertigkeit der Menschen wurde auf ihre unterschiedliche Reproduktion projiziert. Darüber hinaus bestimmten sowohl eugenische Argumente als auch ökologische Überlegungen die Diskussion, die - zunächst noch - in relativ kleinem Kreise aber keineswegs nur im Elfenbeinturm der Wissenschaft geführt wurde. Von besonderem Interesse sind dabei die 50er und 60er Jahre, da in dieser Zeit Bevölkerungspolitik zum einen Gegenstand sowohl der US-Außenpolitik als schließlich auch der Politik der Vereinten Nationen geworden ist.

Parallel dazu verlief eine andere Entwicklung: Mit Erfindung von Pille und Spirale glaubte man Massenverhütungsmittel gefunden zu haben, die einfach handhabbar, zuverlässig, billig und weltweit einsetzbar wären. Die „Rationalisierung der Fortpflanzung", ein lange gehegter Wunschtraum der Bevölkerunsgplaner, schien nun endlich möglich. Seit den 50er Jahren wurden binnen relativ kurzer Zeit große Teile der Erde mit Familienplanungsprogrammen überzogen.

Das Population Reference Bureau

Im September 1945 erschien die erste Ausgabe des Population Bulletin. Herausgegeben wurde das Blättchen vom Population Reference Bureau, der ältesten bevölkerungspolitischen Lobby-Organisation in den USA, die bereits 1929 unter Mitwirkung des international bekannten Eugenikers und Fruchtfliegenforschers Raymond Pearl gegründet worden war.[4] Redakteur und alleiniger Autor des monatlich erscheinenden Bulletins war Guy Irving Burch, der 1945 zusammen mit Elmer Pendell das Buch „Population Roads to Peace or War" publiziert hatte. Darin hatten die Autoren mit Nachdruck ein Weltbevölkerungsprogramm gefordert; die Notwendigkeit das globale Bevölkerungswachstums zu reduzieren, hatten sie unter anderem mit der Gefahr begründet, die USA würden in einer künftigen Weltregierung von Ländern wie Indien oder China überstimmt werden.[5] In früheren Jahren hatte sich Burch für eine Restriktion der Einwanderung engagiert.[6]

Burchs Tätigkeit als Redakteur des Population Bulletins bestand vor allem darin, die wissenschaftliche Literatur zum Thema „Bevölkerung" in die Alltagssprache zu übersetzen und mit eingängigen Überschriften und Mahnungen in bezug auf die künftige Entwicklung zu versehen. In den folgenden Jahren wurde das Bulletin zu einer wichtigen Quelle für Zeitungskolumnen in aller Welt. Es widmete sich Fragen der „Bevölkerungsqualität" * ebenso wie der -quantität. Der „Bevölkerungsdruck", so warnte Burch in fast jeder Ausgabe, bedrohe den Weltfrieden. Abhilfe könne am ehesten ein „Weltbevölkerungsprogramm" schaffen, dem sich praktisch kein Staat verschließen könne, da der Wunsch nach Frieden und Bevölkerungskontrolle so immens sei. Nahezu die ganze westliche Welt habe bereits ihr Bevölkerungswachstum unter Kontrolle gebracht, Deutschland, Japan und Italien, so schrieb er im Frühjahr 1946, seien jetzt ebenfalls dazu gezwungen; und auch die chinesische Führung würde ein solches Programm zweifellos begrüßen. Die Aufzählung der „überbevölkerten" Länder variierte, Indien, China und Puerto Rico waren fast immer dabei, aber auch westeuropäische Staaten. Von der Sowjetunion ging, in der schon bald vom Kalten Krieg geprägten Optik des Population Bulletin, eine doppelte Gefahr aus: Zum einen bedrohe das „extrem schnelle Bevölkerungswachstum" dort den Frieden in der Welt.[7] Zum anderen könnte sich die Macht der Sowjetunion rasch ausweiten, da die Bevölkerungszunahme in weiten Teilen der Welt eine Verarmung zur Folge habe, die der Ausbreitung des Kommunismus Vorschub leiste.[8] Die Reduzierung des Bevölkerungswachstums wurde als eine der wichtigsten Maßnahmen im Kampf gegen den Kommunismus und zur Rettung der Demokratie angesehen. Ende 1950 verbreitete Burch im Population Bulletin Endzeitstimmung: „Wir haben die Wahl: Entweder kontrollieren wir die Geburtenrate oder wir erleben eine Bevölkerungsexplosion (...) Wir stehen jetzt vor diesen Problemen, nicht erst in 10 oder 100 Jahren. Der Kommunismus wird nicht auf uns warten und auch nicht die Geschwindigkeit des Wachstums von Armut und sozialer Unruhe, die den Kommunismus nähren und von Tag zu Tag stärker werden lassen."[9]

Bereits seit 1948 erschienen im Population Bulletin immer wieder Artikel über die fortschreitende Umweltzerstörung, Bodenerosion und Artensterben. Den Anstoß dazu hatte unter anderem das Buch „Our plundered Planet" von Fairfield Osborn gegeben.[10] Während Osborn jedoch den

---

* So forderte Burch in der Ausgabe vom Oktober 1945 höhere „Geburtenraten unter Wissenschaftlern", da die Geburtenraten der Ungebildeten doppelt so hoch seien wie die der Gebildeten und hielt im Dezember 1947 die Verbesserung der Bevölkerungsqualität in Europa für erforderlich.

vermeintlichen „Bevölkerungsdruck" nur als einen Faktor des gestörten Verhältnisses zwischen Mensch und Natur ansah, stand dieser bei William Vogt im Zentrum der Überlegungen. Der Ökologe und Vogelforscher war von 1943 bis 1949 nationaler Direktor der Planned Parenthood Federation of America gewesen und wechselte Anfang der 50er Jahre zum Population Reference Bureau. Unter dem Titel „Die Erde rächt sich" entwarf er ökologische Katastrophenszenarien, die er mit Erörterungen der damaligen weltpolitischen Lage mischte. Die Erde, das stand für Vogt fest, war nicht groß genug, um alle Menschen zu ernähren, – zumal nicht mehr am Ende des Jahrhunderts, wenn die Weltbevölkerung, so die damals gängige Annahme, auf 3,3 Milliarden Menschen angewachsen sei. Vogt schlug daher vor, eine Sterilisationsprämie an „jedermann – insbesondere Männer" zu zahlen. Diese werde vor allem die „Gestrandeten dieser Welt reizen und dadurch einen günstigen selektiven Einfluß haben".[11] Obwohl in seinem Buch immer wieder eine globale Verantwortung betont und ein weltweit abgestimmtes Vorgehen zur Rettung des Planeten gefordert wird, schürte Vogt beim Publikum nationalistische Ressentiments mit bevölkerungspolitischen Argumenten. Die USA – nach den Kriterien des Ökologen ohnehin ein „überbevölkertes" Land – würden von anderen Nationen unter „Bevölkerungsdruck" gesetzt, erpreßt und geschröpft, insbesondere von den Staaten, die Marshallplan-Gelder und Nahrungsmittelhilfen erhielten. Griechenland, so Vogt, werde auf Kosten der amerikanischen Steuerzahler industrialisiert und habe „seine Hand fest in den Fleischtöpfen Amerikas verankert"; Dänemark sei „Parasit der neuen Welt"; Italien drohe mit der Hinwendung zu „Väterchen Stalin", um Gelder aus den USA zu erpressen, Japan werde „durch Amerikas Barmherzigkeit ernährt"[12]: Nahrung, Geld und Medikamente aus den USA würden überall auf der Welt die Sterblichkeit verringern und damit die Gefahr der „Überbevölkerung" vergrößern. „Ein Europa mit 450 Millionen Menschen im Jahre 1975 ist viel gefährlicher als das Europa von 1935 mit 370 Millionen Menschen. Und es wird noch mehr gute Äcker anderer Völker aussaugen. Nicht seine eigenen, das dürfen wir nicht vergessen, denn Europa hat keine eigenen."[13] Die USA, so Vogt, hätten keine andere Wahl, als sich der Erpressung zu beugen, da sonst ein „Atom- und Bakterienkrieg" drohe. Folglich müßten die Vereinigten Staaten Japan weiterhin „unter strenger Überwachung" halten und von anderen Staaten eine „rationelle Bevölkerungspolitik" im Austausch gegen Hilfsleistungen fordern – von China und Indien ebenso wie von Europa: „Stillstand und wenn irgend möglich Rückgang der Bevölkerungszunahme in Europa – das wäre ein großer – ja der größte Schritt zur Befriedung und Wohlfahrt der Welt. (...) Jede Hilfe, die wir geben, sollte abhängig sein von einem nationalen Programm, das zur Stabilisierung der Bevölkerung führt – und zwar durch freiwillige Haltung des Volkes. Wir müßten auf der Freiheit der Empfängnisbekämpfung bestehen, wie wir auf der Freiheit der Presse bestehen."[14] Der Blick, den Vogt 1950 auf Europa richtet, ähnelt der Sichtweise, aus der von hier aus heute über die „Dritte Welt" geschrieben wird. Die Bücher von Vogt und Fairfield Osborn gelten als Wegbereiter der Bevölkerungsdebatte.

Die Propagandatätigkeit des Population Reference Bureaus blieb nicht ohne Einfluß. Seit Beginn der 50er Jahre habe das Erziehungsprogramm der Organisation, so heißt es in einer internen Studie, zu einem „revolutionären Wandel" der öffentlichen Meinung hinsichtlich des „Weltbevölkerungsproblems" beigetragen.[15] Um 1950 hatte darüber hinaus ein grundlegender Wandel in der Demographie stattgefunden. Bis dahin hatte die Frage, wieviele Kinder die Leute haben, als ein Produkt der Kultur und der ökonomischen Umstände gegolten. Sieht man von Nazi-Deutschland ab, so wären die Bevölkerungspolitiker nicht auf die Idee gekommen, daß man die Geburtenraten verändert, bevor sich nicht die kulturellen und ökonomischen Bedingungen ändern. Nun aber begannen die Demographen zu argumentieren, daß die Welt nicht auf die sozialen und ökonomischen Veränderungen warten könne.[16] Im Jahr 1957 wurde Vogt schließlich auch als Sachverständiger vor dem Auslandshilfe-Komitee des US-Senats angehört; er sprach dort über die Notwendigkeit, ein geeignetes orales Verhütungsmittel zum Einsatz in den „unterentwickelten Ländern" zu erfinden.[17]

„Die Jahre nach 1953", so der britische Demograph Eversley über das Klima in der Bevölkerungsdebatte der frühen 50er Jahre, „werden gekennzeichnet durch einen ungleichmäßigen, aber säkularen Anstieg von Hysterie in bezug auf das Wachstum der Weltbevölkerung. Diese Zeitspanne stellt in der Geschichte der Bevölkerungsprojektionen ein ziemlich unrühmliches Kapitel dar. (...) Es gab Zoologen, die ihre Überlegungen auf Prämissen stützten, die auf den Lebensgewohnheiten der Drosophila beruhten; diese wurden auf die menschliche Rasse übertragen. (...) Alarmierenderweise begannen nicht nur Einzelpersonen, sondern ganze Organisationen Gelder anzulocken und persönliche Imperien zu bilden; Regierungen und Institutionen sollten aus Furcht vor zukünftigen Entwicklungen zur Kontrolle des Bevölkerungswachstums veranlaßt werden (obwohl die Effizienz solcher Maßnahmen gänzlich unbewiesen ist).“[18]

„Erfinderische Naturen“

Diese Entwicklung wäre undenkbar gewesen, ohne das clevere Vorgehen einer zunächst kleinen, jedoch einlußreichen und äußerst agilen Lobby, der Industrielle wie John D. Rockefeller und Hugh Moore, Wissenschaftler und Generäle angehörten. Charakteristisch für diese überwiegend aus Männern der weißen Mittel- und Oberschicht bestehende Pressure-group waren ihr Machbarkeitsglaube und ihr durch keinerlei Zweifel oder Bescheidenheit getrübtes Selbstbewußtsein. Die Aktivisten der Bevölkerungspolitik sahen sich und ihresgleichen als „innovative spirits“ und „free ranging minds“ an, lobten die eigene Erfindernatur[19] und sind nach wie vor von ihrer „segensreichen Tätigkeit“ überzeugt.[20] Sie verfügte über glänzende Verbindungen zu den einschlägig engagierten Stiftungen wie dem Milbank Memorium Fund, der Alain Guttmacher Foundation, dem Pathfinder Fund, der Rockefeller und Ford Foundation. So waren die finanziellen Grenzen des Tatendrangs bereits weit gesteckt, lange bevor die Regierung entsprechende Budgets bewilligte.

Peter Donaldson, der die Erfolgsstory dieser pressure group in einem Buch mit dem Titel „Nature against us“ geschildert hat, beschreibt die 60er Jahre als Phase einer „rationalistischen Omnipotenz“, aufgrund derer „nahezu alle Probleme, einschließlich der Geburtenregulierung unter der ländlichen Armutsbevölkerung der „Dritten Welt“, lediglich als technische oder administrative Aufgaben“ angesehen wurden. Die Mißerfolge bei der Senkung der Geburtenraten scheinen die hohe Selbstmeinung der Macher ebenso wenig beeinträchtigt zu haben wie die verheerenden Folgen von Zwangssterilisationen im Rahmen der Familienplanungskampagnen. Ihren Eifer und ihre technokratische Skrupellosigkeit förderte sie selbst mit Hilfe der Vorstellung, daß Geburtenkontrolle in der Dritten Welt die westliche Zivilisation und den Lebensstandard in den Industrieländern vor Chaos und Krieg retten würde. Noch heute sehen sich die Mitarbeiter der Bevölkerungsabteilung der staatlichen Entwicklungsorganisation US-AID als eine „bemerkenswerte Gruppe von Menschen“ an und ihre Auslandshilfe als „das Revolutionärste, was die Vereinigten Staaten je gemacht haben“ - als die Antwort auf eine Herausforderung an alle Menschen in den Industriestaaten, „weil wir ein schrumpfender Teil der menschlichen Gattung sind".[21]

Einer der wichtigsten Agitatoren – und nicht zuletzt auch Finanziers – war John D. Rockefeller, 3rd. Wie so viele Männer, die schließlich zu überzeugten Streitern gegen die „Überbevölkerung" wurden, hatte auch Rockefeller sein Interesse für das Thema auf seinen Asienreisen entdeckt, die ihn Ende der 40er und Anfang der 50er Jahre mehrfach vor allem nach Japan geführt hatten. Bereits sein Vater hatte sich für bevölkerungspolitische Fragen interessiert und dafür gesorgt, daß ein beträchtlicher Teil der Gelder aus der familieneigenen Stiftung in die Institutionen der Eugenik-Bewegung flossen. Der Sohn nun machte vor allem den Kampf gegen die „Überbevölkerung" zu seiner Angelegenheit. Nach seinem Verständnis ging es dabei nicht primär um die bloße Einwirkung auf Geburtenziffern, sondern darum, die Zahl der Menschen, ihre Konsum- und Lebensgewohnheiten und die materiellen Ressourcen der Erde so umfassend wie möglich zu planen, aufeinander abzustimmen und ins „Gleichgewicht" zu setzen. Schon in den 40er Jahren gehörte das Wort „Humanökologie" zu den gängigen Begriffen in der Rockefeller-Foundation. Forschungen über Artensterben, Versteppung und Wassermangel förderte die Stiftung ebenso wie die wissenschaftliche Vorarbeit für die Anti-Baby-Pille.

Im Jahr 1952 zählte Rockefeller zu den Mitbegründern des Population Councils, der seine Aufgabe primär in der wissenschaftlichen Erforschung des „Bevölkerungsproblems" sah. Der Vorstand wurde mit Männern „höchsten Kalibers" besetzt: Neben Rockefeller selbst auch Frederick Osborn, Börsenmakler und Präsident der American Eugenic Society, sowie der Ökonom und Statistiker Frank Notestein, der wegen seiner Verdienste um die neue Wissenschaft als „Hebamme der Demographie" bezeichnet wurde. Notestein gilt als Erfinder des Modells vom demographischen Übergang, das – obwohl umstritten – bis heute in der Fachliteratur eine Rolle spielt.[22] * Er leitete seit 1936 die renommierte Abteilung für Bevölkerungsforschung an der Princeton University, das erste große demographische Forschungsinstitut in den USA**, gehörte in den frühen

---

* Diesem Modell zufolge ist das Bevölkerungswachstum in Europa Ende des 19. und Anfang des 20. Jahrhunderts darauf zurückzuführen, daß aufgrund von medizinischem Fortschritt und Wohlstandssteigerung zunächst die Sterberaten gesunken seien, während die Geburtenraten erst nach einer gewissen Zeit fielen.
** Das Office for Population Research war 1936 mit Geldern der Rockefeller und der Carnegie Foundation gegründet und in der Anfangszeit vom Milbank Memorial Fund

40er Jahren zu den Bewunderern des „Experiments Sowjetunion"[23] und war 1946 zum Chef der neu gegründeten Bevölkerungsabteilung (Population Division) des UN-Sekretariats ernannt worden. Als Demographischer Direktor des Population Councils fungierte vom Frühjahr 1954 an Dudley Kirk, vormals Intelligence Research Officer im State Department und Mitglied der US-Delegation in der Bevölkerungskommission (Population Commission) der Vereinten Nationen. Kirks Werdegang ist ein typisches Beispiel für das in den Institutionen der Bevölkerungskontroll-Lobby übliche personalpolitische „Drehtürsystem": Die Macher und Experten rotieren ständig zwischen Stiftungen, wissenschaftlichen Einrichtungen und staatlichen oder UN-Institutionen – vom Population Council ins UN-Komitee und von dort aus an die Universität; von US-AID über die Ford-Foundation ins Population Crisis Committee usw.

Der Schwerpunkt der Aktivitäten des Population Council lag vor allem auf wissenschaftlichem Gebiet und weniger in der bevölkerungspolitischen Praxis. Man achtete auf Seriosität und wissenschaftliches Renommee. Der Council vergab Forschungsaufträge für die verschiedensten Sparten der Bevölkerungswissenschaft: von der Verhütungsmittel- bis zur Migrationsforschung, von der Populationsgenetik bis zur Demographie. Die Gelder dafür stammten überwiegend aus verschiedenen Rockefeller Fonds sowie aus den Erträgen großer Firmen wie Standard Oil und General Motors. Aber auch die Ford Foundation, die bis dahin vor allem Wohlfahrtseinrichtungen gefördert und gerade erst das „Bevölkerungsproblem" entdeckt hatte, beteiligte sich finanziell an den Projekten des Population Councils – zumindest soweit es sich um demographische Forschung handelte. In anderen Bereichen wie etwa der Verhütungsforschung übte die Stiftung zunächst noch Zurückhaltung, da man Kritik sowohl aus der Presse als auch von seiten des zum Katholizismus konvertierten Stifters Henry Ford fürchtete.

Nicht nur im Umkreis Rockefellers sondern weit darüber hinaus war in den 50er Jahren die wissenschaftliche Untermauerung der Überbevölkerungsideologie vorrangiges Anliegen all derer, die das „population problem" frühzeitig erkannt zu haben glaubten. Wissenschaftler, die dessen Dringlichkeit noch nicht eingesehen hatten, wurden zu interdisziplinären Tagungen eingeladen oder von Rockefeller oder Osborn aufgefordert, sich dem Population Council anzuschließen. Forschungs-

finanziert worden; wie die meisten bevölkerungswissenschaftlichen Einrichtungen dieser Zeit war es von der Eugenikbewegung beeinflußt.

förderung, die Ausbildung von akademischem Nachwuchs – insbesondere aus Ländern der „Dritten Welt" – in den einschlägigen wissenschaftlichen Disziplinen und der Aufbau von Zentren für Demographie in diesen Ländern dienten dazu, Eliten aufzubauen, die als Wegbereiter des westlichen Fortschrittsmodells aktiv werden sollten. So forcierte die Ford Foundation in Zusammenarbeit mit Notestein und dem Population Council in Pakistan den Ausbau der demographischen Forschung. Es wurden Bevölkerungsberater ausgebildet sowie drei Forschungszentren in Karachi, Lahore und Dhaka eingerichtet. Forschung und Ausbildung, betonte Notestein bereits Ende der 40er Jahre, seien Voraussetzung, um Bevölkerungsprobleme zu definieren und einzuschätzen. Westliche Experten seien jedoch im Gegensatz zu einheimischen kaum in der Lage, die öffentliche Meinung in der „Dritten Welt" zu beeinflussen.[24]

Eines der wichtigsten bevölkerungswissenschaftlichen Studienfelder war Indien, das „Versuchsgelände für die Geburtenregelung".[25] Dort waren bereits seit Ende des 19. Jahrhunderts – lange vor anderen Ländern des Südens – regelmäßig alle zehn Jahre Volkszählungen durchgeführt worden, die zusammen mit anderen statistischen Erfassungen eine gute Datenbasis lieferten. Die Family Planning Association of India organisierte mit Unterstützung von Margaret Sanger 1952 in Bombay eine „Weltkonferenz zu geplanter Elternschaft", an der neben zahlreichen ExpertInnen auch John D. Rockefeller 3rd., Hugh Moore und VertreterInnen von 14 nationalen Familienplanungsorganisationen teilnahmen.

Von der privaten zur staatlichen „Bevölkerungsarbeit"

Der Industrielle Hugh Moore, der durch die Erfindung verschiedener Typen von Pappbechern reich geworden war, versuchte die „Überbevölkerungsfrage" aus den akademischen Sphären des Population Councils herausholen und in die Öffentlichkeit zu tragen. Er scheute dazu weder Kosten noch Skandale. Im Jahre 1944 hatte er einen nach ihm benannten Fond gegründet, der den Kampf gegen die „größte Bedrohung", die „Überbevölkerung", fördern sollte, um so den Weltfrieden zu sichern. Zehn Jahre später verfaßte Moore ein Pamphlet mit dem Titel „The Populaton Bomb", das er in den folgenden Jahren mehrfach nachdrucken ließ. In mehreren professionell geplanten Medienkampagnen, so der im März 1960 gestarteten „World Emergency Campaign", forderte Moore, daß die US-Regierung weltweit gegen das Bevölkerungswachstum vorgehen müsse. Eines seiner Hauptargumente war die Angst vor der Ausbreitung des Kommunismus in „unterentwickelten" Ländern. Ein enger Freund Moores war der Investment Banker General William Draper Jr., Leiter einer von Präsident Dwight D. Eisenhower beauftragten Kommission, die im Jahre 1958 Empfehlungen für eine Neuorientierung der militärischen und ökonomischen Auslandshilfe der USA insbesondere in Entwicklungsländern erarbeiten sollte. Moore und Draper sorgten dafür, daß das Komitee die Bekämpfung der „Überbevölkerung" als Hauptaufgabe der US-Außenpolitik vorschlug.[26] * Um jedoch einem Konflikt mit der Katholischen Kirche aus dem Weg zu gehen, lehnte Eisenhower es ab, den Empfehlungen zu folgen.[27]

Auch John F. Kennedy hatte zunächst ähnliche Rücksichten zu nehmen, zumal er sich im Wahlkampf als Wunschkandidat der Katholischen Kirche präsentiert hatte. Dennoch begann unter seiner Regierung die bevölkerungspolitische Intervention der USA in der „Dritten Welt", die unter seinem Nachfolger Lyndon B. Johnson auch offiziell zum Bestandteil der US-Außenpolitik wurde. Gleich zu Beginn seiner Amtszeit hatte Kennedy das „foreign assistance program" der USA restrukturiert und 1961 die International Cooperation Administration zur Agency for International Development (AID) umgebildet. Im gleichen Jahr wurde auch die „Allianz für den Fortschritt" etabliert, ein entwicklungspolitisches Programm, um in Lateinamerika mit Hilfe von Antiguerillakampf, Counterinsurgency und „Entwicklung" die Einflußsphäre der USA zu sichern.

Innerhalb der Verwaltung gelang es einer zunächst minoritären Fraktion, die Geburtenkontrolle in der „Dritten Welt" zum Gegenstand der Außenpolitik machen wollte, durch geschicktes Changieren mit behördeninternen Verfahrensweisen und Hierarchien, ihre Position Schritt für Schritt zur offiziellen Regierungslinie zu machen: Zunächst wurde alles daran gesetzt, möglichst einflußreiche Politiker zu veranlassen, daß sie öffentlich das Bevölkerungswachstum als ein wichtiges Problem mit weitreichenden Konsequenzen für die ökonomische Entwicklung und den Weltfrieden anerkannten. Darüber hinaus sollten alle entscheidenden

---

* Draper beauftragte Robert Cook, den damaligen Präsidenten des Population Reference Bureaus, die Mitglieder der Kommission mit Material zur „Bevölkerungsexplosion" zu versorgen. In den Jahren 1947, 1948 und 1959 hatte Draper Japan besucht und war beeindruckt: Die drastische Senkung der Geburtenrate innerhalb weniger Jahre mit Hilfe der Legalisierung der Abtreibung und massiver Familienplanungspropaganda galt auch ihm als Voraussetzung für das japanische Wirtschaftswunder.

Persönlichkeiten und Institutionen auf den Konsens verpflichtet werden, daß die Erforschung der menschlichen Fruchtbarkeit *und* die Entwicklung von Verhütungsmitteln richtig und notwendig (und daher entsprechend zu fördern) seien. US-Institutionen sollten zumindest auf Nachfrage den Ländern der „Dritten Welt" Beratung und technische Unterstützung bei der Erforschung – und möglichst auch Lösung – ihrer „Bevölkerungsprobleme" gewähren. Schließlich ließ sich dieser Nachfrage auch nachhelfen, indem man zum Beispiel Bevölkerungsexperten in diejenigen Ländern schickte, deren Regierungen den „Bedarf" an Familienplanungsprogrammen noch nicht eingesehen hatten.

Im Januar 1964 wurde ein Population Office bei der Allianz für den Fortschritt eingerichtet, das erste dieser Art, und im selben Jahr flossen die ersten Gelder der AID für „Bevölkerungsarbeit" nach Lateinamerika. Im darauffolgenden Jahr wurden in allen AID-Zentren spezielle Bevölkerungsreferenten ernannt. Zudem fanden im Kapitol die ersten Hearings über die „Weltbevölkerungsexplosion" statt. Von da an stimmte der amerikanische Kongreß nicht nur regelmäßig einer Erhöhung des Familienplanungsetats von US-AID zu, der so innerhalb von fünf Jahren von 2,3 auf 75 Millionen Dollar stieg, sondern forderte selbst immer mehr bevölkerungspolitisches Engagement der USA in anderen Ländern.

Die Aufstockung des AID-Budgets ging mit organisatorischen und personellen Veränderungen innerhalb der Institution einher. Da die Kapazitäten der Agentur für die Verteilung der riesigen Summen nicht mehr ausreichten, wurden private Entwicklungshilfeorganisationen als Mittler eingeschaltet, und AID übernahm nur noch Planung und Koordination.[28] 1966 wurde Reimert T. Ravenholt zum Leiter des AID-Population Office berufen und avancierte binnen weniger Jahre zu einem der einflußreichsten Bürokraten in Washington. Noch heute geraten seine damaligen Mitarbeiter ins Schwärmen über seine dynamische Art. Er habe gut ausgebildete Leute mit Initiative und einem klaren Blick für Probleme ins Population Office geholt und diesem so einen „innovative spirit" verliehen, der bis heute nachwirke.[29]

Im Jahr 1966 wurde mit Hilfe des Foreign Assistance Act und des Food for Peace Act die Auslandshilfe der USA neu strukturiert und Nahrungsmittelhilfen und Kredite für die „Dritte Welt" an die Voraussetzung geknüpft, daß die Regierungen der Empfängerländer „freiwillig" Familienplanungsprogramme durchführten. Die Maßnahmen gegen das Bevölkerungswachstum in den nicht-industrialisierten Ländern wurden als Bestandteil der Kampagne „Krieg gegen den Hunger" forciert: „Der demographische Imperativ war geboren."[30] Zu den Schlüsselfiguren im Kongreß gehörten die Senatoren Ernest Gruening, George Bush und Joseph Clark, unterstützt wurden sie von den Präsidenten Johnson und später auch Richard Nixon. In den Anhörungen vor dem Kongreß empfahlen Experten die Verbreitung von Verhütungsmitteln sowohl auf nationaler als auch auf internationaler Ebene. Sie begründeten ihre Empfehlung mit dem Argument, daß auf diese Weise die familiäre Gesundheit und Fürsorge gefördert, Abtreibungen vermieden, die Umwelt geschützt und Armut und Mangelernährung gelindert werden könnten. In den letzten Monaten des Jahres 1969 verabschiedete der Kongreß ein Gesetz[31], das den Ausbau von Familienplanungsdiensten in den USA fördern sollte. Der Population Council und die Familienplanungsorganisation Planned Parenthood hatten sich seit Jahren dafür eingesetzt, Bevölkerungskontrolle auch in den USA als Waffe par excellence im Kampf gegen Armut einzusetzen, denn „die exzessive Fruchtbarkeit der wirtschaftlich schwachen Familien (sei) als einer der wichtigsten Faktoren anzusehen, welche zur Perpetuierung von Slums, Gesundheitsschäden, unzulänglicher Ausbildung und sogar Krminalität beitragen".[32] Das neue Gesetz wurde unter anderem von denjenigen begrüßt, die insbesondere für arme Frauen das Recht auf Zugang zu den Familienplanungs-Dienstleistungen einforderten. Doch die Errichtung staatlich geförderter Familienplanungseinrichtungen in den überwiegend von Schwarzen und ImmigrantInnen aus Lateinamerika bewohnten städtischen Armenvierteln, stieß auch auf massive Kritik, da viele der Betroffenen keinen Wert darauf legten, daß ihnen die weiße Mittelschicht bei der Kontrolle ihrer Fruchtbarkeit „half". Da den bevölkerungspolitischen Maßnahmen Vorrang vor einer Verbesserung der sozialen und gesundheitlichen Situation eingeräumt wurde, entstand der Verdacht, daß das Ziel dieser Politik nicht die Abschaffung der Armut, sondern die Reduzierung der Armen sei. Die Armutsbekämpfung mit bevölkerungspolitischen Mitteln sei, so der Vorwurf von AktivistInnen aus der schwarzen Bürgerrechtsbewegung, in Wirklichkeit ein Versuch des Genozids.[33] In Cleveland wurde 1968 ein Brandanschlag auf eine Familienplanungsklinik mit dem Vorwurf des Genozids an Afroamerikanern begründet.[34]

Im Jahr 1969 beauftragte Präsident Nixon die „Kommission für Bevölkerungswachstum und die amerikanische Zukunft" damit, ein bevölkerungspolitisches Programm für die USA auszuarbeiten, das dem „beherrschenden Einfluß des Bevölkerungswachstums auf alle Facetten des amerikanischen Lebens" Rechnung trage. Vorsitzender der Kommission war John D. Rockefeller. Der Bericht, den die Kommission drei Jahre später vorlegte, blieb jedoch ohne Konsequenzen: Nixon fürchtete öffentliche Angriffe wegen der im Report enthaltenen Empfehlungen für die Legalisierung von Abtreibungen und einen freien Zugang für Teenager zu Verhütungsmitteln.[35]

Beyond Family Planning

Schon seit den 40er Jahren hatten Rockefeller, Notestein und andere eine effektive und leicht anwendbare Methode der Geburtenkontrolle als unabdingbare Voraussetzung eines „Durchbruchs" in der „Bevölkerungsfrage" angesehen. Mit der Erfindung neuer Massenverhütungsmittel schien dies nun erreicht. Seit Mitte der 60er Jahre wurden mit tatkräftiger Unterstützung von US-AID und anderen Organisationen Spiralen und Antibabypillen massenhaft in Indien und Pakistan verteilt. Allein im Jahr 1966 wurden etwa einer Million indischer Frauen Spiralen eingesetzt und für das folgende Jahr eine Sollzahl von vier Millionen festgelegt. 1967 wurden im Rahmen eines Versuchsprojekts von US-AID in jedem indischen Bundesstaat 5 000-10 000 Monatspackungen Pillen vertrieben. Allerdings brachen 75 Prozent der Frauen den Versuch ab, vermutlich weil der Wirkstoff in den Pillen überdosiert war. In Pakistan veranlaßte Präsident Ayub Khan 1965 auf persönliche Intervention von Rockefeller und Notestein eine landesweite Kampagne, um die Mehrheit der pakistanischen Bevölkerung innerhalb von zwei Jahren zur Planung ihrer Familie mittels Sterilisationen und Spiralen zu bewegen. Die Maßnahmen stießen jedoch schon bald auf eine breite öffentliche Opposition, die bisweilen auch zu praktischem Widerstand überging: In einer Studie, die im Auftrag von US-AID erstellt wurde, wird erwähnt, daß in den späten 60er Jahren in Pakistan Familienplanungsbüros gestürmt und Kliniken in Brand gesetzt wurden. Die Spirale geriet in Verruf und blieb bis in die 80er Jahre unpopulär.[36]

Trotz oder auch wegen solcher Mißerfolge wurde jedes neue Kontrazeptivum euphorisch als Patentrezept zur Lösung des „Bevölkerungsproblems" begrüßt. Die jeweils neuen Präparate wurden rücksichtslos an die Frauen gebracht, Nebenwirkungen bagatellisiert, Begleituntersuchungen vernachlässigt. Jede neue Maßnahme, so ein Beobachter, sei mit Beifall bedacht und dann aufgegeben worden. Trotz gewaltiger Investitionen sei die Familienplanung bei der Bevölkerung in Indien nicht angekommen.[37] Weder Medienkampagnen[38] noch Prämienzahlungen oder von der Regierung vorgegebene Sollzahlen senkten die Geburtenrate im gewünschten Ausmaß. Ebenso verfehlten die Kampagnen zur Massensterilisation indischer Männer dieses Ziel. 1970 wurde im indischen Bundesstaat Kerala das erste Sterilisationscamp eingerichtet. Im Juni 1975 rief Indira Gandhi den Ausnahmezustand aus. In den folgenden zwei Jahren fanden Zwangssterilisationen im ganzen Land statt. „Hunderte, wenn nicht tausende, starben an Infektionen infolge der Operationen und bei Aufständen und Protesten gegen das Programm."[39] Diese Proteste brachten schließlich die Regierung Indira Gandhis zu Fall; sie erlitt 1977 eine dramatische Wahlniederlage.

Unabhängig von der grundsätzlichen Übereinstimmung in Fragen der Bevölkerungspolitik verschärften sich die Spannungen zwischen den ausländischen Organisationen und der indischen Regierung. Die Gründe waren Mißtrauen gegenüber der Außenpolitik der USA, Kritik am US-Imperialismus und ein wachsendes nationales Selbstbewußtsein in Indien. Ein Vertreter der Ford Foundation notierte, daß die Zeit der Auslandshilfe vorbei sei. Tatsächlich spitzte sich die Situation innerhalb weniger Jahre zu: 1973 mußte US-AID aufgrund von Antipathien und starken antiamerikanischen Ressentiments ihr Büro in Neu-Delhi schließen, die MitarbeiterInnen wurden des Landes verwiesen.

Unter den Bevölkerungswissenschaftlern hatte sich in jenen Jahren eine kontroverse Debatte über Effizienz und Chancen derartiger Programme entwickelt, die nun auch in die Neuformulierung einer bevölkerungspolitischen Strategie Eingang fand. Eine besondere Rolle spielte die Kritik des Soziologen Kingsley Davis, der lange Zeit dem Population Reference Bureau sowie der American Eugenic Society angehörte. In einem Artikel, der 1967 im Wissenschaftsmagazin *Science* erschien, war Davis hart mit den Familienplanern ins Gericht gegangen. Ihre Programme seien ineffektiv und zu sehr an konservativen Wertvorstellungen orientiert (Stärkung der Familie, Respekt gegenüber Kirchen und Abtreibungsgegnern). Die bloße Verbreitung von Verhütungsmitteln könne zwar die individuelle und freiwillige Familienplanung erleichtern, damit jedoch allenfalls die unerwünschten Geburten verhindern. Für eine wirkliche Bevölkerungs*kontrolle* in staatlichem Interesse reiche das bei weitem nicht aus. Davis forderte, anstelle der bisher praktizierten „technischen Hilfe" die „Gesamtheit der Motivationsfaktoren" zu untersuchen, die für die Verhütung bedeutsam seien. Das Bevölkerungswachstum sei gesellschaftlich bedingt und könne nur gedrosselt werden, wenn man auch die Sozialstruktur grundlegend verändere. Bevölkerungskontrolle müsse daher nicht Angelegenheit des Gesundheitsministeriums, sondern vielmehr des Wirtschafts- sowie des Erziehungsministeriums sein.

„Beyond family planning" hieß die neue Devise, unter der alle „Schlüsselvariablen" erforscht werden sollten – sowohl individuelle Motive als auch gesellschaftliche Einflüsse. Nachdem es nicht gelungen war, das „perfekte" Verhütungsmittel zu konstruieren, um das „Bevölkerungsproblem" auf einen Schlag zu lösen, hoffte man nun, mittels „social engineering" die spezifische soziale Variable zu ermitteln, um die Wünsche und das „reproduktive Verhalten" von Frauen zu ändern.[40]

Für den Fall aber, daß die erforderliche „Nachfrage" nach Familienplanung nicht mittels Beeinflussung des sozialen Umfeldes geschaffen werden könne, so wurden auch Zwangsmaßnahmen als eine mögliche Option in Betracht gezogen:

Oscar Harkavy von der Ford Foundation setzte sich eingehend mit Davis' Kritik auseinander, bezweifelte aber, daß die vorgeschlagene weitgehende Änderung der Sozialstruktur möglich sei. Stattdessen sah er 1968 andere Möglichkeiten in „greifbarer Nähe" der Forschung: sterilisierende Mittel, die zusammen mit der Nahrung verabreicht und deren Wirkung nur durch ein von der Regierung kontrolliertes Antidotum aufgehoben werden könne. Ähnliche Vorschläge machte Bernard Berelson, Präsident des Population Councils und zuvor bei der Ford Foundation für Bevölkerungsfragen zuständig, im August 1968; ferner erwog er bevölkerungspolitischen Schulunterricht, steuerliche Benachteiligung ab einer bestimmten Kinderzahl, Druck auf Regierungen und religiöse Gruppen zur Geburtenkontrolle sowie die Möglichkeit, daß Kinder nur noch geboren werden dürften, wenn die Eltern über eine entsprechende Lizenz verfügten.[41] Auf der Konferenz der Ford Foundation 1974 im kolumbianischen Cali diskutierte die feministische Bevölkerungsexpertin Adrienne Germain zusammen mit ihren Kollegen Lyle Saunders und Michael Teitelbaum eine überaus detaillierte Auflistung aller Variablen, die nach Ansicht der Geladenen das „Fruchtbarkeitsverhalten" beeinflussen könnten. Das Spektrum reichte von „unfreiwilliger Abstinenz" (zum Beispiel Einberufung zum Militärdienst) über eine Heraufsetzung des Heiratsalters bis hin zur materiellen Absicherung von Frauen außerhalb von Partnerbeziehungen.[42]

Die Reorganisation der Bevölkerungskontrolle zu Beginn der 70er Jahre ist aber nicht nur vor dem Hintergrund der akademischen Debatten und des Scheiterns der bisherigen Praxis zu sehen. Darüber hinaus waren neue Organisationen wie die UNFPA und die Weltbank als Geldgeber für bevölkerungspolitische Maßnahmen auf den Plan getreten. Und nicht zuletzt hatte die Frauenbewegung nachhaltigen Einfluß auf die Auseinandersetzung um den zukünftigen Kurs der Bevölkerungspolitik. Vor allem in der Ford Foundation, aber auch in anderen Geldgeber-Institutionen beteiligten sich engagierte Feministinnen an der anstehenden Kurskorrektur.

Die UNO: Die Überwindung eines Zwiespalts

Der Bevölkerungsfonds der Vereinten Nationen, UNFPA, wurde 1969 gegründet und gehört heute zusammen mit AID, dem internationalen Familienplanungsverband IPPF und dem Population Council zu den größten Geldgebern für Bevölkerungsprogramme. Diese Entwicklung ist umso erstaunlicher, wenn man bedenkt, daß in den ersten 20 Jahren nach Gründung der UNO die meisten Gremien der Organisation eine Einmischung in Bevölkerungsangelegenheiten abgelehnt hatten. Bis in die 60er Jahre hinein galt die Annahme, daß das Bevölkerungswachstum ein Problem darstelle, als äußerst umstritten. An eine aktive Rolle der UNO bei der Durchsetzung von Familienplanungskampagnen war schon gar nicht zu denken. Viele Regierungen insbesondere aus den Ländern des Südens lehnten Bevölkerungskontrolle ab, weil sie in einer zahlreichen, wachsenden Bevölkerung einen ökonomischen und häufig auch militärischen Vorteil, ein Zeichen nationaler Stärke sahen. Andere hatten religiös-moralische Einwände gegen die Verbreitung von Verhütungsmitteln; und vor allem die sozialistischen Staaten gingen davon aus, daß sich die Bevölkerungsentwicklung nur mittels einer Veränderung der wirtschaftlichen Bedingungen eines Landes regulieren ließe. Einigkeit bestand anfangs lediglich darüber, daß die UNO Bevölkerungsdaten, -statistiken und -prognosen zusammenstellen solle. Tatsächlich vollzogen die Vereinten Nationen mit geringer zeitlicher Verzögerung die gleichen Schwenks und gelangte zu den gleichen „Einsichten" in die Notwendigkeit bevölkerungspolitischer Maßnahmen wie die Regierungsinstanzen der USA.[43] Bisweilen waren es dieselben Männer, die in beiden Institutionen wirkten, und die die Durchsetzung ihrer Position in den UN-Gremien als großen Erfolg ansahen, da die Weltorganisation im Gegensatz zu den US-amerikanischen bevölkerungspolitischen Institutionen als neutral und unparteiisch galt. „Auf jeden Schritt in der US- Politik oder der Beschaffung von Geldmitteln", so Phillis Piotrow, „folgte nach einer gewissen Zeit der Reorientierung (...) ein Druck der USA auf die Vereinten Nationen, ähnliche Schritte zu unternehmen. Ausgeübt wurde dieser Druck auf die UN sowohl mittels offizieller Stellungnahmen der USA, der Annahme von Resolutionen oder Finanzierungsverpflichtungen, als auch mit Hilfe der inoffiziellen Einflußnahme von Bevölkerungs-aktivisten wie Rockefeller oder Draper."[44]

Obwohl in der UNO noch lange Zeit in der „Bevölkerungsfrage" Uneinigkeit herrschte, wurden schon in den Anfangsjahren in zentralen Bereichen die Weichen gestellt, um die Reduzierung des Bevölkerungs-wachstums zur Voraussetzung für die wirtschaftliche Entwicklung zu deklarieren. Dies skizziert Abeselom am Beispiel der einflußreichen UN-Wirtschaftskommission für Asien und den Fernen Osten (ECAFE): 1947 noch hatte die Kommission eine Arbeitsgruppe nach Asien entsandt, um die Folgen des Krieges dort zu untersuchen. Als Ergebnis der Untersu-chung konstatierte diese verschiedene Hindernisse für den wirtschatlichen Wiederaufbau, insbesondere politische Unruhen, aber auch einen Man-gel an Kapital, Produktionsmitteln, Rohstoffen und Fachkräften. Ohne eine Art Marshallplan seien die Schwierigkeiten nicht zu überwinden. Weder wurde die „Bevölkerungsexplosion" als Ursache, noch die Ge-burtenkontrolle als „Lösung" der Mißstände dargestellt. Dennoch for-derte die Wirtschaftskommission in den 50er Jahren nachdrücklich ein bevölkerungspolitisches Engagement der UNO in der Region.[45] Es drän-ge sich die Frage auf, so Abeselom, „warum nur für Europa finanzielle Hilfe für den wirtschaftlichen Wiederaufbau (...) bereitgestellt wurde, aber für Asien und den Fernen Osten nur (...) Geburtenkontrolle, ob-wohl die Probleme und deren Ursachen, d.h. die Folgen des Zweiten Weltkrieges, überall als ähnlich angesehen werden konnten".[46]

Im Oktober 1946 beschloß der UN-Wirtschafts- und Sozialrat (ECOSOC) nach einigen Querelen die Gründung einer Population Commission.[47] Ihre Aufgabe sollte es sein, Studien über Bevölkerungsgröße und -struktur, über die Wechselbeziehung zwischen „demographischen, ökonomischen und sozialen Faktoren" sowie über die Auswirkungen einer demogra-phischen Politik durchzuführen.[48] Die Population Commission hatte also keine Entscheidungsbefugnis, konnte aber mittels Aufbereitung von In-formationen Einfluß auf die Diskussion innerhalb der UNO nehmen. Die Erarbeitung ensprechender Studien wurde jedoch der Population Division übertragen, einer ständigen Abteilung, die dem UN-Sekretariat zugeordnet war. Zwischen beiden Institutionen kam es bald zu erheblichen Spannungen.

In der Population Commission traten die Delegierten der sozialistischen Länder sowie der renommierte französische Demograph Alfred Sauvy, Direktor des Institut National d'Etudes Demographiques in Paris[49], über Jahre hinweg jedem Versuch entgegen, das Bevölkerungswachstum zum Problem an sich zu erklären und so die Kommission auf einen neo-malthusianischen Kurs zu bringen. Darüber hinaus verhinderten die Vertreter von Staaten mit einer überwiegend katholischen Bevölkerung (Brasilien, Argentinien, Italien, Irland und Belgien), daß sich die Population Commission für eine Beteiligung der UNO an Familienplanungskampagnen aussprach. Der offiziellen Position der Katholischen Kirche zufolge stellte das Bevölkerungwachstum zwar ein ernstes Problem dar, nur seien Geburtenkontrolle und Abtreibung keine geeigneten Antworten.

In der Population Division war dagegen unter Leitung von Frank Notestein eine ganz anders orientierte Gruppe von Demographen versammelt.[50] Während sich die Population Commission beharrlich weigerte, den Regierungen der UNO-Mitgliedsstaaten eine anti-natalistische Politik zu empfehlen, drängte die Population Division, eben dies zu tun. Zentraler Streitpunkt zwischen den Neo-Malthusianern und ihren Gegnern innerhalb der UNO war die Frage, ob ein hohes Bevölkerungswachstum die Entwicklung behindere oder eher fördere. Um so wichtiger war es den Protagonisten einer UN-Bevölkerungspolitik in den folgenden Jahren, andere als ökonomische Gründe für ihr Anliegen geltend zu machen und die Notwendigkeit zur Familienplanung mit (sozialen oder kulturellen) Argumenten zu begründen, die auf seiten der Katholischen Kirche oder der sozialistisch regierten Länder auf weniger Widerstände stoßen würden.[51] Eine von der Population Division erstellte Studie, die später unter dem Titel „Determinants and Consequences of Population Trends" zu einem demographischen Nachschlagewerk wurde, führte 1950 zu einem Eklat zwischen Commission und Division, weil darin die Behauptung aufgestellt wurde, eine rechtzeitige Begrenzung des Bevölkerungswachstums würde in den meisten „unterentwickelten Ländern" zu einer Steigerung des Wohlstands beitragen.[52]

Beide Institutionen neutralisierten sich wechselseitig. Daher ist es nicht verwunderlich, daß der Anstoß zu einer bevölkerungspolitischen Initiative von außen kam. Es war zunächst der britische Zoologe und Eugeniker Sir Julian Huxley, Generaldirektor der UNESCO, der bereits 1948 darauf drängte, die Vereinten Nationen sollten eine internationale Konferenz über Bevölkerungsfragen ausrichten. Als Vorbild mag ihm dabei die Weltbevölkerungskonferenz von 1927 in Genf gedient haben, bei der er als Leiter der Sektion über „differentielle Fruchtbarkeit" bereits eine führende Rolle gespielt hatte. Huxleys Vorschlag blieb vorerst unrealisiert; erst im Jahr 1954 wurde die erste UN-Weltbevölkerungskonferenz abgehalten. Er nutzte jedoch seinen Einfluß – und die Ressourcen der UNESCO –, um auch über die Grenzen seiner Kompetenz hinaus in der „Bevölkerungsfrage" vorzupreschen.[53] Daneben gab es auch in anderen Unterorganisationen der UNO Leute, die ein bevölkerungspolitisches Engagement mehr oder minder entschieden befürworteten – und andere, anfangs die Mehrheit, die dies ablehnten. So hatte der FAO-Direktor Norris Dodd noch 1948 verärgert die „Propaganda" zurückgewiesen, daß die Welt nicht in der Lage sei, genug Nahrungsmittel für eine wachsende Bevölkerung zu produzieren.[54] Mit Benay Ranjan Sen trat 1956 ein neuer Generaldirektor an die Spitze der Ernährungs- und Landwirtschaftsorganisation, der nicht nur – anfangs noch gegen die Mehrheit der FAO-Fachleute – eine „Welternährungskrise" konstatierte, sondern auch dafür eintrat, diese mit Hilfe einer Reduzierung des Bevölkerungswachstums zu „lösen".[55]

In der Weltgesundheits-Organisation waren die Vorbehalte gegen ein wie auch immer geartetes bevölkerungspolitisches Engagement besonders stark, vertreten vor allem von katholisch orientierten Delegierten, der Sowjetunion und Frankreich sowie Repräsentanten der francophonen afrikanischen Staaten. Bedenken bestanden zum einen gegen die Beteiligung der WHO an der Verhütungsmittelforschung und -distribution, zum anderen wegen einer befürchteten Umwidmung von Geldern, die für die Malaria- und Tuberkulosebekämpfung vorgesehen waren, auf die Programme zur Bevölkerungskontrolle.

Die Internationale Arbeitsorganisation (ILO) hatte von jeher in einer international gesteuerten Migration die Lösung des „Überbevölkerungsproblems" gesehen; die Versuche, die Organisation Anfang der 50er Jahre zu einer Art „Weltarbeitskräftebörse" bzw. internationalen Migrationsverwaltung umzufunktionieren, waren jedoch gescheitert.[56] Andere Formen der Bevölkerungskontrolle befürwortete der langjährige ILO-Direktor David Morse bereits 1950 entschieden.[57] Er sah es als eine mögliche Funktion der ILO an, Arbeiter und Gewerkschaften überall auf der Welt mit den „immensen Problemen, die durch den Bevölkerungsdruck geschaffen werden" vertraut zu machen sowie mit der Perspektive, mittels Familienplanung den Lebensstandard zu verbessern.[58] Innerhalb der Organisation blieb dieses Engagement jedoch umstritten.

Die Auseinandersetzungen um die Haltung der UNO zur „Bevölkerungsfrage" zogen sich fast zwei Jahrzehnte hin, während derer ein praktisches Engagement nur sehr beschränkt und unter geschickter Umgehung der zuständigen Gremien möglich war.[59] Der endgültige Meinungsumschwung in der UNO erfolgte Mitte der 60er Jahre und läßt sich etwa so skizzieren: Zunächst wurden in verschiedenen Variationen Resolutionen verabschiedet und Stellungnahmen herausgegeben, in denen die Bedeutung der Bevölkerungsentwicklung in Hinblick auf das Arbeitsfeld der jeweiligen Unterorganisation konstatiert und die wissenschaftliche Erforschung der „Bevölkerungsfrage" befürwortet wurde. Es folgte ein statement, wonach es dem jeweiligen UNO-Gremium erlaubt sei, bei Bedarf Informationen an die Mitgliedsländer weiterzugeben oder diese in Bevölkerungsfragen zu beraten. Und schließlich sollte dann die UNO auf Anfrage auch „technische Hilfestellung" bei der Ausarbeitung und Durchführung von Familienplanungsprogrammen gewähren. Mitunter wurden Zugeständnisse an die Widersacher in die Präambel einer Resolution aufgenommen, die dann meist bei der nächsten Gelegenheit entschärft oder fallengelassen wurden. So etwa die Versicherung, daß in jedem Fall die nationale Souveränität unverletzt bleiben müsse oder aber, daß man weiterhin eine verbesserte ökonomische Entwicklung als Voraussetzung für die „Lösung" des „Bevölkerungsproblems" ansehe.

Mit der Forderung nach einer Erforschung des „Bevölkerungsproblems" verfolgten die Protagonisten ein doppeltes Ziel: Einerseits sollte auf diese Weise die Existenz dieses „Problems" in den Reihen der UNO untermauert werden. Andererseits diente die Forschungsförderung auch der neo-malthusianischen Überzeugungsarbeit im Ausland. Die Studien der Population Division, so Stanley Johnson, bereiteten sorgfältig den Boden für spätere Handlungen vor und könnten in ihrer Bedeutung kaum überschätzt werden.[60] Eine wichtige legitimatorische Funktion hatte zum Beispiel die von der Weltbank geförderte Studie von Ansley Coale und Edgar Hoover. Die Autoren versuchten darin am Beispiel Indiens nachzuweisen, daß Investitionen in Familienplanung zu einer Steigerung des Pro-Kopf-Einkommens führen würden. Ein Rückgang des Bevölkerungswachstums würde Kapital für Investitionen „freisetzen", das andernfalls konsumiert werden würde. Diese Studie, deren Essentials bis heute die Diskussion beeinflussen, „lieferte schließlich die Rechtfertigung für Geburtenkontrolle als Teil der US-Entwicklungshilfepolitik".[61]

Im Jahr 1954 fand in Rom die erste Weltbevölkerungskonferenz der UNO statt, zu der 400 Delegierte, nominiert von 85 Regierungen anreisten. Die Zusammenkunft sollte, wie schon die Genfer Konferenz von 1927, streng wissenschaftlichen Charakter haben und weder Resolutionen noch Empfehlungen an Regierungen verabschieden. Doch sorgten die Demographen Pascal Whelpton und Frank Lorimer dafür, daß auch über Familienplanung diskutiert wurde. Trotz des wissenschaftlichen Anspruchs der Konferenz wurde der neugegründete Familienplanungsverband International Planned Parenthood Federation (IPPF) aufgefordert, zwei Beobachter zu entsenden; darüber hinaus aber waren zwölf Mitglieder des Verbandes als Experten eingeladen.[62] Obwohl die Kontroversen zwischen Neo-Malthusianern und ihren Widersachern aus den sozialistischen Ländern quasi unvermindert fortbestanden, wertete Notestein die Konferenz als „äußerst nützlich, um das Interesse sowohl der Gelehrten als auch der Regierungen an der wissenschaftlichen Erforschung der Bevölkerung zu stimulieren". Schon die Tatsache, daß es möglich war, eine Weltbevölkerungskonferenz unter Regie der UNO abzuhalten, galt als ein Erfolg auf dem Weg, das Thema in der Weltorganisation durchzusetzen.[63] In der Folgezeit beteiligten sich die Vereinten Nationen an der Einrichtung der ersten demographischen Ausbildungszentren in Indien (1956), Chile (1957) und Ägypten (1963).[64]

Noch in den 50er Jahren wurden Bevölkerungsexpertinnen und -experten im Auftrag der UNO nach Indonesien geschickt, um die dortige Regierung in Bevölkerungsfragen zu beraten. Der deutschen Bevölkerungsökonomin Hilde Wander gelang es bei dieser Gelegenheit, als Population Advisor der UNO die indonesische Regierung davon zu überzeugen, daß ein hohes Bevölkerungswachstum der wirtschaftlichen Entwicklung abträglich sei – eine Annahme, die zum damaligen Zeitpunkt innerhalb der Vereinten Nationen noch überaus umstritten war.[65]

Bis zur nächsten Weltbevölkerungskonferenz, die 1965 in Belgrad stattfand, hatte sich die Szenerie bereits nachhaltig verändert. Die UNO-Vollversammlung hatte eine erste Resolution zur "Bevölkerungsfrage" verabschiedet[66] und die praktischen Schritte zur Vorbereitung einer UN-Bevölkerungspolitik, die sich nun auf die Mehrheit der Delegierten stützen konnte, waren eingeleitet. In bezug auf die Politik der US-Regierung war den Bevölkerungsaktivisten bereits der „große Durchbruch" gelungen, und nun bahnte er sich in der UNO an. Nach Auskunft zweier Mitarbeiter von US-AID war dafür auch die Wahl des Konferenzortes von Bedeutung: Indem die Weltbevölkerungskonferenz erstmals in einem sozialistisch regierten Land stattfand, sollte auch der „Ostblock" in die Verantwortung genommen werden.[67] Zwar waren auch zur Belgrader Konferenz nur Fachleute geladen; „akademisch" sei sie dennoch nicht gewesen, so Hermann Schubnell, Mitglied der deutschen Delegation. In allen Beiträgen und Diskussionen waren „die hinter den wissenschaftlichen Erörterungen stehende praktische Problematik und ihre Dringlichkeit zu spüren".[68]

Das Menschenrecht auf Familienplanung

Im Dezember 1966 hatte die UN-Vollversammlung mit einer Resolution ein Mandat für die Ausweitung der Bevölkerungsaktivitäten erteilt.[69] Jedoch fehlte es dafür zunächst an geeignetem Personal und an Geld. Zudem erwies sich die bürokratische Struktur der UNO bisweilen als Hindernis für die zur Praxis drängenden Bevölkerungspolitiker. Diesmal war General Draper, dessen bevölkerungspolitische Vorschläge Eisenhower 1959 abgelehnt hatte, erfolgreich bei seinem Versuch, die Weichen hinter den Kulissen zu stellen. Mit Hilfe persönlicher Kontakte und Absprachen im engsten Kreis der „Aufgeschlossenen" gelang es ihm, auch Generalsekretär Sithu U Thant davon zu überzeugen, daß man nun von der demographischen Forschung und Ausbildung zur Mobilisierung der UN-Ressourcen für nationale Bevölkerungs- und Familienplanungsprogramme voranschreiten müsse.[70] Im Sommer 1967 kündigte U Thant daraufhin die Gründung eines entsprechenden Finanzfonds an, in den auch Regierungen und Privatleute freiwillige Beiträge einzahlen konnten. Innerhalb von zwei Jahren wurde aus diesem Fonds, der zunächst nicht viel mehr als eine Art Bankkonto war,[71] eine eigene Behörde: Der United Nations Fund for Population Activities (UNFPA). Angesiedelt war der Fonds zunächst beim United Nations Development Program (UNDP), der entwicklungspolitischen Abteilung der Vereinten Nationen.[72] Diese verfügte über ein weltweites Netz von Mitarbeitern und Projekten, also über günstige organisatorische Voraussetzungen. Obwohl bis dahin noch kaum Anträge von „Entwicklungsländern" auf UNO-Unterstützung bevölkerungspolitischer Maßnahmen vorlagen, sollte das Angebot bald die Nachfrage schaffen. Auch bei US-AID, so äußerte sich Draper zuversichtlich, seien in Zeiten kleiner Budgets kaum Familienplanungsprojekte beantragt worden. Mit der kurzfristigen Aufblähung des

Etats auf 35 Millionen Dollar, die für keinen anderen Zweck ausgegeben werden dürften, sei auch das Antragsvolumen plötzlich in die Höhe geschnellt.[73] In der Folgezeit wurde der UNO-Bevölkerungsfonds finanziell und organisatorisch erheblich ausgebaut. Die Regierung Nixon hatte sich bereit erklärt, 7,5 Millionen Dollar zu zahlen unter der Bedingung, daß ein ebenso großer Betrag von anderen aufgebracht würde. Daraufhin wandte sich Draper an alle in Frage kommenden Beitragszahler brieflich oder persönlich, insbesondere die skandinavischen Länder,[74] Japan, die Bundesrepublik Deutschland, Großbritannien und Kanada.[75] Die Bundesregierung zahlte erstmals 1970 Gelder an den UNFPA. Dem war eine Absprache zwischen sozialliberaler Regierung und CDU-Opposition vorausgegangen, generell Bevöllkerungsprogramme zu unterstützen. Das Thema galt als heikel, zum einen wegen der nationalsozialistischen Vergangenheit und zum anderen, weil man Imperialismusvorwürfe von seiten der DDR erwartete. Die deutschen Gelder wurden anfangs zu 75 Prozent an den Bevölkerungsfonds der UNO und zu 25 Prozent an den Familienplanungsverband IPPF gezahlt. Indem dieser die deutschen Regierungsgelder an seine jeweiligen Mitgliedsorganisationen in den „Entwicklungsländern" weiterleitete, hoffte man, den Verdacht einer Bevormundung zu umgehen.[76] Ähnlich wie die deutsche Regierung zahlte auch der UNFPA einen Teil der Gelder für Bevölkerungsprogramme an Nichtregierungsorganisationen wie den IPPF oder den Population Council.[77] Die Einbeziehung von NROs sowie die Erschließung von Geldquellen außerhalb der UNO hatte für die „Macher" nicht zuletzt auch den Vorteil, daß sie auf diese Weise eine eher schwerfällige und ihnen nicht unbedingt politisch gefügige UN-Bürokratie umgehen konnten.

Ende 1969 hatte Hoffman den philippinischen Staatssekretär Rafael Salas zum Chef des Bevölkerungsfonds ernannt. Im Jahr 1971 betrug das Budget des UNFPA bereits 30 Millionen Dollar, aufgebracht von 46 Ländern.[78] Erst im Herbst des Jahres, nachdem UNFPA bereits mehrere Jahre am Werk war, alle wichtigen Posten besetzt und die Grundlinien der Politik festgelegt worden waren, wurde die neue bevölkerungspolitische Zentrale der UNO auch von der Vollversammlung der Vereinten Nationen legitimiert.[79]

Obwohl die UN-Bevölkerungspolitik im UNFPA zentralisiert wurde, ging die Lobbyarbeit auch außerhalb weiter. Im Dezember 1967 brachte Rockefeller ein „World Leader's statement" in Umlauf, das von 30 Staatsoberhäuptern unterzeichnet wurde und in dem die Entscheidung über die Zahl der Kinder und den Abstand der Geburten als ein grundlegendes Menschenrecht deklariert wurde. Wenige Monate später erklärte die UN-Menschenrechtskonferenz in Teheran die „freie und verantwortliche Entscheidung der Paare über Zahl und Abstand ihrer Kinder" zu einem Menschenrecht. Obwohl damit nicht explizit die Begrenzung der Familiengröße gefordert war, spielt dieses „Menschenrecht" bis heute eine wichtige Rolle zur Legitimierung von Familienplanungskampagnen. Deren Betreiber konnten und können sich nun bei Bedarf anstatt auf umstrittene ökonomische Argumente und Katastrophenprognosen auf die Menschenrechte berufen.[80]* Der Anschein, daß bei der UNO-Bevölkerungspolitik die universellen und bekanntlich individuellen Menschenrechte im Mittelpunkt stünden, wird vom UNFPA selbst widerlegt, wenn dieser seine „Bevölkerungspreise" an Regierungen verleiht, die auch Zwangsmaßnahmen anwenden, um die Geburtenrate zu reduzieren. So erhielt 1984 die indische Ministerpräsidentin Indira Ghandi, unter deren Regierung Zwangssterilisationskampagnen durchgeführt wurden, gemeinsam mit dem chinesischen Familienplanungsminister Qian Xinzhong den UNO-Bevölkerungspreis. 1989 wurde der indonesische Präsident Suharto für seine Bevölkerungspolitik ausgezeichnet.[81]

In der UNFPA-Zeitschrift *Populi* wurde 1976 der Frage nachgegangen, ob bevölkerungspolitische Zwangsmaßnahmen mit den Menschenrechten vereinbar seien. Zwangssterilisationen, so die Einschätzung des Autors, verstießen gegen die Humanität. Jedoch könnten weniger massive körperliche Eingriffe bei einer Verschärfung der „Weltbevölkerungskrise" gerechtfertigt sein. Wenn ein staatlicher Impfzwang oder das Verbot der Polygamie mit den Menschenrechten vereinbar seien, warum dann nicht auch die administrative Begrenzung der Kinderzahl? Anlaß für diese Erörterungen war die Zwangssterilisationskampagne, die gerade in Indien begonnen hatte, und für deren Tolerierung durch die UN der Artikel indirekt plädierte.[82]

Im Jahr 1968 wurde Robert McNamara zum Präsidenten der Weltbank

---

* Rajani Bhatia setzt sich mit der langfristigen Legitimationswirkung dieser Teheraner Erklärung auseinander. Sie verweist auf das Paradox, eine freie und zugleich verantwortliche Entscheidung zu fordern, sowie darauf, daß in der Erklärung behauptet wird, das Bevölkerungswachstum sei die Ursache dafür, daß die Menschen in den Ländern des Südens ihre Menschenrechte nicht in vollem Umfang wahrnehmen könnten. Die Teheraner Erklärung, so zitiert sie einen Artikel aus „Studies in Family Planning", könne als Versuch der internationalen Gemeinschaft verstanden werden, um Druck auf die weniger entwickelten Staaten ausüben, die sich bis dahin der Verbreitung der Verhütungsmittel innerhalb ihrer Grenzen widersetzt hatten.

ernannt. Er erklärte das Bevölkerungswachstum zum größten Hindernis für den ökonomischen und sozialen Fortschritt in der „unterentwickelten Welt"[83] und kündigte an, daß die Weltbank von nun an ihre Machtmittel zur Durchsetzung der Bevölkerungskontrolle einsetzen werde.

All das bedeutete aber noch nicht, daß die bevölkerungspolitischen Vorstellungen der UNO auch dort akzeptiert worden wären, wo sie wirken sollten. So lehnten gerade diejenigen Länder es ab, der UNO Daten über ihre demographische Entwicklung zu liefern, die angeblich die größten Bevölkerungsprobleme hatten: In den Jahren 1972/73 weigerten sich China (das damals ein Bevölkerungswachstum befürwortete), Indien, Indonesien, Brasilien und Nigeria, eine von der Population Commission durchgeführte Umfrage über die möglichen Wechselwirkungen zwischen ökonomischer und Bevölkerungsentwicklung zu beantworten.[84]

Auf der Weltbevölkerungskonferenz, die 1974 in Bukarest stattfand, kam die Skepsis und Ablehnung zahlreicher nicht industrialisierter Länder gegenüber einer Bevölkerungspolitik der UNO klar zum Ausdruck. In Bukarest trafen sich erstmals nicht nur Expertinnen und Experten sondern politische Regierungsvertreter. Der UN-Wirtschafts- und Sozialrat hatte Drapers Idee aufgegriffen und vorgeschlagen, das Jahr 1974 zum „Weltbevölkerungsjahr" zu erklären.[85] Sowohl die Konferenz, auf der erstmals auch ein Weltbevölkerungsaktionsplan verabschiedet werden sollte, als auch das „Weltbevölkerungsjahr" dienten dazu, das Ziel einer Reduzierung des globalen Bevölkerungswachstums als Konsens innerhalb der UNO festzuklopfen. Stattdessen kam es in Bukarest jedoch zu vehementen Auseinandersetzungen, in denen die Dominanz der Industriestaaten und insbesondere der USA attackiert wurde. Kritik an einer neo-malthusianischen Bevölkerungspolitik äußerten vor allem Delgierte aus sozialistisch regierten Staaten und aus Afrika. Die deutsche Demographin Gabriele Wülker berichtet über ein „tiefes Mißtrauen gegenüber den Industrieländern" auf seiten der afrikanischen Delegierten.[86] Viele Vertreter aus nichtindustrialisierten Staaten insistierten auf dem Vorrang entwicklungspolitischer Maßnahmen gegenüber einer an demographischen Sollzahlen orientierten Bevölkerungskontrolle. Diese kritisierten sie als imperialistische Einmischung und forderten eine „neue internationale Wirtschaftsordnung". *

---

* Der indische Minister für Gesundheit und Familienwohlfahrt, Charan Singh, prägte auf der Konferenz den berühmten Satz: „Entwicklung ist das beste Verhütungsmittel."

Trotz der heftigen Kontroversen, die in Bukarest zutage traten, bedeutete die Konferenz einen Erfolg für die Befürworter der aktiven Intervention. Die von ihnen vorgegebenen Begriffe und Fragestellungen bestimmten – bei aller Kritik – den Diskussionsverlauf. Auf diese Weise sei
der Erfolg der Malthusianer vorherbestimmt gewesen, schreibt Rajani
Bhatia, ein „eingebauter Faktor in der gesamten Konferenz-Architek-
tur". Die *Süddeutsche Zeitung* faßte das Ergebnis folgendermaßen zusammen: „Die Industrieländer und internationalen Organisationen, die
an bevölkerungspolitisch wirksamen Programmen in der Dritten Welt
mitarbeiten, können dies künftig unter der UNO-Flagge tun; sie sind
damit nicht mehr so leicht als 'Neokolonialisten' zu diffamieren. Mit der
Formel 'in Ausführung des Aktionsplans der UNO ...' ist manche bilate-
rale Maßnahme möglich, die bisher als zu heikel galt."[87]

Wir können nicht warten

Im Dezember 1974 legte der National Security Council der USA ein Papier vor, in dem die Auswirkungen des weltweiten Bevölkerungswachstums auf die Sicherheit der USA und ihre Interessen in Übersee untersucht wurden. Darin wurden unter anderem Überlegungen angestellt,
wie der in Bukarest verabschiedete Aktionsplan für die USA erfolgreich
umgesetzt werden könne. Die Welt, so heißt es darin, sei in zunehmendem Maße von den Ressourcenvorräten der „Entwicklungsländer" abhängig; ein rasches Bevölkerungswachstum würde jedoch die Aussich-
ten dieser Länder auf wirtschaftliche Entwicklung und sozialen Fortschritt frustrieren und zu einer politischen Instabilität führen, die den
Ressourcenfluß in die westliche Welt gefährde. Von der Devise des Bukarester Aktionsplans, wonach „Entwicklung" den Vorrang vor Bevölkerungskontrolle haben sollte, hielt der National Security Council nichts:
„Wir können nicht auf eine umfassende Modernisierung und Entwicklung warten, um die Fruchtbarkeitsraten zu senken, da dies in den meisten Entwicklungsländern zweifellos viele Jahrzehnte in Anspruch nehmen wird, während derer das schnelle Bevölkerungswachstum die Entwicklung verlangsamen und die Kluft zwischen arm und reich sogar
noch vergrößern wird."[88] Die heute weit verbreitete Ansicht, wonach
das demographische Wachstum quasi automatisch eine politische Instabilität zur Folge habe, wurde auch in dem Geheimdokument vertreten
und daraus eine Gefährdung nicht nur der Sicherheit der USA, sondern

auch weit darüber hinaus der ökonomischen, politischen, und ökologischen Systeme und schließlich „unserer humanitären Werte" abgeleitet. Die Umsetzung des Bukarester Aktionsplans werde nicht von allein erfolgen, sondern verlange energische Anstrengungen von seiten der „interessierten Länder", der UN-Agenturen und anderer internationaler Organisationen, wobei es wesentlich auf die Führung der USA ankomme. In dem Papier wird darüber hinaus eine wesentliche Aufstockung der AID-Gelder für Bevölkerungs- und Familienplanung gefordert. Die Anstrengungen der USA sollten sich vor allem auf sogenannte Schlüsselländer konzentrieren, an denen ein besonderes politisches und strategisches Interesse bestehe: Indien, Bangladesh, Pakistan, Nigeria, Mexiko, Indonesien, Brasilien, Philippinen, Thailand, Ägypten, die Türkei, Äthiopien und Kolumbien.

Welche Rolle das Strategiepapier des National Security Council in der Praxis spielte, ist schwer zu sagen. Fest steht nur, daß bis zur nächsten Weltbevölkerungskonferenz, die 1974 in Mexiko City tagte, viele Länder des Südens ihre Position zur „Bevölkerungsfrage" gewandelt hatten und nun bereit waren, ihrerseits eine Bevölkerungskontrollpolitik umzusetzen. Die chinesische Regierung hatte einen 180 Grad-Schwenk vollzogen und war zu einer rigiden Bevölkerungskontrollpolitik übergegangen. Der neue neo-malthusianische Konsens wurde von unerwarteter Seite gestört: „Der Überraschungscoup (...) war die politische Kehrtwende, die die USA, der bis dahin potenteste Geldgeber, vollzogen – ein historischer Treppenwitz. Seit den fünfziger Jahren hatte niemand so offensiv wie die USA Bevölkerungskontrolle als Motor wirtschaftlichen Fortschritts propagiert und als außenpolitisches Instrument benutzt. Die Regierung Reagan wollte sich zu Wahlkampfzeiten jedoch nicht die Sympathie der Pro-life-Bewegung verscherzen und trat nun als Moralapostel gegen Abtreibung und Zwangsmaßnahmen auf."[89]

Der Sinneswandel wurde auch wissenschaftlich begründet – mit den Theorien des Ökonomen Julian Simon. Demnach war das Bevölkerungswachstum nicht per se als positiv oder negativ zu bewerten; eine hohe Bevölkerungsdichte könne sogar die wirtschaftliche Entwicklung positiv beeinflussen, da die Infrastruktur besser genutzt werden könnte. Generell plädieren Simon und verschiedene seiner Kolleginnen und Kollegen dafür, die demographische wie auch die ökonomische Entwicklung den Mechanismen des Marktes zu überlassen.[90]

Entsprechend der neuen politischen Linie, durften von nun an keine Abtreibungen mehr mit staatlichen Geldern der USA finanziert werden.

Daher wurde US-AID gezwungen, die Unterstützung für UNFPA und IPPF wegen deren Beteiligung an Abtreibungen einzustellen.[91] Dies bedeutete jedoch keineswegs eine Kürzung, sondern lediglich eine Umwidmung des Budgets: In den acht Jahren der Reagan-Regierung wurde im US-Haushalt mehr Geld für Bevölkerungspolitik ausgewiesen, als in den 17 Jahren der vorangegangenen Regierungen mit ihrer neomalthusianischen Politik.[92] Unter den veränderten Vorgaben entstanden neue Gewichtungen in der Bevölkerungspolitik. US-AID setzte seit 1984 einen Schwerpunkt seiner Bevölkerungspolitik auf „natürliche Familienplanung".[93]

In der Zeit zwischen den Weltbevölkerungskonferenzen von Bukarest und Mexiko erstellte der UNFPA erstmals einen „World Fertility Survey", in dem er Daten über Fruchtbarkeit und Familiengröße in 19 Industrie- und 41 „Entwicklungsländern" sammelte. „Die Daten dieser statistischen Globalsicht auf die menschliche Fortpflanzung wurden für eine scheinbar wissenschaftliche Legitimation von Bevölkerungsprogrammen genutzt. Das zentrale Fazit des 'World Fertility Survey' war nämlich, daß die Mehrheit der befragten Frauen im Süden sich weniger Kinder wünschten, als sie tatsächlich hatten."[94] Das „demographische Mammutprojekt", das in regelmäßigen Abständen wiederholt wird, hat dazu beigetragen, daß die ökonomische Begründung der neo-malthusianischen Bevölkerungspolitik seit den späten 70er Jahren von einer Argumentation abgelöst wurde, die die Bedürfnisse von Frauen aus den Ländern des Südens in den Vordergrund rückt. Parallel dazu hat auch in den wichtigsten bevölkerungspolitischen Institutionen eine „Feminisierung" stattgefunden. So wurde US-AID nach dem Amtsantritt der Clinton-Regierung grundlegend umorganisiert.* Das Population Office aus der Ära Ravenholt, das soviele „bemerkenswerte Männer" hervorgebracht hatte, wurde aufgelöst bzw. mit der AID-Gesundheitsabteilung zu einem Zentrum für Bevölkerung, Gesundheit und Ernährung zusammengelegt. Dort arbeiten inzwischen auch Feministinnen, mit dem erklärten Anspruch, eine an den Bedürfnissen der Frauen orientierte Bevölkerungspolitik zu versuchen – neben der alten Garde der AID-Angestellten, die es gewohnt sind, den Erfolg ihrer Arbeit in Pro-Mille-Punkten sinkender Geburtenraten zu messen.[95]

---

* Seither zahlt die US-Regierung wieder ihren Beitrag zur UNFPA.

Feminisierung oder Facelifting?
Frauenbewegung und Bevölkerungsdebatte

Im September 1994 fand in Kairo die dritte UN-Weltbevölkerungskonferenz statt.[1] Nicht nur über Bevölkerung, sondern auch über Entwicklung sollte auf der International Conference on Population and
Development (ICPD) diskutiert werden. Nach dem Modell der Um-
weltkonferenz von Rio 1992 war in Kairo erstmals eine große Zahl von
Nichtregierungsorganisationen vertreten.*

Am Entwurf des Abschlußdokuments der Konferenz, dem sogenannten Aktionsprogramm, hatten während dreier Vorbereitungskonferenzen
viele NRO-Delegierte und insbesondere Feministinnen mitgearbeitet. Der
Aktionsplan, der als das am intensivsten diskutierte Dokument in der
Geschichte der UNO bezeichnet wird, trägt ihre Handschrift: Auf die
Festlegung bevölkerungspolitischer Sollzahlen wird verzichtet;
Bevölkerungs- und Entwicklungsziele, so wird betont, seien „durch Aufklärung und freiwillige Maßnahmen zu erreichen, anstatt durch Planvor-
stellungen, die auf Anreize und Belastungen abstellten."[2] Viel ist von
„reproduktiver Gesundheit" die Rede, vom „empowerment" der Frau-
en,** von den komplexen Wechselbeziehungen zwischen Armut,
Analphabetismus, Bevölkerungswachstum und Umweltzerstörung sowie
von der „Eigenentscheidung der Frau über ihre Geburtenhäufigkeit".
Der Plan enthält keine dramatisierenden Formulierungen zum Bevölkerungswachstum. Der Grundsatz 11 des Aktionsprogramms könnte sogar
als eine Abkehr vom Neo-Malthusianismus verstanden werden, wenn es
heißt: „Alle Staaten und Familien sollten Kindern den höchstmöglichen
Vorrang einräumen."[3] „Reproduktive Gesundheit" wird definiert als „ein

---

* Von den ungefähr 12.000 KonferenzteilnehmerInnen kamen annähernd 5.000 aus den
  verschiedensten Nichtregierungsorganisationen, die anderen waren etwa zur Hälfte
  Regierungsdelegierte und JournalistInnen. Das NRO-Forum fand parallel zur Konferenz
  statt, auf der nur die RegierungsvertreterInnen stimmberechtigt waren. Da jedoch den
  offiziellen Länderdelegationen häufig auch Mitglieder von NROs angehörten, fand zwischen der offiziellen Konferenz und dem Forum eine Art „Pendeldiplomatie" (Wichterich) statt.
** „Empowerment" kann in diesem Kontext übersetzt werden als „Stärkung der Fähigkeiten und der gesellschaftlichen Position von Frauen".

175

Zustand uneingeschränkten körperlichen, geistigen und sozialen Wohlbefindens – und nicht nur als das Nichtvorhandensein von Krankheit oder Gebrechen – bei allen Aspekten, die mit den Fortpflanzungsorganen und ihren Funktionen und Prozessen verbunden sind. Reproduktive Gesundheit bedeutet deshalb, daß Menschen ein befriedigendes und ungefährliches Sexualleben haben können und daß sie die Fähigkeit zur Fortpflanzung und die freie Entscheidung darüber haben, ob, wann und wie oft sie hiervon Gebrauch machen wollen."[4] So viel ist von Grundrechten, Wahl- und Informationsfreiheit, empowerment und Interdependenzen die Rede, daß das eigentliche Ziel der UN-Bevölkerungspolitik – die Reduzierung des globalen Bevölkerungswachstums – fast nur noch zwischen den Zeilen erkennbar ist.

Die Auseinandersetzung darüber, ob die Institutionen und Inhalte dieser Politik im Interesse von Frauen reformierbar seien, hatte schon in der Vorbereitung auf die Kairoer Konferenz einen Höhepunkt erreicht und dauert bis heute an. Die Sprache der Feministinnen sei in Kairo vereinnahmt worden, so meinen die KritikerInnen, ohne daß sich an der neo-malthusianischen Ausrichtung und an der frauenfeindlichen Realität der Bevölkerungspolitik tatsächlich wesentliches geändert habe.[5] Dem halten die Protagonistinnen einer institutionellen „Feminisierung" entgegen, Frauen müßten die Chance ergreifen, sich einzumischen. Auch die Bevölkerungsingenieure hätten begriffen, daß sie ohne Rücksicht auf die Interessen der Frauen nicht weiter kämen.

Die Frage, wann die Einmischung zur Vereinnahmung gerät, stellt sich nicht nur für Feministinnen, sondern für viele oppositionelle Bewegungen, deren grundsätzliche Kritik am Ist-Zustand oft in einen reformerischen Impuls umgedeutet wird, um sie so einzubinden. Im Falle der Bevölkerungslobby hat die Aufgeschlossenheit gegenüber dem Feminismus darüber hinaus auch mit dem Scheitern der alten Konzepte und Techniken zu tun, mit deren Hilfe es bislang nicht gelungen ist, die Geburtenraten im gewünschten Ausmaß zu senken, und die wenig zum statistisch meßbaren „Erfolg", wohl aber zur Selbstdiskreditierung der Bevölkerungspolitik beigetragen haben.

Sowohl diejenigen Frauen, die heute die Bevölkerungspolitik „feminisieren" wollen, als auch diejenigen, die eine solche Reform ablehnen, berufen sich auf die historischen Erfahrungen der Frauenbewegung.

Frauenbefreiung und „reproduktive Rechte"

Verhütung, Geburtenkontrolle und Sexualität gehören seit mehr als hundert Jahren zu den wichtigsten Anliegen der Frauenbewegung. Mehrfach haben sich auch andere Bewegungen – zum Beispiel Neo-Malthusianer oder Sexualreformer – oder (linke) politische Parteien bemüht, die Frauenthemen aufzugreifen. Geburtenkontrolle, Abtreibung und Verhütungsmittel wurden im Kontext der Debatten um die „gefährliche" Vermehrung der Armen auch als probate Instrumente zur „Gesundung des Volkskörpers" diskutiert. Auf solche Weise ist der grundlegende Unterschied zwischen selbstbestimmter Geburtenkontrolle einerseits und staatlich-regulativer Bevölkerungskontrolle andererseits immer wieder verwischt worden.[6]

Ende des 19. Jahrhunderts engagierten sich in den USA Suffragetten, Gruppen, die sich für freie Liebe einsetzten, und MoralreformerInnen für die Forderung nach „Voluntary Motherhood". Mit „freiwilliger Mutterschaft" war das Recht von Frauen gemeint, sich ihren Männern sexuell zu verweigern und selbst darüber zu entscheiden, wieviele Kinder sie haben wollten. Die Bewegung prangerte sexuellen Mißbrauch an und lehnte Verhütungsmittel und Abtreibung ab. Stattdessen wurde dauernde oder zeitweise Abstinenz als Mittel nicht nur gegen rücksichtsloses männliches Sexualverhalten angesehen, sondern darüber hinaus auch zur Vermeidung der weit verbreiteten Abtreibungen.[7]

Anfang des 20. Jahrhunderts entstand eine feministisch-sozialistische Bewegung, die nicht mehr auf Abstinenz sondern auf Geburtenkontrolle setzte.[8] Sie forderte „sexuelle Freiheit" sowohl im Interesse der Frauen, die durch unfreiwillige Mutterschaft unterdrückt würden, als auch im Interesse der Arbeiterklasse, deren Kampf gegen den Kapitalismus durch übergroße Familien geschwächt werden könnte. Die Protagonistinnen sahen sich als Teil eines radikalen Widerstands gegen soziale und ökonomische Ausbeutung. Geburtenkontrolle verstanden sie als revolutionäre Forderung, nicht als Reformvorschlag. Es ging ihnen nicht nur darum, die Zahl der Schwangerschaften zu begrenzen, sondern um eine Veränderung der grundlegenden gesellschaftlichen Verhältnisse. Geburtenkontrolle sollte das Elend der Menschen lindern, die sozialen und politischen Machtverhältnisse von Grund auf ändern und auf diese Weise „zu mehr Gleichheit zwischen den Geschlechtern und den Klassen beitragen."[9] Indem sie Aufklärungsbroschüren verbreiteten, Sexualberatungsstellen und Geburtenkontrollkliniken aufbauten, riskierten viele

Aktivistinnen, darunter Emma Goldmann und Margaret Sanger, den offenen Konflikt mit den Strafgesetzen und die Verhaftung.[10]

Die Transformation der Forderung nach Geburtenkontrolle von einer radikalen politischen Forderung zu einem Mittel der Sozialkontrolle fand in den 40er Jahren statt: Was vorher als ein Schritt zur politischen Emanzipation als Teil des Selbstbestimmungsrechts galt, wurde unter dem Motto „Familienplanung" zum Betätigungsfeld für ExpertInnen, ÄrztInnen und sozial engagierte Frauen aus der Mittelschicht, die den Kinderreichtum der Armen begrenzen und die Vermehrung einer unerwünschten „Überschuß"-Bevölkerung verhindern wollten. Die Familienplanung diente so als Instrument selektiver Sozialpolitik. Organisationen wie die Planned Parenthood Federation of America (Verband für geplante Elternschaft) traten für die Stabilisierung und Verteidigung der Familie ein, sie propagierten die Einschränkung der Kinderzahl als Pflicht von Frauen der Unterschicht, nicht als deren Recht und entschieden, wer verhüten sollte und wer nicht. Unverheiratete waren von der Verhütungsmittel- und Sexualberatung von vornherein ausgeschlossen.[11]

Forderungen nach selbstbestimmter Sexualität und Mutterschaft standen erneut im Mittelpunkt der Frauenbewegung, die in den späten 60er Jahren im Kontext der Bürgerrechts- und Anti-Vietnamkriegsbewegung in den USA entstand. Feministinnen kritisierten die repressive Sexualmoral und die bürgerliche Familie als Zwangsinstitution und stellten damit zentrale gesellschaftliche Werte in Frage.[12] Zu den Zielen der Bewegung gehörte die Legalisierung von Abtreibung. Die feministische Kritik richtete sich auch gegen gesundheitsschädliche Verhütungsmittel und Zwangssterilisationen. Hunderte von Selbsthilfegruppen und -initiativen, lokale Kliniken und Beratungsstellen für Frauen enstanden sowie Gesundheitsprojekte in großstädtischen Immigranten-Stadtteilen, wo vor allem PuertoricanerInnen, MexikanerInnen und Schwarze lebten. In phantasievollen Protestaktionen und Gerichtsverfahren machten Feministinnen den Mißbrauch von Pille und Spirale und die skrupellosen Tests neuer Verhütungsmittel, zum Beispiel hochdosierter Pillen in Puerto Rico, öffentlich. Sie verklagten die Hersteller des „Dalkon Shield", einer Spirale, an der mehrere Frauen gestorben waren, und versuchten, die Zulassung der Dreimonatsspritze „Depo Provera" zu verhindern.[13] Die Frauengruppen in den USA faßten ihre Forderungen erstmals unter dem Begriff „reproductive Rights" (reproduktive Rechte) zusammen – eine Parole, die zum Ausdruck bringen sollte, daß es ihnen um komplexere Zusammenhänge und um mehr ging, als um Geburtenkontrolle oder

„freiwillige Mutterschaft".[14] Aus den Aktionen der Frauenbewegung entstanden verschiedene Organisationen, von denen das Boston Women's Health Book Collective (Frauen-Gesundheitsbuch-Kollektiv aus Boston) auch über die Landesgrenzen hinaus bekannt wurde. Innerhalb der USA erlangte zunächst vor allem das National Women's Health Network (Nationales Frauen-Gesundheitsnetzwerk) Bedeutung. Die schwarzen Frauen organisierten sich im National Black Women's Health Network (Nationales Gesundheitsnetzwerk Schwarzer Frauen).

The Population Target

Grundlegende Differenzen im feministischen Engagement gegen Bevölkerungspolitik wurden offenkundig, als Mitte der 70er Jahre in Kanada das Buch „Population Target" von Ellen Bonnie Mass erschien.[15] Die Autorin befaßte sich mit der Geschichte, den Motiven und Legitimationsstrategien der US-amerikanischen Bevölkerungskontrolle in Lateinamerika. Darüber hinaus warf Bonnie Mass, die selbst mehrere Jahre in einer Frauengruppe gearbeitet hatte, der nordamerikanischen Frauengesundheitsbewegung und anderen in sozialen Bereichen engagierten Feministinnen vor, den Ursprung der Unterdrückung von Frauen nicht verstanden zu haben; ihre ganze Energie werde absorbiert, weil sie, anstatt über die sozio-ökonomischen Bedingungen nachzudenken, unter denen Frauen Kinder gebären, den Körper in den Mittelpunkt aller Überlegungen stellten.[16] Kampagnen, in denen Forderungen nach freier Geburtenkontrolle und Legalisierung der Abtreibung losgelöst vom politischen Kontext erhoben würden, hätten „zu oft denen in die Hände gespielt, die die Enteigneten dieser Welt reduzieren oder beseitigen wollen." Nordamerikanerinnen, die sich mit Frauen in der Dritten Welt verbünden wollten, müßten verstehen, daß die Kontrolle der Fortpflanzung und die mit ihr einhergehende Ideologie Mittel seien, „die den Imperialismus in die Lage versetzten, unsere Schwestern in der Dritten Welt zu unterdrücken".[17] Die Emanzipation von Frauen sei ohne sozialistische Befreiung nicht möglich.

Mit ihrem Buch machte Bonnie Mass zudem eine internationale Öffentlichkeit auf die bevölkerungspolitischen Programme in Puerto Rico aufmerksam.* Auf der Insel waren jahrzehntelang Sterilisationskampagnen

---

* Puerto Rico, bis dahin spanische Kolonie, wurde 1898 von der US-Armee erobert; 1900

durchgeführt und neue Verhütungsmittel an Frauen getestet worden. Verschiedene Gruppen, wie das Committee to End Sterilization Abuse (Komitee gegen den Mißbrauch von Sterilisationen), protestierten gegen die drastische Zunahme von Sterilisationen an schwarzen und puertoricanischen Frauen. Zum damaligen Zeitpunkt waren etwa ein Drittel der puertoricanischen Frauen im gebärfähigen Alter sterilisiert worden.*

Obwohl die US-Regierung bereits seit Mitte der 60er Jahre Bevölkerungskontrolle zum Bestandteil ihrer Außen- und Entwicklungspolitik gemacht hatte, befaßten sich die Protagonistinnen der Frauengesundheitsbewegung kaum damit, daß ihre Forderung nach selbstbestimmter Geburtenkontrolle offenkundig auch für machtpolitische Zwecke funktionalisiert wurde, um die Zahl der Armen statt die Armut zu verringern. Dieser verengte Blick wurde vor allem von schwarzen Frauen kritisiert. Sie warfen den weißen Feministinnen vor, die Lebenssituation sowie die ökonomische Misere von Minoritäten und armen Frauen zu ignorieren. Die feministischen Vorstellungen von reproduktiven Rechten bezögen sich lediglich auf die Erfahrungen von Frauen der weißen Mittelschicht. Zwangssterilisierung werde als Mittel der Bevölkerungskontrolle bis hin zum Genozid gegen Schwarze eingesetzt.[18] Die schwarzen Frauen radikalisierten die Forderung nach reproduktiven Rechten, indem sie sie in den politischen Kontext der Bürgerrechtsbewegung stellten.[19] Demgegenüber habe die (weiße) Frauengesundheitsbewegung der späten 60er und frühen 70er Jahre, so Linda Gordon, das Recht auf Abtreibung als Individualrecht verteidigt. Dies habe sich auch in den Besitz-Metaphern

---

setzte der Präsident der USA eine Kolonialregierung ein. Der formelle Status änderte sich seither mehrmals. Im hier angesprochenen Zeitraum galten die Verfassung und die Regelungen mit den USA aus dem Jahr 1952. Hiernach besaß Puerto Rico eine beschränkte Selbstverwaltung, seine EinwohnerInnen hatten die US-Staatsangehörigkeit, mußten in den USA Wehrdienst leisten, waren aber nicht wahlberechtigt. Im Kongreß war die Insel ebenfalls nur ohne Stimmrecht vertreten.

* 1975 befaßte sich das Russell-Tribunal mit der Bevölkerungspolitik in Puerto Rico. Im Jahr zuvor hatten Sprecher der puertoricanischen Unabhängigkeitsbewegung vor der UNO den US-Imperialismus beschuldigt, die Insel seit den 30er Jahren als Labor für bevölkerungspolitische Programme zu mißbrauchen. Sie bezeichneten die Sterilisationskampagnen als Völkermord – entsprechend auch der 1948 verabschiedeten UNO-Konvention. Danach ist der Tatbestand des Völkermords unter anderem dann erfüllt, wenn „schwere körperliche oder seelische Schädigung" an Mitgliedern einer nationalen, ethnischen, rassischen oder religiösen Gruppe begangen werden oder „Maßnahmen" angewandt werden, „die den Zweck verfolgen, Geburten innerhalb der Gruppe zu verhindern". Zur Bevölkerungspolitik in Puerto Rico vgl. auch Ana Maria Garcia, La Operacion, Dokumentarfilm, Puerto Rico 1982. (Im Verleih von CON-Film, Bremen).

von feministischen Slogans wie „ownership of one's body" („Mein Bauch gehört mir") ausgedrückt. Diesem individualistischen Konzept entspreche die (falsche) Vorstellung, alle Individuen hätten gleiche Wertvorstellungen und Bedürfnisse.[20]

In der deutschen Frauenbewegung fand die Kritik an den Bevölkerungskontrollprogrammen in der „Dritten Welt" zunächst wenig Resonanz.[21] Im Jahr 1981 nahm das Interesse zu, als eine Krankenschwester bekannt machte, daß Hans Joachim Lindemann, Gynäkologe und Chefarzt eines Hamburger Krankenhauses, seit Jahren Sterilisationsexperimente an insgesamt 906 Frauen durchgeführt hatte, von denen etwa hundert über die Risiken und den experimentellen Charakter der Operation nicht informiert worden waren. Lindemann hatte an die Versuche angeknüpft, die Carl Clauberg 40 Jahre zuvor an gefangenen Frauen in den Konzentrationslagern Ausschwitz und Ravensbrück unternommen hatte: Er hatte die Eileiter mit Hilfe einer ätzenden Flüssigkeit verklebt, um ein Verfahren zu entwickeln, bei dem Frauen ohne operativen Eingriff – und somit auch ohne ihr Wissen – sterilisiert werden konnten.[22] Eine Veröffentlichung Lindemanns in einem kolumbianischen Sammelband über Familienplanung ließ vermuten, daß es ihm darum ging, eine kostengünstige und leicht durchführbare Sterilisationsmethode zu finden, die bevölkerungspolitische Programme in der „Dritten Welt" effektiver machen sollte.[23] Das Ermittlungsverfahren der Hamburger Staatsanwaltschaft gegen den Gynäkologen wurde lange Zeit verschleppt und schließlich eingestellt. Ausgehend von den Protesten gegen seine Experimente griffen in der folgenden Zeit Frauengruppen das Thema „Bevölkerungspolitik" auf. Für einige Jahre wurde die Kritk an der Bevölkerungskontrolle und bisweilen auch deren Vorgeschichte in Eugenik und Rassenhygiene[24] zum Thema politischer Veranstaltungen, von Broschüren und Diaserien und zu einem gemeinsamen Bezugspunkt von Frauengesundheitszentren, §-218-Gruppen, Dritte-Welt-Solidaritätsgruppen und anderen. Das Spektrum ihrer Aktivitäten reichte von wissenschaftlicher Beschäftigung mit einer feministischen Kritik an Gen- und Reproduktionstechnologien über Demonstrationen und Öffentlichkeitsarbeit bis zu militanten Aktionen.[25]

Population Control: No – women decide!

Im Juni 1984 fand in Amsterdam das 4. Internationale Treffen „Frauen und Gesundheit" statt, das unter dem Motto „Bevölkerungskontrolle:

Nein – Frauen entscheiden selbst!" stand. Die 400 Teilnehmerinnen, darunter viele aus Afrika, Asien und Lateinamerika, vertraten Gesundheitsinitiativen, Selbsthilfezentren, Solidaritätsgruppen und Familienplanungsorganisationen.[26] Thema des Kongresses, der rückblickend als Auftaktveranstaltung einer internationalen Frauengesundheitsbewegung verstanden werden kann, waren die verschiedensten Aspekte von Geburtenkontrolle, Verhütung und Bevölkerungspolitik. Die Abschlußerklärung ließ keinen Zweifel darüber, wo die Frauen ihren Gegner sahen: „Die Bevölkerungspolitik von heute basiert auf der Ideologie des Imperialismus, der Klassengegensätze, des Rassismus, des Sexismus und des Heterosexismus (...) Bevölkerungsplaner haben im Laufe der Zeit eine ausgefeilte Ideologie entwickelt, in der Frauen zum Schlüssel für Änderungen der Geburtenrate bestimmt werden. 'Frauenbefreiung' ist das neue Schlagwort der Bevölkerungsplaner geworden; sie setzen sich für Gesundheitsprogramme, Alphabetisierung und Arbeitsbeschaffungsmaßnahmen für Frauen ein als Strategie, um Frauen auf subtile Weise zu manipulieren." Der Export des westlichen Kleinfamilienmodells in die „Dritte Welt" wurde kritisiert und der Gegensatz zwischen der Selbstbestimmung von Frauen und staatlicher Bevölkerungsplanung betont.[27] Die Resolution wurde zur UN- Weltbevölkerungskonferenz geschickt, die zur gleichen Zeit in Mexiko City stattfand. Vor dem dortigen Konferenzgebäude demonstrierten einige hundert Frauen, Männer und Kinder – viele aus den nahegelegenen Slums – für die Legalisierung von Abtreibung, gegen Zwangssterilisationen sowie gegen die wirtschaftspolitischen Auflagen des Internationalen Währungsfonds.[28]

Das Abschlußdokument des Amsterdamer Kongresses enthielt neben der Kritik an Bevölkerungskontrolle auch „positive" feministische Ziele. „Als Feministinnen, so formulierte es Loes Keysers, „müssen wir über die Ablehnung von Bevölkerungspolitik hinausgehen. Wir müssen für Geburtenkontrolle kämpfen. Selbstbestimmte Geburtenkontrolle ist mehr als Verhütung, sie ist mehr als ein anti-kapitalistischer oder ein anti-imperialistischer Standpunkt, weil sie auch gegen die Vorherrschaft von Männern und gegen die Ausbeutung von Frauen gerichtet ist."[29]

Nach dem Treffen in Amsterdam wurden noch im gleichen Jahr drei internationale Netzwerke gegründet, die sich hinsichtlich ihrer thematischen Schwerpunkte und ihres politischen Profils unterschieden:
- Das Women's Global Network for Reproductive Rights (WGNRR) ist aus der International Contraception, Abortion and Sterilsation Campaign, (ICASC) hervorgegangen, die das Amsterdamer Treffen vorbereitet hat-

te. Das „Globale Netzwerk von Frauen für Reproduktive Rechte" hat heute 1.700 Mitglieder und ein zentrales Büro in Amsterdam, das vierteljährlich einen Newsletter publiziert. Das Netzwerk organisiert in regelmäßigen Abständen internationale Treffen zum Thema „Frauen und Gesundheit" und initiierte seit 1988 Kampagnen gegen Müttersterblichkeit und illegale Abtreibungen.

- FINRRAGE – Feminist International Network of Resistance against Reproductive and Genetic Engineering. Zum „feministischen Netzwerk des Widerstands gegen Gen- und Reproduktionstechnologien" gehören Feministinnen und Gruppen aus 35 Ländern. Sie kritisieren die neuen Reproduktionstechnologien, Gentechnik und Bevölkerungspolitik, organisieren Protestaktionen und Veranstaltungen. Seit 1989 fanden mehrere internationale Arbeitstreffen, unter anderem in Bangladesch und Brasilien statt. Mehrere Finrrage-Frauen haben durch eigene Publikationen und Engagement zum politischen Profil des Netzwerks beigetragen.[30] FINRRAGE zählt zu den wenigen Gruppen, die sich nicht über öffentliche Gelder finanzieren. Die meisten Frauen lehnen eine Einbindung des Netzwerks in institutionelle Arbeit ab, was zum Ruf der Organisation als kompromißlos und radikal beigetragen hat.

- DAWN* – Development Alternatives with Women for a New Era (Entwicklungsalternativen mit Frauen für eine neue Zeit). Das Netzwerk wurde von Wissenschaftlerinnen und Aktivistinnen der Frauenbewegung aus dem Süden gegründet. Deren Anliegen ist die Kritik des westlichen Entwicklungsmodells und die kollektive Suche nach gerechteren Gesellschafts- und Wirtschaftsstrukturen, die nicht auf der Ausbeutung von Frauen basieren. DAWN-Frauen führten auf dem Forum der Nichtregierungsorganisationen, das parallel zur UN-Frauenkonferenz in Nairobi 1985 stattfand, den Begriff „empowerment" ein und stellten dort das Konzept eines Dritte-Welt-Feminismus zur Diskussion, der die unterschiedlichen Erfahrungen von Frauen berücksichtigen sollte. Seit 1990 beschäftigen sie sich auch mit Fragen der Bevölkerungsentwicklung und -politik. Die Frauen haben den Anspruch, auf mehreren Ebenen zu agieren und „die Macht da auszuüben, wo sie liegt" – zum Beispiel auf UN- und Regierungsebene.[31]

---

* „Dawn" heißt ins Deutsche übersetzt: Morgenröte, Aufbruch und Anfang.

Feministinnen in den bevölkerungspolitischen Institutionen

Die Diskussionen und Forderungen der Frauengesundheitsbewegung wirkten auch bis in die Institutionen staatlicher Bevölkerungspolitik sowie die Lobbyorganisationen hinein. Dort hatten seit den plumpen, antikommunistischen Propagandakampagnen der frühen 60er Jahre weitreichende Veränderungen stattgefunden, die die Offenheit gegenüber feministischen Ideen förderten. Die Ford Foundation hatte schon 1972 eine Sondergruppe zur Lage der Frauen und ein Forschungsprojekt zur Rolle von Frauen in der Gesellschaft eingerichtet. Die Stiftungsleitung gründete eine „Women Program Group", in der auch engagierte Feministinnen mitarbeiteten. Die Belegschaft der Stiftung wurde in Seminaren zu Themen wie Diskriminierung von Frauen geschult und sensibilisiert, bei Einstellungen sollten Frauen bevorzugt werden und bessere Aufstiegsmöglichkeiten erhalten.[32] Bei der Rockefeller Foundation war 1973 mit Joan Dunlop eine Feministin zu Rockefellers persönlicher Assistentin für Bevölkerungsfragen ernannt worden. Sie sollte herausfinden, warum trotz aller Kampagnen, Programme und Propaganda der erwartete demographische Erfolg bislang ausgeblieben war.[33] Dunlops Einschätzung des Familienplanungsdilemmas: „Wenn Traditionen, Gebräuche oder Religion eine Situation festschreiben, in der Frauen nur dann erfolgreich sind, wenn sie Kinder bekommen, so werden sie weiterhin Kinder gebären, und die Bevölkerung wird weiter wachsen."[34] Zusammen mit Adrienne Germain[35] und anderen erarbeitete Joan Dunlop das Manuskript für Rockefellers Rede bei der Weltbevölkerungskonferenz in Bukarest. Sonst einer der energischsten „Macher" des Bevölkerungsestablishments, trat Rockefeller als nachdenklicher Mahner auf, überzeugt davon, daß den Frauen in Zukunft größere Wahlmöglichkeiten eingeräumt werden müßten, um ihre Rolle in der Gesellschaft selbst zu bestimmen.[36]

Viele Jahre sei er von der Dringlichkeit der Familienplanung überzeugt gewesen, so Rockefeller, jetzt habe sich gezeigt, daß diese allein nicht ausreiche. Er sei daher nach Bukarest gekommen mit dem Aufruf zu einer grundlegenden Neubewertung all dessen, was bisher in Sachen Bevölkerung getan worden sei.

„Ich glaube", so Rockefeller, „daß die Industrienationen bestrebt sein müssen, die moderne Entwicklung zu verstehen und wenn möglich zu helfen, aber daß sie auch anerkennen müssen, daß jede Nation ihre Entwicklungs- und Fruchtbarkeitsprobleme auf eigene Weise lösen muß;

ich glaube, daß Frauen über größere Wahlmöglichkeiten verfügen müssen, um ihre Rolle in der Gesellschaft zu bestimmen."[37]

Rockefellers Aufgeschlossenheit für Dunlops Ideen in Sachen „Women and Development" schockierte viele seiner Zuhörer, vor allem die Senior Chefs des Population Councils sowie den offiziellen Leiter der US-Delegation, Caspar Weinberger. Jedoch zeigte nicht zuletzt die vehemente Kritik, die Repräsentanten aus Ländern des Südens in Bukarest an den imperialistischen Zielen der bevölkerungspolitischen Programme vortrugen, daß Dunlop die Zeichen der Zeit richtig erkannt hatte. Rockefellers Rede leitete einen Wandel in der Strategie ein und veränderte die Terminologie, in der in Zukunft über Bevölkerungspolitik debattiert wurde. Doch blieben viele Feministinnen skeptisch. „Dieses Establishment", so drückte es Loes Keysers aus, „ist aufgeschlossen gegenüber Kritik an seiner Strategie, aber nicht gegenüber Kritik an seinem Antinatalismus."[38]

Das Jahrzehnt nach der Weltbevölkerungskonferenz von Bukarest wurde von der UNO zur Dekade der Frau erklärt. 1975 hatte in Mexiko City erstmals eine UN-Frauenkonferenz stattgefunden. In dem dort verabschiedeten Aktionsplan wurde die Forderung nach der Integration von Frauen in den Entwicklungprozeß betont. Der Population Council schickte eine Beobachterin mit dem Auftrag zur Konferenz, deren Bedeutung für die Institution zu klären. Die Abgesandte bescheinigte dem Council, den feministischen Zug verschlafen zu haben. Die Organisation sei von Männern dominiert, reduziere ihr Augenmerk auf demographische Studien und auf ein mechanisches Erklärungsmodell sozialer Probleme und trete zudem durch reaktionäre Positionen in der Abtreibungsfrage hervor. Der Population Council müsse die Rolle von Frauen in den Mittelpunkt seiner Forschungsarbeit stellen und Frauen aus den Entwicklungsländern mit solcher Forschung beauftragen, um die Entstehung antiamerikanischer Ressentiments zu verhindern.[39]

Die Trendwende hin zu einer neuen Wertschätzung der Frauen zeichnete sich auch in der Entwicklungspolitik ab. Die 60er Jahre hatten laut UNO-Deklaration von 1961 eigentlich die Dekade der Entwicklung sein sollen; ihr Kernstück, die Grüne Revolution, war als Modernisierungsschub angekündigt worden, mit dessen Hilfe Armut und Unterernährung verringert werden sollten. Das Ergebnis kam dem Gegenteil näher als der deklarierten Absicht: Die Einführung kapitalintensiver landwirtschaftlicher Monokulturen, die für den Weltmarkt produzierten, zerstörten in vielen Ländern die Existenzgrundlagen von Kleinbauern und forcierten die Landflucht. Trotz höherer landwirtschaftlicher Erträge nahm die Zahl der Hungernden weltweit zu – während oftmals gerade aus den Gebieten, in denen Menschen verhungerten, Nahrungsmittel exportiert wurden.[40] Bonnie Mass schreibt in diesem Zusammenhang, daß die Regulierung des „natürlichen" (Hunger-)Tods 1974 als eine wissenschaftliche Option der Bevölkerungspolitik gegenüber armen Ländern formuliert wurde.[41] Die Notwendigkeit zur raschen Steigerung der Agrarproduktion war zu Beginn der Entwicklungsdekade unter anderem mit dem Bevölkerungswachstum begründet worden.[42] Die Auswirkungen der Entwicklungspolitik, sowohl der Nahrungsmangel als auch das Anwachsen der städtischen Slums in Asien und Lateinamerika infolge der Landflucht, wurden nun wiederum auf die „Bevölkerungsexplosion" zurückgeführt. Das Konzept zur Grünen Revolution war im Rahmen eines landwirtschaftlichen Forschungsprogramms der Rockefeller Foundation entstanden, das diese 1943 gemeinsam mit der mexikanischen Regierung durchgeführt hatte.[43] Die Stiftung trug somit gewissermaßen dazu bei, die „Überbevölkerung" zu produzieren, die sie anschließend bekämpfte. Die Menschen, die in die Städte abwanderten, waren in der Regel genötigt, entweder im sogenannten informellen Sektor ihr Auskommen zu finden oder in einer der Weltmarktfabriken zu arbeiten, die seit Mitte der 60er Jahre in den sogenannten Entwicklungsländern entstanden waren. Dort wurden fast ausschließlich junge Frauen und Mädchen zu extrem niedrigen Löhnen und harten Arbeitsbedingungen beschäftigt.[44]

Zu Beginn der 70er Jahre thematisierten EntwicklungstheoretikerInnen die Bedeutung der weiblichen Arbeit in Landwirtschaft, Kleinhandel und Handwerk. Frauen würden in der Entwicklungspolitik nur als Mütter und Hausfrauen angesehen, ihre produktive Funktion in der Subsistenz- wie in der Marktwirtschaft bleibe ausgeblendet. Bei Projektförderung und Kreditvergabe waren bislang nur Männer berücksichtigt worden. Entwicklungsprogramme, so die Ökonomin Ester Boserup in einer 1970 veröffentlichten und viel rezipierten empirischen Studie[45], hätten negative Auswirkungen auf den Status von Frauen in den Gesellschaften der „Dritten Welt". Indirekt, so wurde es unter anderen von Joan Dunlop formuliert, zementiere die geringe Wertschätzung ihrer Arbeit die traditionelle Rolle der Frauen und fördere so den Kinderreichtum. Ausbildungsprogramme für Frauen und Existenzgründungskredite sollten Abhilfe schaffen. „Investment in women" (Investition in die Frauen) hieß das neue Motto der Entwicklungspolitik, von dem sich Feministinnen, die in entwicklungs- und bevölkerungspolitischen Institutionen arbeiteten, eine Stärkung der ökonomischen Eigenständigkeit von Frauen (und manche als Folge davon auch einen Rückgang der Geburtenraten) erhofften. Familienplanungsprogramme waren aus dieser Perspektive die Voraussetzung dafür, um Frauen verstärkt in der außerhäuslichen Wirtschaft und der Produktion für einen überregionalen Markt zu beschäftigen.* In den USA wurden in den folgenden Jahren in allen Institutionen, die mit Bevölkerungspolitik befaßt waren, feministische Abteilungen „Women in Development" gegründet; auch die Weltbank schloß sich diesem Trend an. Die ökonomische Unabhängigkeit der Frauen war auch für sie allenfalls eine Begleiterscheinung; im Mittelpunkt stand die „Erschließung" des (im Verständnis der Weltbank noch immer unvollständig genutzten) weiblichen Arbeitskräftepotentials.[46] Die „Investition in Frauen" kann auch als Versuch gewertet werden, den informellen Sektor an die „formelle" Ökonomie und den Weltmarkt anzubinden. In der Regel bedeutet die „Existenzgründung" für die Frauen jedoch nicht mehr Einkommen, sondern vor allem mehr Arbeit. Ein Verdienst kommt nur mittels extremer Selbstausbeutung zustande und muß häufig noch dazu aufgewandt werden, den Lohnverlust der Männer zu kompensieren, die arbeitslos geworden sind oder auf der Suche nach Arbeit ihre Familien verlassen haben.[47] Die Kluft zwischen Arm und Reich, so schreibt Gertrud Ochser, hat sich zwischen 1960 und 1991 mehr als verdoppelt. Die Hauptlast dieser Entwicklung tragen die Frauen.

Der Dialog als Strategie
Ein Bündnis gegen AbtreibungsgegnerInnen

Im Jahr 1980 gründete auch das Population Crisis Comittee, eine der ältesten bevölkerungspolitischen Lobbyorganisationen, eine Frauenorganisation. Die International Women's Health Coalition (IWHC) sollte

---

* Der Demograph Kingsley Davis hatte bereits 1954 darauf hingewiesen, daß eine hohe Geburtenrate wie etwa in Puerto Rico ungünstig für ein Land sei, unter anderem weil so die Frauen als Arbeitskräfte aus der Industrie abgezogen würden. Vgl. Kingsley Davis, The Demographic Foundations of National Power, nachgedruckt in: Hardin (Hg.), S.71-74. In Thailand wurde die Bevölkerungspolitik mit Programmen zur Dorfentwicklung verknüpft. Wirtschaftliche Existenzgründungsdarlehen werden von der nationalen Familienplanungsorganisation nur an Familien vergeben, die sich zur Verhütung verpflichten oder einer Sterilisation zustimmen. Vgl. Marie-Louise Buchczik, Hanns-Christoph Koch, Ulrike Schaz, Glücks-Spirale. Vom Gewinn kontrollierter Fruchtbarkeit. Dokumentarfilm, BRD 1985. Verleih: Matthias-Film, Stuttgart.

187

Frauen, die dies wünschten, die Abtreibung ermöglichen. Die organisatorische Eigenständigkeit der internationalen Frauengesundheitskoalition hatte für das Population Crisis Committee den Vorteil, daß es seine Aktivitäten auf dem Gebiet des Schwangerschaftsabbruchs vor den eigenen Spendern, zu denen auch viele AbtreibungsgegnerInnen zählten, verbergen konnte.[48] 1984 war Joan Dunlop zur Präsidentin der bis dahin wenig bekannten Women's Health Coalition gewählt worden. Unter ihrer Leitung hat diese sich zu einer einflußreichen Organisation entwickelt, die unter anderem Projekte in Ländern des Südens finanziert und technische Unterstützung für den Gebrauch von Abtreibungsgeräten anbietet.[49] Darüber hinaus hat sich die Koalition als eine Art Vermittlerin zwischen Frauenbewegung und bevölkerungspolitischen Organisationen etabliert.[50] Dunlop geht es darum, das Interesse der großen Institutionen wie AID und WHO für Frauenfragen und die „wirklichen Bedürfnisse der Frauen" zu entwickeln. Bereits 1985 hatte die Women's Health Coalition gemeinsam mit dem Population Council einen Dialog zwischen ForscherInnen und Feministinnen initiiert. Eine der Teilnehmerinnen äußerte ihre Überzeugung, daß die etablierten Organisationen nicht umhin könnten, die Bedürfnisse und Interessen von Frauen ernst zu nehmen, selbst wenn dies nur deshalb geschehe, „weil dies der sicherste Weg sei, die demographischen Ziele zu erreichen."[51]

Gemeinsame Treffen und Publikationen von Aktivistinnen der Frauengesundheitsbewegung und reformorientierten MitarbeiterInnen bevölkerungspolitischer Institutionen gab es in den folgenden Jahren immer häufiger. Indirekt mag auf beiden Seiten auch das veränderte politische Klima unter der Regierung Reagan zur Annäherung beigetragen haben. Die Feministinnen sahen sich mit einer wachsenden und zunehmend aggressiven Pro-Life Bewegung in den USA konfrontiert; die sogenannten Lebensschützer gingen militant gegen Frauen vor, die abtreiben wollten, gegen Ärzte und Kliniken. Der Population Council hatte seinerseits in steigendem Maße mit „der Überzeugung im eigenen Hause zu tun, man brauche mehr Zwangsmaßnahmen in der Bevölkerungspolitik."[52]

Aus den eher pragmatischen Anfängen entwickelte sich eine strategische Koalition, die sich auch auf die Inhalte der feministischen Bewegung auswirkte. Einige der großen Frauenorganisationen, wie NOW (National Organization for Women), weigerten sich zum Beispiel, Aktionen gegen Zwangssterilisierungen zu unterstützen, weil sie ihre Allianz mit dem medizinischen und bevölkerungspolitischen Establishment nicht gefährden wollten.[53]

Wer redet für wen?

Bei internationalen Kongressen begegnen sich Frauen aus verschiedenen Ländern, Kulturen und Klassen und aus sehr unterschiedlichen Gruppen. An den Diskussionen um feministische Forderungen zu Verhütung, Abtreibung und „reproduktiver Gesundheit" nimmt die Leiterin einer Frauen- oder Familienplanungsorganisation ebenso teil wie die freiberufliche Beraterin der Weltbank oder die ehrenamtliche Mitarbeiterin eines feministischen Gesundheitsprojekts. Wie in fast allen Bereichen, in denen Nichtregierungsorganisationen tätig sind, hat sich auch in der Frauengesundheitsbewegung eine Professionalisierung durchgesetzt, und Gruppen oder Netzwerke, die ohne öffentliche Gelder arbeiten, sind eher eine Ausnahme. Die Professionalisierung hat aus ehrenamtlichen und unterbezahlten Tätigkeiten Berufe gemacht und damit zur gesellschaftlichen Anerkennung der Arbeit von Frauen beigetragen, die nun immerhin dafür bezahlt werden, daß sie Dienstleistungen im Gesundheitsbereich aufrechterhalten.

Aber Geld und Professionalisierung haben nicht zuletzt auch die Anbindung an bevölkerungspolitische Institutionen verstärkt. Denn diese sind nicht nur an der Finanzierung von Kongressen beteiligt, sondern sponsern auch die Herausgabe von Zeitschriften und Büchern, oder zahlen den Aktivistinnen, vornehmlich denen aus dem Süden, das Stipendium für ein Studium im Ausland.[54] In den großen Institutionen sind Feministinnen als professionelle „women's advocats", als „Anwältinnen der Frauen", an der bevölkerungspolitischen Planung beteiligt. Sie agieren auf einem für sie neuen politischen Parkett, den internationalen Konferenzen, Meetings und Symposien, wo sich Lobbyarbeit, Geldflüsse, politische Überzeugungen und praktische Politik mischen. Es sind nicht mehr nur die Männer, die sich Konzepte ausdenken, die Frauen anwenden sollen, und auch nicht mehr nur ExpertInnen aus dem Norden, die über den Süden verhandeln. Aber die Integration von Frauen – sei es nun aus der feministischen Bewegung in den Industriestaaten oder den Metropolen Asiens, Afrikas oder Lateinamerikas – hat nichts daran geändert, daß nach wie vor ein Gefälle besteht: Diejenigen, die die Zielgruppen der bevölkerungs- und gesundheitspolitischen Kampagnen sind, Landfrauen aus Indien oder Bangladesh, arme Frauen aus Kolumbien oder Kenia, reden nicht mit. Über sie wird verhandelt.

Der Trend zur Professionalisierung löste unter den Beteiligten bisweilen auch erbitterte Diskussionen aus. So entlud sich auf dem 6. internationalen Treffen „Frauen und Gesundheit", das 1990 in Manila stattfand, die Spannung zwischen „Basis-Feministinnen" und „professionellen Feministinnen" wie ein großer Donner. Die anwesenden Mitarbeiterinnen aus bevölkerungspolitischen Institutionen[55] forderten die Unterstützung der „Basis-Frauen" für ihre Arbeit in den Institutionen. Dies führte zu harten Auseinandersetzungen über Radikalität, Entpolitisierung und Vereinnahmung. „Tatsache ist", so eine der Teilnehmerinnen, „daß einige von uns bereits die Bastionen der Macht betreten haben. Wurden sie kooptiert? Sind sie naiv, brav? Andersherum: ist die Arbeit mit Basisbewegungen der einzig akzeptable feministische Weg?"[56]

Feministische Bevölkerungspolitik?

Neben der Kontroverse um Basisarbeit oder institutionelle Einbindung entwickelten sich in den letzten Jahren unterschiedliche Auffassungen innerhalb der Frauengesundheitsbewegung: zum einen in der Frage, ob das demographische Wachstum ein Problem darstelle oder nicht; zum anderen darüber, was unter „reproduktiven Rechten" zu verstehen sei – ein Begriff, der als eine Art Sammelbezeichnung für feministische Forderungen zum Thema Bevölkerung, Frauengesundheit und Verhütung benutzt wird und dadurch zunehmend schwammiger wird.

Im Kern geht es bei der Forderung nach „reproduktiven Rechten" um:
- die Freiheit der Entscheidung über die Zahl der Kinder und den Zeit punkt ihrer Geburt,
- den Zugang zu Verhütungsmitteln und Informationen darüber,
- das Recht, über den eigenen Körper selbst zu bestimmen. Dies schließt auch den Schutz vor ungewollten körperlichen Eingriffen ein.[57]

Die Soziologin Ruth Dixon-Mueller stellt die „reproduktiven Rechte" in den Kontext der Menschenrechte und legt dar, daß deren Einhaltung auch die Respektierung der „reproduktiven Rechte" von Frauen beinhalten müßte. Die weitreichenden Forderungen in bezug auf Gesundheit, Bildung, soziale und materielle Sicherheit von Frauen, die sie daraus ableitet, sind wohl in keinem Land der Erde vollständig erfüllt – setzen sie doch auf die Abschaffung jeder Diskriminierung von Frauen und letztlich auch des Patriarchats voraus.

Im einzelnen differiert jedoch das Verständnis des Begriffs erheblich. Während die einen darin einen Ansatzpunkt für eine generelle Patriarchatskritik sehen, verstehen andere darunter ausschließlich das

Recht auf die freie Auswahl von Verhütungsmitteln. Allgemein werden direkte und indirekte Zwangsmaßnahmen ebenso abgelehnt wie demographische Planziele. Das Recht auf Bildung und Gesundheitsversorgung für Frauen, Maßnahmen gegen Mütter- und Säuglingssterblichkeit sowie umfassende Information über Sexualität, Verhütung und Geburt sind – auch darüber besteht weitgehend Konsens – als Ziele an sich anzustreben, nicht als Mittel zum Zweck, Geburtenraten zu senken. Familienplanungsprogramme, in denen Frauen nur als „Anwenderinnen von Verhütungsmitteln" vorkommen, ohne daß auf ihre Bedürfnisse und ihre Lebenssituation eingegangen wird, werden von nahezu allen feministischen Organisationen ebenso kritisiert wie die Tatsache, daß Frauen auf die Entwicklung neuer Verhütungsmittel praktisch keinen Einfluß haben, und vor allem Frauen in Ländern des Südens für die Verhütungsmitteltests ausgenutzt werden. Die Frauen des Women's Global Network betonen zudem, daß eindeutig unterschieden werden müsse zwischen „reproduktiven Rechten" und Bevölkerungspolitik. Der Gegensatz in der Zielsetzung dürfe „nicht verwischt – sondern muß im Gegenteil – hervorgehoben werden".[58]

Während die Diskussion um „reproduktive Rechte" in zahlreichen Publikationen und auf Konferenzen geführt wurde, wird in der Frauengesundheitsbewegung die Frage, ob es ein „Bevölkerungsproblem" gibt und wenn ja, worin es besteht, kaum thematisiert. Nach wie vor sehen zwar einige Aktivistinnen das Überbevölkerungsdogma als eine Zweckbehauptung, um Bevölkerungskontrollmaßnahmen zu legitimieren; viele gehen jedoch implizit davon aus, daß die demographische Entwicklung „irgendwie" ein Problem darstelle.[59] In der Regel vermeiden es Feministinnen, von „Überbevölkerung" zu sprechen, benutzen aber unreflektiert Worte wie „Bevölkerungsdruck" oder sprechen von einem „zu schnellen" oder „rasanten" Bevölkerungswachstum. Häufig wird die Ausrichtung der Politik an demographischen Zielen kritisiert – und im folgenden einschränkend vermerkt, damit sei keineswegs gemeint, „daß demographische Ziele ignoriert werden können. Das wäre sehr unrealisitisch", da „eine gewisse Beziehung existiere zwischen Bevölkerungswachstum, räumlicher Verteilung und Umwelt".[60]

Im Juni 1990 nahm Marge Berer, langjährige Mitarbeiterin des Women's Global Network for Reproductive Rights[61], diese Indifferenz zum Anlaß, um die Frauengesundheitsbewegung aufzufordern, sie solle ihre ablehnende Position zur staatlichen Bevölkerungsplanung überdenken. Bislang hätten die Feministinnen die Frage tabuisiert, ob es ein „Bevölkerungsproblem" gäbe. Nun, da Geburten- und Sterberaten aus der Balance geraten seien, so Berer, müsse die Frauenbewegung sich eingestehen, „daß die Welt nicht eine unbegrenzte Anzahl Menschen aushalten kann, so wie die Körper von Frauen keine unbegrenzte Anzahl von Schwangerschaften aushalten können". Feministinnen sollten sich zwar nach wie vor gegen alle diskriminierenden und die Rechte von Frauen verletzenden Bevölkerungsprogramme zur Wehr setzen, aber sie hätten auch die Verantwortung zu definieren, was gute und was schlechte Bevölkerungspolitik sei. Von guter Bevölkerungspolitik hatte Berer eine klare Vorstellung: „Ich glaube, daß das Konzept der reproduktiven Rechte die Basis von Bevölkerungspolitik werden kann und sollte. (...) Ich glaube fest daran, daß es kein Bevölkerungsproblem geben würde, wenn Frauen wirklich eine 'Wahl' hätten."[62]

Der Vortrag löste einen Sturm der Entrüstung aus, vor allem unter Aktivistinnen aus der Dritten Welt. Eine feministische Bevölkerungspolitik, empörte sich Farida Akhter aus Bangladesch, könne nur als Versuch gewertet werden, den Feminismus zu vereinnahmen. Bevölkerungskontrollpolitik sei eine Politik der Unterdrückung, die grundsätzlich im Widerspruch zu feministischen Forderungen stehe und nicht dadurch besser werde, daß sie von Frauen gemacht würde.[63] Farida Akhter kritisiert darüber hinaus auch das Konzept der „reproduktiven Rechte". Sie wirft der westlichen Frauengesundheitsbewegung vor, einem patriarchalen Diskurs aufzusitzen, der Frauen auf die Rolle der Gebärerinnen reduziere, die Reproduktion nur als individuelle Angelegenheit verstehe und nicht als Ausdruck eines sozialen Verhältnisses. Entstanden aus dem Engagement westlicher Mittelschichtfrauen könne das Konzept nicht auf die Lebensbedingungen von Frauen in den Ländern des Südens übertragen werden. „In einer neokolonialen Gesellschaft wie Bangladesch ist der Kampf für die Emanzipation von Frauen verflochten mit dem Kampf gegen die Vorherrschaft der Weltmächte und Weltmärkte, gegen Rassismus, Militarismus, gegen das kapitalistische Patriarchat."[64]

Feministische Positionen zur Weltbevölkerungskonferenz

Die unterschiedlichen Positionen der Frauengesundheitsbewegung fanden ihren Niederschlag in verschiedenen Resolutionen, die in Vorbereitung auf die Weltbevölkerungskonferenz 1994 publiziert wurden.

Farida Akhter gehörte zu den Initiatorinnen eines internationalen Symposiums, das 1993 in Bangladesch stattfand. Dort diskutierten Frauen aus 23 Ländern über „People's Perspective on Population". Im Hinblick auf Kairo kritisierten sie den demographischen Reduktionismus: Von konkreten Menschen solle die Rede sein, nicht von abstrakter „Bevölkerung" – „People – not population". In der Abschlußerklärung des Symposiums formulierten die Teilnehmerinnen: „Die Bedürfnisse von Frauen nach Nahrung, Bildung, Gesundheit und Teilnahme am sozialen und politischen Leben sowie nach einem Leben frei von Unterdrückung und Gewalt haben mit Bevölkerungspolitik nichts zu tun. (...) Es kann keine feministische Bevölkerungspolitik geben, denn das würde allen Positionen von Frauenbefreiung widersprechen und deren Grundsätze verletzen."[65]

In den USA rief das Committee on Women, Population, and the Environment (Komitee für Frauen, Bevölkerung und Umwelt) zur Suche nach neuen Lösungsansätzen für die globale Krise auf. In seinem „Call for a new approach" widersprach es der Annahme, das Bevölkerungswachstum sei Hauptursache der Umweltzerstörung und Bevölkerungskontrolle das geeignete Heilmittel. Unter anderem fordert das Komitee eine weltweite Entmilitarisierung, sowie die Neuverteilung von Ressourcen und Wohlstand.[66]

Weit mehr Publizität als diese beiden Initiativen erhielt die Deklaration „Women's Voices 94". Entworfen wurde diese Erklärung zur Bevölkerungspolitik von einer Allianz von Frauen aus dem Süden und Norden, unter starker Beteiligung der International Women's Health Coalition.* Das Bündnis plädierte dafür, Regierungen und internationale Agenturen mittels intensiver Lobbyarbeit zu beeinflussen, um die reproduktiven Rechte von Frauen auf der Weltbevölkerungskonferenz geltend zu machen. Die Feministinnen sollten ihre bisherigen defensiven und ablehnenden Positionen überwinden und konstruktiv an einem Konzept von Bevölkerungspolitik mitarbeiten. Denn erstmals könnten nun Frauen „ihre eigene Vision dessen, was für eine Stabilisierung des Bevölkerungswachstums getan werden muß" einbringen.[67]

Das Konzept der „Women's Voices" sah eine Vervierfachung der bis-

---

* Als Verfasserinnen werden unter anderem genannt: Joan Dunlop, Marge Berer, Sonia Correa, Loes Keysers, Rosalind Pollack Petchesky, Adrienne Germain, Jaqueline Pitanguy. Die Erklärung „Women's Voices 94" wurde während der 2. Vorbereitungskonferenz in New York veröffentlicht, und unter anderem über diverse Verteiler und als Beilage von verschiedenen feministischen Zeitschriften verschickt.

herigen bevölkerungspolitischen Ausgaben vor. 20 Prozent der Gelder sollten an die Frauengesundheitsbewegung und an Gruppen vergeben werden, die sich für „reproduktive Rechte" einsetzen. Außerdem müßten 50 Prozent der Führungsposten in allen relevanten Agenturen von Frauen besetzt werden. In den Texten und Äußerungen der UnterzeichnerInnen der Deklaration ist eine Aufbruchsstimmung zu spüren – die Zuversicht, daß es gelingen werde, die bevölkerungspolitischen Institutionen auf feministischen Kurs zu bringen. Die Erklärung wurde auch von Frauen und Gruppen unterzeichnet, die Bevölkerungspolitik ablehnen. Einige der Initiatorinnen scheinen davon auszugehen, daß die feministische Intervention eine radikale Umorientierung in der Bevölkerungspolitik einläuten werde[68] oder, wie Joan Dunlop es in der *New York Times* vom 6. September 1994 formulierte, daß sie die „tiefgreifendste soziale Revolution unserer Zeit" darstelle.[69]

Dunlop sieht es als die „Herausforderung der 90er Jahre" an, das Bevölkerungswachstum zu stabilisieren. Darüber hinaus müsse vor allem „der Konsum der reichen Menschen und Länder" reduziert werden.[70] Eine Position, die Bevölkerungspolitik ablehnt, hält sie für „nicht praktikabel" und fährt fort: „Ich glaube, daß diese Bevölkerungspolitik weitergehen wird. Die Geldströme werden zunehmen. Für Frauen wäre es eine verpaßte Gelegenheit, wenn sie sich nicht daran beteiligen wollten, wie diese Gelder ausgegeben und welche Programme entwickelt werden."[71]

Auch Adrienne Germain, neben Joan Dunlop Vizepräsidentin der International Women's Health Coalition, sieht gute Chancen, Einfluß auf die bevölkerungspolitische Planung und „Zugang zu den Ressourcen, vor allem zu jenen der US-amerikanischen Auslandshilfe", zu gewinnen.[72] Ihr schwebt eine breite Koalition aus Leuten, die sich professionell mit Entwicklung, Frauengesundheit, Menschenrechten und Bevölkerung auseinandersetzen, vor.

Kairo: Ein neuer Konsens?

Im Verlauf der Weltbevölkerungskonferenz erhielt der Optimismus der Frauen einige Dämpfer. Nicht mehr die feministischen Positionen – welcher Strömung auch immer – standen im Mittelpunkt der Diskussion und der Medienberichterstattung, sondern die Opposition des Vatikans gegen Abtreibung und Verhütungsmittel. „Sobald sich der Rockschoß eines Vatikan-Abgesandten im Pressezentrum zeigte", so ein Beobachter, „hingen Trauben neugieriger Reporter an ihm. Auf diese Weise fiel es dem Heiligen Stuhl nicht schwer, seine jeweils aktuelle Position in die Schlagzeilen zu rücken."[73]

Von „Entwicklung" war auf der Konferenz kaum die Rede und wenn, dann wurde sie nicht auf der globalen Ebene von Weltmarkt, Verschuldung und GATT thematisiert, sondern primär als Entwicklung menschlicher Ressourcen, sprich: Entfaltung individueller Fähigkeiten und Möglichkeiten, definiert.[74] Frauen aus dem Süden, wie Evelyn Hong vom Third World Network Malaysia, hatten deutlich zu machen versucht, daß die Frauen in ihrem Land dringendere Probleme hätten als die Durchsetzung reproduktiver Rechte; Strukturanpassung und Verschuldung würden ihnen weit mehr zu schaffen machen.[75] Doch fanden solche Einwände wenig Beachtung. Und auch die verschiedenen Hearings, auf denen Menschenrechtsverletzungen im Zusammenhang der Bevölkerungspolitik dokumentiert wurden, gingen im Konferenzbusiness weitgehend unter.

Die Möglichkeit, auf die Mammutkonferenz Einfluß zu nehmen und die eigenen Postionen auch darüber hinaus in die Öffentlichkeit zu vermitteln, hing nicht zuletzt vom Know how einer medienwirksamen Präsentation ab. Diesbezüglich waren die USA führend.[76] Entsprechend standen die Feministinnen aus den USA in Kairo im Vordergrund, was den Unmut insbesondere der Frauen aus asiatischen NROs über den Konferenzverlauf noch verstärkte. Die Protagonistinnen der „reproduktiven Rechte" konnten für sich zumindest den Erfolg verbuchen, daß der in Kairo verabschiedete Aktionsplan zentrale Begriffe und Forderungen aus der feministischen Diskussion enthält. Das „empowerment" der Frauen, die Förderung von „reproduktiver Gesundheit" und die Ablehnung bevölkerungspolitischer Zwangsmaßnahmen waren nun als internationaler Konsens festgeschrieben. Fraglich bleibt nur, ob dies mehr als Lippenbekenntnisse sind. „Wer immer auf einer Rednertribüne saß oder ein Pressemikrophon vorgehalten bekam, sprach als allererstes über mehr Bildung für Frauen und Verbesserung von deren Status. Auch 'empowerment' (...) oder 'gender equality' (Geschlechtergleichheit) gehörten zum Standardvokabular der Statements und Papiere, fast immer verknüpft mit 'development'. Pro-poor, pro-democracy, pro-women, pro-nature, pro-development" sollte das neue Entwicklungsparadigma sein.[77] Für manche Regierungsdelegierte aus dem Süden stand hinter dem Bekenntnis zu Familienplanung und Frauenförderung kaum verhüllt die Hoffnung, daß die Anpassung an die Rhetorik des Aktionsplans mit materiellen Zuwendungen in Form von „Entwicklungshilfe" honoriert würde.[78] Anders als bei vorangegangenen Weltbevölkerungskonferenzen (insbesondere derjenigen in Bukarest) gab es in Kairo kaum eine Nord-Süd-Konfrontation. Kritik an der Weltwirtschaftsordnung und den Strukturanpassungsprogrammen der Weltbank wurde am deutlichsten von einigen NROs aus dem Süden geäußert. Regierungsdelegierte aus der Dritten Welt meldeten dagegen nur vereinzelt vorsichtige Zweifel an, daß Armut und Verelendung eine Folge von „Überbevölkerung" seien und mittels Familienplanung beseitigt werden könnten.[79] Auf die Frage nach dem Grund für die zurückhaltende Kritik der Süd-Delegierten, antwortete die Gesundheitsaktivistin Mira Shiva aus Indien lapidar: „weil ihnen die Finanznot die Hände und die Zungen bindet – das ist der Unterschied zu den Konferenzen von Bukarest und Mexiko".[80]

In Kairo, so meint auch Betsy Hartmann, sei ein Bevölkerungskontroll-Konsens unter Verwendung der Sprache der (kritischen) Frauen hergestellt worden. Im Grunde habe keine wirkliche Umorientierung stattgefunden, denn im Abschlußdokument der Konferenz werde das Bevölkerungswachstum noch immer als wichtiger, wenn nicht als Hauptgrund für Armut, Unterentwicklung und Umweltzerstörung angesehen. Da jedoch Familienplanungsprogramme auf freiwilliger Basis besser greifen als eng gesteckte demographische Ziele, werde eben, so die Autorin weiter, das Ganze noch mit etwas reproduktiver Gesundheitsfürsorge angereichert.[81] Hier wird schließlich auch die ganze Problematik der Forderung nach „reproduktiven Rechten" und „reproduktiver Gesundheit" offenkundig. Während der Begriff einerseits als – vom Vatikan nach langem Tauziehen toleriertes – Synonym für Familienplanungskampagnen alten Stils steht, soll er andererseits auch die Kritik daran zum Ausdruck bringen: Die Ablehnung von Maßnahmen, die isoliert auf die Senkung der Geburtenrate gerichtet sind, ohne die soziale Situation, die Lebensbedingungen und Wünsche von Frauen zu berücksichtigen. Solche Begriffe, die zugleich ihr Gegenteil beinhalten, sind aber eine Voraussetzung dafür, daß Kritik schon auf der gedanklichen Ebene verschwindet.

Christa Wichterich sieht denn auch das Bevölkerungsestablishment als „heimlichen Sieger von Kairo". Mit dem Konzept der reproduktiven Rechte habe die Frauenlobby der Bevölkerungspolitik „ein phantastisches Face-lifting und eine Legitimation (verschafft). Oder anders formuliert: sie enthob die Bevölkerungspolitik jeglichen Rechtfertigungsdrucks. Auf diese Weise stellte sie den internationalen Konsens über das Konzept Bevölkerungspolitik her, von dem die Bevölkerungsingenieure selbst immer geträumt haben. Grundsatzkritik an diesem Konzept (...) ging im Chor der Apologeten unter."[82]

Verbindlich ist das Abschlußdokument von Kairo für die Unterzeichnerstaaten ohnehin nicht, auch wenn es für manche Frauen wichtig sein mag, daß sie die Regierung ihres Landes zumindest gelegentlich an die Zustimmung zu dem Konsenspapier erinnern und die darin enthaltenen Prinzipien einfordern können. Allerdings lassen vage Formulierungen auch reichlich Spielraum für eine Interpretation im jeweils gewünschten Sinne. So werden den Regierungen „sachgerechte Maßnahmen" und „angemessene Schritte" empfohlen, sie sollen „wirksame Strategien" entwickeln und „geeignete Dienste" bereitstellen – was immer das im Einzelfall heißen mag.

„Wenn man das Metier beherrscht, ist es einfach, ein hervorragendes Dokument zu formulieren, über das sich niemand streitet und das nichts bewegt," bemerkte die nigerianische Juristin Adetoun Ilumoka nach ihrer Rückkehr aus Kairo.*

In der bevölkerungspolitischen Praxis ist dagegen von einer Abkehr vom alten Kurs wenig zu merken. Nach wie vor investieren Organisationen wie die WHO, der Population Council und zahlreiche Labore weltweit in die Forschung an Langzeitverhütungsmitteln, zum Beispiel an einem „Impfstoff" gegen Schwangerschaft. Dieser basiert, wie auch das Hormonimplantat „Norplant", auf einem bevölkerungspolitischen Ansatz, der die Entscheidungsfreiheit der Frauen einschränkt.[83] Würde das Konzept von reproduktiven Rechten wirklich ernst genommen, so müßten die Millionen verschlingenden Impfstoff-Forschungen eingestellt werden.*

---

* Der Tendenz zum orwellschen „newspeak" entspricht eine Beschönigung der eigenen Geschichte: So tun Organisationen wie der Population Council, der zu den Hardlinern der Bevölkerungspolitik zählte, neuerdings so, als sei seine Arbeit schon immer an liberal-feminisitischen Prinzipien orientiert gewesen. Die Toleranz gegenüber Kritik reicht allerdings nicht so weit, wie die liberalen Positionen vorgeben: Der von der britischen BBC produzierte Film „The Human Laboratory", der u.a. das vom Population Council auf den Markt gebrachte hormonelle Langzeitverhütungsmittel „Norplant" kritisch beleuchtet, erregte die Institution so sehr, daß sie gegen dessen Ausstrahlung im US-amerikanischen Fernsehen vorging und gegen die Sendung bei der BBC vehement protestierte. Vgl. Brief der Präsidentin des Population Council, Margaret Catley-Carlson, vom 22.11.1995 an die BBC.

Bevölkerungspolitische Sollzahlen werden zwar nicht mehr im Aktionsplan von Kairo festgesetzt, sind aber nach wie vor Bestandteil der nationalen bevölkerungspolitischen Programme, wie etwa in Indien. Dort
wird neuerdings allen Nichtregierungsorganisationen nahegelegt, Familienplanung in ihr Programm aufzunehmen, unabhängig vom jeweiligen
Schwerpunkt ihrer sonstigen Arbeit. Auf diese Weise können die Gruppen ihre Chancen erhöhen, staatliche oder internationale Gelder für ihre
Projekte zu bekommen. In Indien wie auch in anderen Ländern zeichnet sich ab, daß viele Frauenprojekte ein pragmatisches Verhältnis zu
dem Kairoer Konsens entwickeln, indem sie versuchen, die eigenen
Pläne und Vorstellungen so zu formulieren, daß sie als Konzepte zur
Förderung der „reproduktiven Rechte" deklariert und aus den bevölkerungspolitischen Geldtöpfen finanziert werden können – um so mehr, je
weniger andere Gelder zu erlangen sind.

Einige Monate vor der Konferenz in Kairo wurde in Indien der Entwurf für eine nationale Bevölkerungspolitik vorgelegt: Entgegen der
Rhetorik für ein „empowerment" der Frauen sah dieser zum Beispiel
vor: „Zukünftig soll die nationale Armee und paramilitärische Einheiten
eingesetzt werden, um eine 'Bevölkerungsstabilisierung' zu erreichen;
Menschen mit einer höheren Kinderzahl soll das passive Wahlrecht genommen werden; Personen mit mehr als zwei Kindern dürfen keine
Arbeit im organisierten Sektor erhalten."[84] Aufgrund der massiven Kritik
indischer Feministinnen hat die Regierung von einer politischen Umsetzung der Vorschläge allerdings absehen müssen.[85]

Die Menschen im Süden, so formulierte Sylvia Claudio vom philippinischen Frauenverband „Gabriela" in Kairo, werden „immer noch als
tickende Zeitbombe wahrgenommen, die jetzt durch Frauengesundheit
und -bildung entschärft werden soll".[86] Weitgehend unabhängig von
allen Reden über „empowerment", „reproduktive Rechte" und Entwicklung ist das Überbevölkerungsdogma mit Hilfe der Medienberichterstattung aus Kairo noch einmal einer weltweiten Öffentlichkeit als

---

* Die Abteilung der Weltgesundheitsorganisation, die diese Forschung koordiniert, gründete 1996 ein „Gender Advisory Panel". Die dafür berufenen „women's advocats" plädierten in ihrer ersten Sitzung dafür, die Forschung weiterzuführen. Allerdings müsse
das Image des Impfstoffs verbessert und „so schnell wie möglich" ein neuer Name
gefunden werden, in dem negative Worte wie „Anti-" oder „Non" vermieden werden.
Vgl. UNDP/UNFPA/WHO/ World Bank Special Programme of Research, Development
and Research Training in Human Reproduction, Gender Advisory Panel, Report, 12.-
14.2.1996, Genf.

unbezweifelbare Tatsache präsentiert worden. Und nach wie vor gilt das Bevölkerungswachstum als eines der „big five" Weltprobleme, das regelmäßig auf UN-Konferenzen verhandelt werden muß.[87]

* * *

Die Vorstellung von „Überbevölkerung" durchzieht dieses Jahrhundert als eine politische Ideologie. Ihre ProtagonistInnen haben die jeweiligen Paradigmenwechsel der Politik mitgemacht und sich neuen Verhältnissen schnell und geräuscharm angepaßt. Sie vertrugen sich mit den Rassenideologen des Nationalsozialismus, mit den Strategen des Stalinismus, mit den Herren des Weltmarkts und den Damen der Frauenbefreiung. Die Gespenster, die sie an die Wände projiziert, die Katastrophen, die sie ausgemalt haben, wechselten mit jeder Änderung des Zeitgeistes. Die Überzeugungskraft dieser Ideologie basiert nicht auf der Stichhaltigkeit der Argumente, die zu ihrer Untermauerung vorgebracht werden, sondern vor allem auf der Drohung mit der Gefahr und auf der Fiktion, daß es sich bei „Überbevölkerung" um eine wissenschaftlich objektivierbare Erscheinung handele.

Die Erzeugung dieser wissenschaftlichen Tatsache beruht indessen auf einer Voraussetzung: Damit überhaupt von einer "Bevölkerungsfrage" gesprochen werden kann, muß von den einzelnen Menschen abstrahiert werden. Im Überbevölkerungsdiskurs kommen weder Personen noch ihre Lebensbedingungen wirklich vor, sondern nur der "Faktor Bevölkerung", eine variable Größe, an der und mit der die unterschiedlichsten "Operationen" vorgenommen werden können.

Dieser reduktionistische Ansatz macht es möglich, in den verschiedensten historischen Situationen unterschiedliche soziale und politische Interessengegensätze und Probleme auf einen immer gleichen, scheinbar zeitlosen Nenner zu bringen, auf eine immer irgendwie bedrohliche, ahistorische „Bevölkerungsfrage". In der Folge können mit Verweis auf das „höhere" Ziel oder die gigantische Gefahr die individuellen Rechte konkreter Personen ignoriert oder einem imaginären Gemeinwohl untergeordnet werden. Indem die Ebenen der persönlichen Rechte und der historischen Differenzierung vernachlässigt werden und stattdessen aus der Perspektive der gesamten Menschheit argumentiert wird, erlangt der Wechsel von freiwilligen Entscheidungen zur Zwangsintervention im Namen einer planenden Vernunft den Anschein, gerechtfertigt zu sein. Politische Entscheidungen, die auf diesem Konstrukt basieren, erscheinen so als Vollzug einer nicht mehr zu hinterfragenden Rationalität, die gegenüber ethischen Einwänden immun ist.

Heutzutage werden bevölkerungspolitische Eingriffe immer öfter mit dem Verweis auf eine globale Verantwortung gerechtfertigt. Im Gegensatz zu der Rede von der *einen* Welt, für die es Verantwortung zu übernehmen gelte, spaltet sich die Mensch eit in der Bevölkerungsdiskussion allerdings in zweierlei Arten von Menschen: Mit Selbstverständlichkeit üben die einen Definitionsmacht aus und legen die Kriterien fest, nach denen die Welt neu zu ordnen sei und nach denen zwischen der "richtigen" Zahl und der "Überzahl" entschieden wird. Sie schaffen dabei jene anderen, deren Existenz zum Problem erklärt wird, das es zu beseitigen gilt.

Je mehr die überall auf der Erde auftretenden politischen, sozialen und ökologischen Probleme wahrgenommen werden, je mehr das Unvermögen bewußt wird, individuell angemessen zu reagieren, desto größer wird die Bereitschaft, Modelle zu akzeptieren, die alle Schwierigkeiten der Welt nach einem Muster erklären und die zudem noch eine Lösung anbieten. Die Mischung aus Ohnmacht und Abstumpfung gegenüber den täglichen Schreckensmeldungen führt dazu, die Verantwortung bereitwillig an ExpertInnen zu delegieren, die ihre Kassandra-Rufe mit dem deutlichen Hinweis begleiten, sie wüßten, was zu tun sei, wenn man sie nur ließe... Die ExpertInnen der bevölkerungspolitischen Organisationen und Agenturen begnügen sich nicht mit beratenden Funktionen, sondern drängen auf exekutive Befugnisse. Angesiedelt im zwischenstaatlichen Bereich und bei international tätigen Stiftungen, sind sie auf den jeweiligen Konsens mit ihrer Tätigkeit kaum angewiesen, unterliegen sie nur geringer Kontrolle und müssen allenfalls vermeiden, durch spektakuläres Auftreten allzu lauten Widerspruch zu errregen. Aber dem Überbevölkerungsdogma ist zu widersprechen, und hinter der scheinbar für alle gleichermaßen existenziellen "Bevölkerungsfrage" sind die jeweils konkreten gesellschaftlichen Konflikte und divergierenden Interessen sichtbar zu machen. Denn was auch immer die angestrebten "Lösungen" waren, nicht der "Faktor Bevölkerung", sondern noch stets einzelne Menschen hatten die Konsequenzen zu tragen.

ANMERKUNGEN

Einleitung

[1] Franz Oppenheimer, Das Bevölkerungsgesetz des T.R. Malthus und der neueren Nationalökonomie. Darstellung und Kritik, Berlin, Bern 1901, S.164.

[2] David Eversley, Prognosen über die Welbevölkerung in der Vergangenheit: Lassen sich daraus Lehren für die Zukunft ziehen? in: Deutsche Welthungerhilfe (Hg.), Weltbevölkerung und Welternährung, Bonn 1994, S.41-47, hier: S.41.

Die Erfindung des Bevölkerungsoptimums

[1] Vgl. Rolf Peter Sieferle, Bevölkerungswachstum und Naturhaushalt. Studien zur Naturtheorie der klassischen Ökonomie, Frankfurt am Main 1990, S.71ff. Nützliche Hinweise zu den Autoren vor Malthus finden sich im Nachwort und in der Bibliographie zu Thomas Robert Malthus, Das Bevölkerungsgesetz, hrsg. u. übers. von Christian M. Barth, München 1977, S.173-219.

[2] Eine empirische Widerlegung von Malthus' Bevölkerungsgesetz auf der Basis einer Auswertung von Heirats- und Sterbetafeln leistete bereits im Jahr 1875 W. Farr, A Letter to Reg. Gen. on Mortality in the Registration Districts of England during the years 1861-1870. Supplement to the 35th Annual Report to the Reg. Gen. of Births, Deaths, and Marriages in England for the year 1872. In England galt Malthus' Lehre schon zu seinen Lebzeiten als überholt; in Frankreich fand sie im wesentlichen nur bis 1848 Anhänger.

[3] Barbara Duden, Bevölkerung, in: Wolfgang Sachs (Hg.), Wie im Westen so auf Erden. Ein polemisches Handbuch zur Entwicklungspolitik, Reinbek 1993, S.71-88, hier: S.74.

[4] Thomas R. Malthus, An Essay on the Principle of Population, as it Affects the Future Improvement of Society, with Remarks on the Speculations of Mr. Godwin, M. Condorcet, and Other Writers, London 1798.

[5] In der Literatur, zumal in der älteren, wird der Begriff „Übervölkerung" häufig als Synonym für den heute üblichen der „Überbevölkerung" verwendet.

[6] Mohan Rao, An Imagined Reality. Malthusianism, Neo-Malthusianism and Population Myth, in: Economic and Political Weekly, 29.1.1994, S.40-52, hier: S.42.

[7] Vgl. Edward P. Thompson, Die sittliche Ökonomie der englischen Unterschichten im 18. Jahrhundert, in: Detlev Puls, E.P. Thompson u.a., Wahrnehmungsformen und Protestverhalten. Studien zur Lage der Unterschichten im 18. und 19. Jahrhundert, Frankfurt am Main 1979, S.13-80.

[8] Marquis de Condorcet, Entwurf einer historischen Darstellung der Fortschritte des menschichen Geistes, hrsg. von Wilhelm Alf, Hamburg 1963.

[9] Vgl. Amartya Sen, Population and Reasoned Agency: Food, Fertility and Economic Development, in: Kerstin Lindahl-Kiessling, Hand Landberg (ed.), Population, Economic Development, and the Environment, Oxford 1994, S.51-78; hier: S.51-55. Heide Mertens, Wunschkinder. Natur, Vernunft und Politik, Münster 1991, S.21-30; darin findet sich eine

anschauliche Gegenüberstellung der Ideen von Condorcet und Malthus.

[10] Vgl. Klaus-Jürgen Matz, Pauperismus und Bevölkerung. Die gesetzlichen Ehebeschränkungen in den süddeutschen Staaten während des 19. Jahrhunderts, Stuttgart 1980.

[11] Sieferle, S.218.

[12] Jean Bourdon, Dozent an der Sorbonne, in seinem Vortrag in Genf. Vgl. Margaret Sanger (ed.), Proceedings of the World Population Conference, London 1927, S.113.

[13] Henriette Fürth, Menschenökonomie und Bevölkerungszuwachs, in: Die Gesellschaft 1930, Bd. 2, S.430-440. Vgl. auch Michael Schwartz, Sozialistische Eugenik. Eugenische Sozialtechnologien in Debatten und Politik der deutschen Sozialdemokratie 1890-1933, Bonn 1995, S.66-69.

[14] Clara Zetkin hatte gegen den Gebärstreik, der 1913 in Berlin von Teilen der Linken (darunter auch der SPD-Frauensektion) unterstützt wurde, zu bedenken gegeben, daß die Weigerung „Soldaten für den Staat" zu gebären auch die Zahl der „Soldaten für die Revolution" verringern würde. Vgl. Cornelie Usborne, Frauenkörper - Volkskörper. Geburtenkontrolle und Bevölkerungspolitik in der Weimarer Republik, Münster 1994, S.29. Anneliese Bergmann, Frauen, Männer, Sexualität und Geburtenkontrolle. Zur „Gebärstreikdebatte" der SPD 1913, in: Karin Hausen (Hg.) Frauen suchen ihre Geschichte, München 1983, S.81-108.

[15] Helene Stöcker, Der Internationale Neumalthusianer-Kongreß im Haag (im folgenden: „Stöcker"), in: Die neue Generation 6(1910), Heft 10, S.406-418, hier: S.407.

[16] Stöcker, S.414. Zur Person Stöckers, ihren rassenhygienischen Positionen und der Kontroverse, die es darum in der feministischen Forschung gegeben hat, vgl. Brunhilde Sauer-Burghard, Frauenbefreiung und „Rassenveredelung". Eugenisches und rassenhygienisches Gedankengut im feministischen Diskurs der historischen radikalen Frauenbewegung, in: Schöpfungsgeschichte Zweiter Teil. Neue Technologien (beiträge zur feministischen theorie und praxis, Bd. 38), Köln 1994, S.131-144. Zum Bund für Mutterschutz und dessen Verbindung zur Eugenikbewegung vgl. Ann Taylor Allen, Feminismus und Eugenik im historischen Kontext, in: Feministische Studien, H. 1, 1991, S.46-68. Anna Bergmann, Die verhütete Sexualität. Die Anfänge der modernen Geburtenkontrolle, Hamburg 1992, S.86f. Marielouise Janssen-Jurreit, Nationalbiologie, Sexualreform und Geburtenrückgang - über die Zusammenhänge von Bevölkerungspolitik und Frauenbewegung um die Jahrhundertwende, in: Gabriele Dietze (Hg.), Die Überwindung der Sprachlosigkeit, Darmstadt-Neuwied 1979, S.139-174.

[17] Forel war Mitglied des Bundes für Mutterschutz und Sexualreformer. Zu seinen Positionen vgl. Klaus Dörner, Die institutionelle Umwandlung von Menschen in Sachen. Wie das Projekt der leidensfreien Gesellschaft im Konzept der Minderwertigkeit aufgeht, in: Frankfurter Rundschau vom 17.10.1994; Bergmann, Die verhütete Sexualität, S.87, 153f., 207.

[18] Zitiert nach Stöcker, S.413. Vgl. auch August Forel, Die sexuelle Frage, München 1909, S.534ff.

[19] Knut Wicksell, Vorlesungen über Nationalökonomie auf Grundlage des Marginalprinzipes, Bd.1, Jena 1913, S.56.

[20] Vgl.Stefan Kühl, die Internationale der Rassisten (Arbeitstitel), Frankfurt am Main, New York 1997; Manuskript, S.50f.

[21] Vgl. Eva Scheibe, Rezension von F. Savorgnan, Krieg, Auslese, Eugenik, in: Archiv für Rassen- und Gesellschafts-Biologie einschließlich Rassen- und Gesellschafts-Hygiene, 22. Bd. 1930, München 1930, S.220.

[22] Vgl. Helmer Key, Die Folgen der amerikanischen Einwanderungspolitik, in: Zeitschrift

für Geopolitik 2(1925 I), Heft 4, S.261-271., hier, S.267. Key arbeitete in seinem Artikel heraus, daß die Restriktionen vor allem gegen die Einwanderung aus Ost- und Südosteuropa gerichtet seien („namentlich von minderwertigem Volk aus den allerverarmtesten Ländern"; S.263), die nach dem Ersten Weltkrieg besonders zugenommen habe. Die Quotierung der Einwanderung treffe jedoch auch die bis dahin erwünschten Immigranten aus Nordeuropa. Für die „gelbe, wie überhaupt für die farbigen Rassen besteht schon jetzt ein vollständiges Einwanderungsverbot". (S.266) Key, der auch an der Weltbevölkerungskonferenz in Genf teilnahm, war Herausgeber der schwedischen Zeitung Svenska Dagbladet.

[23] Vgl. Ellen Chesler, Woman of Valor. Margaret Sanger and the Birth Control Movement in America, New York 1992. Madeline Gray, Margaret Sanger. A Biography of the Champion of Birth Control, New York 1979.

[24] Kühl, Manuskript S.139.

[25] Vgl. Frank W. Notestein, Memories of the Early Years of the Association, in: Population Index, Vol 47 (1981), No. 3, S.484-488. Zu den bevölkerungspolitischen Aktivitäten des Milbank Memorial Funds siehe im gleichen Band den Aufsatz von Clyde Kiser, The Role of the Milbank Memorial Fund in the Early History of the Association, S. 490-494. Beide Artikel erschienen anläßlich des 50jährigen Jubiläums der Population Association of America.

[26] Vgl. Sanger (wie Anm. 12), S.13.

[27] Die Sowjetunion übte auf zahlreiche Intellektuelle - nahezu unabhängig von ihrer politischen Orientierung - eine Faszination aus, weil das politische System dort eine schier grenzenlose Planbarkeit von Gesellschaft zu versprechen schien.

[28] Peter Donaldson, Nature Against Us. The United States and the World Population Crisis, 1965-1980, Chapel Hill, London 1990, S.20.

[29] Zur Geschichte der IUSIPP vgl. Kühl, Manuskript, S.142-151; Charlotte Höhn, Grundsatzfragen in der Entstehungsgeschichte der Internationalen Union für Bevölkerungswissenschaft (IUSSP/IUSIPP), in: Rainer Mackensen, Lydia Thill-Thouet, Ulrich Stark (Hg), Bevölkerungsentwicklung und Bevölkerungstheorie in Geschichte und Gegenwart, Frankfurt am Main, New York 1989, S. 233-254.

[30] Stefan Kühl, The Nazi Connection. Eugenics, American Racism and German National Socialism, Oxford University Press 1994, S.32.

[31] Vgl. den Beitrag von Sir Charles Close auf der Weltbevölkerungskonferenz in Genf, in: Sanger, S.95f.

[32] Rudolf Goldscheid, Höherentwicklung und Menschenökonomie. Grundlegung der Sozialbiologie, Leipzig 1911, S.454.

[33] Ebenda, S.493.

[34] So Goldscheid in einer Diskussion über das Referat von Fairchild auf der Weltbevölkerungskonferenz von 1927; vgl. Sanger, S.105. Ähnlich argumentierte der Optimumstheoretiker A.B.Wolfe in seinen Publikationen: Eine „unnötig hohe Geburten- und Todesrate" würde Kosten verursachen, ohne Gewinn abzuwerfen; zitiert nach Selig Siegmund Cohn, Die Theorie des Bevölkerungsoptimums. Ein Beitrag zur dogmengeschichtlichen und dogmenkritischen Behandlung des Bevölkerungsproblems, Rechts- u. Staatswiss. Diss., Marburg 1934, S.66.

[35] Ebenda, S.6.

[36] Vgl. ebenda., S.46 und S.168.

[37] Ebenda, S.58.

[38] Ebenda, S. 69.

[39] So Fairchild in seinem Referat auf der Weltbevölkerungskonferenz 1927.

[40] Vgl. Sanger, S.118.

[41] Vgl. Albrecht Haushofer, Bemerkungen zum Problem der Bevölkerungsdichte auf der Erde, in: Zeitschrift für Geopolitik 3(1926), S.789-797, hier: S.792.

[42] Vgl. Sanger, S.82.

[43] Vgl. Cohn, S.56f.

[44] Ebenda, S.1. Zum Thema „Elastizität der Faktoren" stellte Cohn fest, daß die Zahl der Konsumenten leichter veränderbar sei als diejenige der Produzenten. Für am leichtesten veränderbar hielt Cohn den Lebensstandard. Ebenda, S.2.

[45] Ebenda, S.2.

[46] Ebenda, S.58.

[47] Vgl. Friedrich Aereboe, Die Bevölkerungskapazität der Landwirtschaft, in: Franz Boese (Hg.), Krisis der Weltwirtschaft. Übervölkerung Westeuropas. Steuerüberwälzung (Verhandlungen des Vereins für Sozialpolitik in Wien 1926), München, Leipzig 1926, S.123-161.

[48] Alois Fischer, Zur Frage der Tragfähigkeit des Lebensraumes, in: Zeitschrift für Geopolitik, 2(1925), S.762-779 und S.842-859, hier: S.856. Verschiedene andere Autoren versuchten zwar, die Bevölkerungskapazität der Erde zu berechnen – die Schätzungen schwankten zwischen sechs und 16 Milliarden Menschen – niemand sah jedoch die Tragfähigkeitsgrenze als in absehbarer Zeit erreichbar an. Vgl. Adolf Günther, Chronik der Bevölkerungspolitik. Geographisches Maximum und bevölkerungspolitisches Optimum, in: Weltwirtschaftliches Archiv 24(1926), S.62-79.

[49] Fischer, S.848f.

[50] Ebenda, S.855.

[51] Paul Mombert, Überbevölkerungserscheinungen in Westeuropa, in: Boese, S.176.

[52] „Zum Teil ist also die Zunahme der Erwerbstätigen selbst eine Folge der Erschwerung der Lebensverhältnisse, also ein Symptom der Übervölkerung". Ebenda, S.167.

[53] Ebenda, S.162.

[54] Franz Oppenheimer, in: Boese, Krisis der Weltwirtschaft, S.233.

[55] Fischer, S.855.

[56] Zu Burgdörfers Biographie vgl. das Kapitel „Menschenökonomie" im Nationalsozialismus.

[57] Vgl. Hans Harmsen, Karl Christian von Loesch, Die deutsche Bevölkerungsfrage im europäischen Raum, Berlin 1929 (Beiheft der Zeitschrift für Geopolitik); Friedrich Burgdörfer, Der Geburtenrückgang und seine Bekämpfung. D i e Lebensfrage des deutschen Volkes, (Veröffentlichungen aus dem Gebiete der Medizinalverwaltung XXVIII. Bd., 2. Heft, Berlin 1929; ders., „Bevölkerungsstatistik", in: Handwörterbuch der Staatswissenschaften, hrsg. von Ludwig Elster und Adolf Weber, Ergänzungsband, Jena 1929, S.129. ders., Sterben die weißen Völker? Die Zukunft der weißen und farbigen Völker im Lichte der biologischen Statistik, in: Das Neue Reich, hrsg. von der Deutschen Akademie, München 1934; Zur Debatte um Volkstod und Geburtenrückgang vgl. auch Bergmann, Die verhütete Sexualität, S.23-49.

[58] Deutschland hatte infolge des Krieges 13 Prozent seines Territoriums eingebüßt, (darunter besonders rohstoffreiche Gebiete wie Lothringen und Oberschlesien).

[59] Burgdörfer, Geburtenrückgang, S.13-15.

[60] Vgl. Usborne, S.37f. Der pronatalistische Kurs war in dieser Zeit vor allem auch repressiv. Zur Steigerung der Geburtenzahlen wurden unter anderem Abtreibungen und Verhütungsmittelwerbung bestraft.

[61] Zitiert nach: ebenda, S.55.

[62] Vgl. Aereboe, S.161, Albrecht Penck, Das Hauptproblem der physischen Anthropogeo-

graphie, in: Zeitschrift für Geopolitik 2(1925), S.330-348, hier: S.343. Richard Korherr, Geburtenrückgang. Mahnruf an das deutsche Volk, München 1935[3], (1. Auflage 1927). Darin bezeichnete Korherr die „Schriftsteller, Politiker und Gelehrten, die von einem notwendigen Kampf gegen die Übervölkerung sprachen" als „Prediger des Todes, des Selbstmords des Abendlandes." (S.5).

[63] Fischer S.857f.

[64] Aereboe, S.155. Mit seiner Widerlegung des Malthusianismus erntete Aereboe auf der Tagung des Vereins für Sozialpolitik allgemeine Zustimmung.

[65] Key, S.271.

[66] Aereboe, S.152. Aereboe setzte dieses Argument ein, um seine Forderung nach Aufteilung des Großgrundbesitzes zu unterstreichen. Andernfalls werde der Bevölkerungszuwachs vom Lande gezwungen, in die Städte abzuwandern oder auszuwandern, so daß man entweder die Entstehung eines städtischen Proletariats fördere oder andere Volkswirtschaften „kräftige".

[67] Mombert bei den Wiener Verhandlungen, in: Boese, S.169.

[68] Albrecht Haushofer, Bemerkungen zum Problem der Bevölkerungsdichte auf der Erde, in: Zeitschrift für Geopolitik 3(1926), H. 10, S.789-797.

[69] Adolf Günther, S.75.

[70] Key, S.271.

[71] Paul Mombert, Bevölkerunsgentwicklung und Wirtschaftsgestaltung, Leipzig 1932, S.38. Vgl. Götz Aly, Susanne Heim, Vordenker der Vernichtung. Auschwitz und die deutschen Pläne für eine neue europäische Ordnung, Frankfurt am Main 1995[3], S.108.

[72] Die folgenden Ausführungen beziehen sich auf Fischer, S.854f; Albrecht Penck, Das Hauptproblem der physischen Anthropogeographie, in: Zeitschrift für Geopolitik 2(1925I), S.330-348, hier: S.344; Günther, S.73-76; Aereboe, in: Boese, S.143f; sowie Haushofer, S.789f.

[73] Der Bevölkerungspolitiker Hans Harmsen sah diese Gefahr in Gestalt der im Rheinland stationierten farbigen Soldaten der französischen Armee bedrohlich näher kommen. Vgl. ders., Der Einbruch der Farbigen nach Europa, in: Archiv für Rassen- und Gesellschaftsbiologie Bd. XIX, 1927, S.54-63. Zur Debatte um die farbigen Soldaten in der französischen Besatzungsarmee im Rheinland und deren Angehörige vgl. auch Reiner Pommerin, Sterilisierung der Rheinlandbastarde. Das Schicksal einer farbigen deutschen Minderheit 1918-1937, Düsseldorf 1979. Gisela Lebzelter, Die „Schwarze Schmach". Vorurteile, Propaganda, Mythos, in: Geschichte und Gesellschaft 11(1985), S. 37-58. Peter Martin, Die Kampagne gegen die „Schwarze Schmach" als Ausdruck konservativer Visionen vom Untergang des Abendlandes, in: Gerhard Höpp (Hg.), Fremde Erfahrungen, Berlin 1996 (in Druck).

[74] Nicht zuletzt entstand auch die Parole „Volk ohne Raum" bereits in den 20er Jahren; sie ist dem gleichnamigen Erfolgsroman von Hans Grimm entliehen, der 1926 in München erschien.

„Menschenökonomie" im Nationalsozialismus

[1] Hans Harmsen, Franz Lohse (Hg), Bevölkerungsfragen. Bericht des Internationalen Kongresses für Bevölkerungswissenschaft, Berlin 26.8.-19.9.1935, München 1936, S.VI. Zu dem Kongreß vgl.: Ursula Ferdinand, Der Internationale Kongreß für Bevölkerungs-

wissenschaft 1935 in Berlin, in: Barbara Danckwortt (Hg.), Aus rein wissenschaftlichem Interesse? Forschungen zur NS-Rasse- und Gesundheitspolitik, 1996 (in Druck).

[2] Friedrich Zahn, Die Statistik im nationalsozialistischen Großdeutschland, zitiert nach: Götz Aly, Karl Heinz Roth, Die restlose Erfassung. Volkszählen, Identifizieren, Aussondern im Nationalsozialismus, Berlin 1984, S.7.

[3] Friedrich Zahn, Vom Wirtschaftswert des Menschen als Gegenstand der Statistik, in: Allgemeines Statistisches Archiv (AstA) 24(1934/35), S.461-464, hier: S.461.

[4] Friedrich Burgdörfer, Bevölkerungsstatistik und Bevölkerungspolitik, in: AStA 23 (1934), S.465-472.

[5] Ähnliche Berechnungen stellten auch andere an: Vgl. H. Wippinger, Rezension von Arnd Jessen; Was kostet Dein Kind?, in: AStA 27 (1938/38), S.354.

[6] Nach Boeslers Rechnung hätten die Menschen in der besetzten Sowjetunion 12,4 Milliarden Stunden Zwangsarbeit leisten müssen, um ihre bisherige Heimat so herzurichten, daß sie einer Besiedlung durch Deutsche würdig gewesen wäre. Nach dem Krieg arbeitete Boesler als Fachmann für Wohnungsbau und Regionalplanung zunächst in der DDR, später in der Bundesrepublik. Vgl. Aly/ Heim, S.405.

[7] Felix Boesler, Öffentlicher Aufwand bevölkerungspolitischer Art, in: Harmsen/ Lohse, S.764-771.

[8] Edgar Schorer, Das Bevölkerungspotential, in: AfBB, 10(1940), S.15-24.

[9] Vgl. Michael Schwartz, Sozialistische Eugenik.

[10] In seinem gleichnamigen Aufsatz, der ebenfalls aus dem Jahr 1935 stammt, unterschied Zahn zwischen „Kostenwert" des Menschen (Aufzucht, Erziehung, Ausbildung) und „Ertragswert (gesamtes Lebenseinkommen)" und rechnete beides gegeneinander auf. Friedrich Zahn, Vom Wirtschaftswert des Menschen, in: AstA 24(1934/35), S.461-464.

[11] August Lösch, Neuerscheinungen über Bevölkerungsfragen, in: Weltwirtschaftliches Archiv 50(1939), S.107*-113*, hier, S.110*.

[12] August Lösch, Aus Tagebüchern und Briefen 1925 bis 1945; zusammengestellt von Marga Künkele-Lösch, in: Roland Riegger (Hg.), August Lösch in Memoriam, Heidenheim 1971. Eine unkritische Würdigung Löschs veröffentlichte Rainer Mackensen in der Zeitschrift für Bevölkerungswissenschaft 16(1990) H. 3/4, S.415-433: August Lösch – ein deutscher Bevölkerungswissenschaftler 1932-1945.

[13] August Lösch, Rezension von Karl von Balas 'Das neue Bevölkerungsproblem', in: Schmollers Jahrbuch 57(1933), S.157f; zitiert nach: Christoph Dieckmann, Wirtschaftsforschung für den Großraum. Zur Theorie und Praxis des Kieler Instituts für Weltwirtschaft und des Hamburger Welt-Wirtschafts-Archivs im „Dritten Reich", in: Modelle für ein deutsches Europa (Beiträge zur nationalsozialistischen Gesundheits- und Sozialpolitik Bd. 10), Berlin 1992, S.165.

[14] J. Kaupen, Rezension von A. Lösch: Was ist vom Geburtenrückgang zu halten?, in AStA 25 (1935), S.114f.

[15] Vgl. u.a. Albrecht Haushofer, Bevölkerungsdichte, S.792. Demnach lebten in Rußland, einschließlich Sibirien nicht einmal ein Viertel der Menschen, die das Land hätte ernähren können. Haushofer war von 1934 an als außenpolitischer Berater der nationalsozialistischen Regierung tätig. Bekannt ist er heute weniger wegen seiner bevölkerungspolitischen Berechnungen als vielmehr durch seine „Moabiter Sonette", die er, 1944 wegen seiner Beteiligung am Widerstand inhaftiert, im Gefängnis verfaßte. Er wurde Ende April 1945 erschossen.

[16] Friedrich Burgdörfer, „Bevölkerungsstatistik", in: Handwörterbuch der Staatswissenschaften, hrsg. von Ludwig Elster, Adolf Weber, Ergänzungsband, Jena 1929, S.105. Für Burgdörfer ist der „Bevölkerungsüberdruck" im Westen gleichbedeutend mit „Landmangel"

und der „Bevölkerungsmangel" in Osteuropa gleichbedeutend mit „Landüberfluß". Im selben Artikel beklagt Burgdörfer zum wiederholten Male die mangelnden „Gebärleistungen der deutschen Frauen", S.129.

[17] Winkler, in: Boese, S.203.

[18] Karl C. Thalheim, Die Bevölkerungsbewegung in Europa, in: Wirtschaftsdienst, H. 18 vom 1.5.1931, S.759-763, hier: S.763. Vor einem slawischen „Bevölkerungsdruck" insbesondere auf Deutschland warnte auch Theodor Oberländer, Der Bevölkerungsdruck im deutsch-polnischen Grenzgebiet, in: Deutsche Arbeit 36(1936), S.462-466.

[19] New York Times vom 11.6.1933.

[20] Während in Westeuropa auf jedem Quadratkilometer landwirtschaftlicher Nutzfläche durchschnittlich 30 bis 40 Menschen lebten, waren es in Polen im Landesdurchschnitt 70 Personen, in den südlichen Regionen mehr als 100.

[21] In den Jahren 1921 bis 1937 stieg die Einwohnerzahl des Landes von 27 Millionen auf 34 Millionen.

[22] Vgl. Berliner Börsenzeitung vom 13.2.1937. Demnach waren in früheren Jahren bei einem „Geburtenüberschuß" von 400.000 Menschen pro Jahr 900.000 emigriert.

[23] Vgl. Theodor Oberländer, Eindrücke einer landwirtschaftlichen Arbeitsweltreise, in: Zeitschrift für Geopolitik 9(1932), S.287-291.

[24] Theodor Oberländer, Die agrarische Überbevölkerung Polens, Berlin 1935, S.25.

[25] Ebenda, S.51.

[26] Helmut Meinhold, Die nichtlandwirtschaftliche Überbevölkerung im ehemaligen Polen, in: Ostraum-Berichte, Neue Folge 2(1941, S.127- 140, hier: S.128. Zur Biographie Meinholds siehe: Susanne Heim, Götz Aly, Ein Berater der Macht, Helmut Meinhold oder der Zusammenhang zwischen Sozialpolitik und Judenvernichtung, Hamburg, Berlin 1986.

[27] Oberländer (1935), S.52. Ähnliche Zahlen errechneten im übrigen auch polnische Wissenschaftler. Polnische Bevölkerungs- und Kolonialfragen, Bericht der Deutschen Botschaft Warschau an das Auswärtige Amt vom 21.8.1936; BAP, Auswärtiges Amt Abt. W IV, Akten betreffend Bevölkerungsfragen (Polen), Bd.1 Wirtschaft, Bl.2f.

[28] Helmut Meinhold, Die Industrialisierung des Generalgouvernements (Manuskriptreihe des Instituts für Deutsche Ostarbeit. Nur für den Dienstgebrauch), Dezember 1941 S.41; BA, R 52.

[29] Oberländer (1935), S.49.

[30] Ebenda, S.51.

[31] Meinholds Kollege Nonnemacher sprach auch explizit von einem „Circulus vitiosus": Hans-Kraft Nonnenmacher, Die Wirtschaftsstruktur des galizischen Erdölgebietes, in: Deutsche Forschungen im Osten 1(1941), Heft 6, S.15ff.

[32] Helmut Meinhold, Industrialisierung, S.213.

[33] Vgl. Raymond Leslie Buell, Poland - Key to Europe, New York, London 1939. Die in Berlin erscheinende „Osteuropäische Korrespondenz" hatte schon am 21. April 1926 in einem Bericht „Zur Wirtschafts- und Finanzlage Polens" gemeldet: „Polen ist für eine Revolution, ihren Endergebnis der Bolschewismus sein kann, sturmreif." Unmittelbar vor dem deutschen Überfall auf Polen bilanzierte ein Angstelltler der Deutschen Botschaft Warschau im Auftrag der Propagandaabteilung der Wehrmacht die politischen und sozialen Spannungen in Polen folgendermaßen: „Angesichts der äußerst gedrückten sozialen Lage (...) ist es nicht verwunderlich, daß die große Masse der polnischen Arbeiter im klassenkämpferischen Lager steht." Alleine in den Jahren 1936 und 1937, so heißt es in dem Bericht weiter, habe es in Polen jährlich etwa 2000 Streiks gegeben, an denen sich jeweils mehr als eine halbe Million Arbeiter, d.h. knapp zwei Drittel der Beschäftigten in der mittleren und großen Industrie beteiligt hatten. Konzept: Das sozia-

le Elend der polnischen Arbeiterschaft. BAP, Auswärtiges Amt Abt. W IV, Akten betreffend Bevölkerungsfragen (Polen), Bd.1 Wirtschaft, Bl. 40-45, hier Bl.43.

[34] Vgl. Reuben Ainsztein, Jüdischer Widerstand im deutsch besetzten Osteuropa während des Zweiten Weltkriegs, Oldenburg 1993, S.28ff. Zur sozialen Situation der jüdischen Minderheit in Polen siehe auch Ezra Mendelsohn, The Jews of East Central Europe between the World Wars, Bloomington 1983; Emmanuel Ringelblum, Polish-Jewish Relations During the Second World War, hg. von Joseph Kermish u. Shmuel Krakowski, Yad Vashem, Jerusalem 1974, S.10-22; Simon Segal, The New Poland and the Jews, New York 1938.

[35] Vgl. Polnische Bevölkerungs- und Kolonialfragen, Bericht der Deutschen Botschaft Warschau an das Auswärtige Amt vom 21.8.1936; BAP, Auswärtiges Amt Abt. W IV, Akten betreffend Bevölkerungsfragen (Polen), Bd.1 Wirtschaft, Bl.5.

[36] Vgl. Aly, Heim, 1995, S.88.

[37] Vgl. Aufrollung der Kolonialfrage und der Auswandererfrage durch Polen beim Völkerbund, Bericht der Deutschen Botschaft Warschau an das Auswärtige Amt vom 6.10.1938, BAP, Auswärtiges Amt Abt. W IV, Akten betreffend Bevölkerungsfragen (Polen), Bd.1 Wirtschaft, Bl.9.

[38] Ainsztein, S.25.

[39] Schreiben der Deutschen Botschaft Warschau vom 13.10.1936 ans Auswärtige Amt; BAP, Auswärtiges Amt Abt. W IV, Akten betreffend Bevölkerungsfragen (Polen), Bd.1 Wirtschaft, Bl. 12.

[40] Vgl. Berliner Tageblatt vom 15.11.1938 und 24.1.1939; Frankfurter Zeitung vom 10.2.1939; Berliner Börsenzeitung vom 24.1.1939; Deutsche Allgemeine Zeitung vom 22.12.1938.

[41] Zum Werdegang Seraphims siehe Aly/ Heim, S.101.

[42] Vgl. stellvertretend: Peter-Heinz Seraphim, Die Judenfrage als Bevölkerungsproblem in Osteuropa, in: Archiv für Bevölkerungswissenschaft und Bevölkerungspolitik 9 (1939), S.167-180; ders., Die Bedeutung des Judentums in Südosteuropa, Berlin 1941; ders., Das Judentum in Polen, in: Hans Hinkel (Hg.), Judenviertel Europas, Berlin 1939, S.59-79 (bei der Numerierung fehlen die Seiten 65-76).

[43] Seraphim, Judentum in Polen, S.63

[44] Peter Heinz Seraphim, Das Judentum im osteuropäischen Raum, Essen 1938, S.568.

[45] Der Begriff „übersetzt" wird in der hier zitierten Literatur als Synonym für „übersetzt" verwendet.

[46] Seraphim (1938), S.659.

[47] Seraphim, Judentum in Polen, S.79

[48] Werner Conze, Wilna und der Nordosten Polens, in: Osteuropa 13(1937/38), S.657-664, zitiert nach: Götz Aly, Erwiderung auf Dan Diner, in: Vierteljahrshefte für Zeitgeschichte (VfZg), Jg. 1993, S.621-635. In seinem Aufsatz über „Die Besiedlung der litauischen Wildnis, in: Deutsche Monatshefte in Polen 5(1939), H. 10, S.427-443, lobte Conze die peußische Verwaltung dafür, daß sie sich im Litauen des 19. Jahrhunderts in den „elenden Marktflecken, die stark verjudet waren" bemüht habe, „einen gesunden Bürgerstand zu schaffen und den Einfluß der Juden zurückzudrängen". (S.439).

[49] Werner Conze, Die ländliche Überbevölkerung in Polen, in: Arbeiten des XIV. Internationalen Soziologen-kongresses Bukarest, Mitteilungen, Abteilung B – Das Dorf, I Bd.: D. Gusti (Hg), Schriften zur Soziologie, Ehtik und Politik. Studien und Forschung, Bucuresti 1940, S.48. Noch 1953 vertrat Conze die Ansicht, die „Strukturkrise des östlichen Mitteleuropas" habe ihre Ursache vor allem in den fehlenden „Abflußmöglichkeiten" für die landwirtschaftliche Überbevölkerung gehabt. „Denn Handel und Gewerbe in den kleinen Städten und Flecken waren in jüdischer Hand und kaum noch zusätzlich tragfähig,

im Gegenteil vielfach gewerblich übersetzt." Werner Conze, Die Strukturkrise des östlichen Mitteleuropas vor und nach 1919, in: VfZg 1(1953), S.319-338. Zu Conzes Argumentation vgl. genauer: Aly/ Heim, S.102f.

[50] Neben den Genannten arbeiteten damals auch der Historiker Theodor Schieder und der Bevölkerungswissenschaftler Hans Linde in Königsberg. Die Untersuchung der genaueren Konturen der dortigen wissenschaftlichen Gemeinde steht noch aus.

[51] So Hans Linde in seinen Huldigungen von Ipsens Person und Werk, aber auch Rainer Mackensen, Gunther Ipsens Bevölkerungslehre: Herkunft, Inhalt und Wiedergabe im Werk Mackenroths, in: Josef Schmid (Hg.), Bevölkerungswissenschaft. Die „Bevölkerungslehre" von Gerhard Mackenroth – 30 Jahre danach, Frankfurt am Main 1985, S. 42-89. Vgl. Hans Linde, Soziologie in Leipzig 1925-1945, in: Rainer Lepsius (Hg.), Soziologie in Deutschland und Österreich 1918-1945 (Sonderheft 23/1981 der Kölner Zeitschrift für Soziologie und Sozialpsychologie), 102-130. Zu Ipsens Würdigung erschien Heft 1/2 des Jahrbuchs für Sozialwissenschaft, Band 18(1967), hrsg. von Harald Jürgensen, Andreas Predöhl, Helmut Schelsky, Fritz Voigt.

[52] Conze, S.40f.

[53] Vgl. Gerhard Mackenroth, Bevölkerungslehre. Theorie, Soziologie und Statistik der Bevölkerung, Berlin, Göttingen, Heidelberg 1953, S.11.

[54] Josef Ehmer, „Das Heiratsverhalten und die Traditionen des Kapitalismus in England und Mitteleuropa im 19. Jahrhundert, Habil-Schrift, geisteswiss. Fakultät Wien 1989, S.119. Darüber hinaus, so Ehmer weiter, sei beiden Wissenschaftlern die Bewunderung des absolutistischen Staats gemeinsam, die Abscheu vor dem proletarischen Menschen und seinem angeblich ungezügelten Triebleben sowie die „Erklärung von sozialen Umstürzen aus der Bevölkerungsbewegung". (S.125) Für den Hinweis auf diese Arbeit danken wir Annemarie Lüchauer.

[55] Mackenroth, Bevölkerungslehre, S.112.

[56] Vgl. Ehmer, S.55.

[57] Thomas Sokoll, Historische Demographie und historische Sozialwissenschaft, in: Archiv für Sozialgeschichte 32, 1992, S.405-425, hier: S.424.

[58] Zitiert nach: Werner Präg, Wolfgang Jacobmeyer (Hg.), Das Diensttagebuch des Generalgouverneurs in Polen 1939-1945, Stuttgart 1975, S.244.

[59] Seraphim, Der Rassencharakter der Ostjuden, S.11.

[60] Vgl. Aly, Roth, S.29-32; Ludger Weß, Das Bundesinstitut für Bevölkerungsforschung - Politikberatung mit Tradition, in: 1999 Heft 1/95, S.101-114. Aly/ Heim, S.356.

[61] Vgl. ebenda, S.263f.

[62] Hermann Gross, Bevölkerung und Boden in Südosteuropa, in: AfBB 8(1938), S.180-186, hier: S.185. Zur „Überbevölkerung" in Südosteuropa siehe außerdem: Otto von Franges, Die Bevölkerungsdichte als Triebkraft der Wirtschaftspolitik der südosteuropäischen Bauernstaaten (Kieler Vorträge, Bd. 59), Jena 1939; Hans Harmsen, in: AfBB 12(1942); Anton Reithingers Artikelserie in der Europäischen Revue 1934; ders., in: AStA Bd. 30(1941); ders., in: AStA 31(1942/43); Theodor Oberländer, Die agrarische Überbevölkerung Ostmitteleuropas, in: Hermann Aubin, Otto Brunner, Wolfgang Kohte, Johannes Papritz (Hg.), Deutsche Ostforschung, Ergebnisse und Aufgaben seit dem Ersten Weltkrieg, Leipzig 1943; ders., Bevölkerungsfragen Südosteuropas, in: Wochenblatt des Verbandes der deutschen Land- und Forstwirtschaft für Böhmen und Mähren, 2(1941), Folge 10, S.185-187.

[63] Carl Brinkmann, Das Problem der agraren Übervölkerung in Europa, in: Agrarpolitik – Betriebslehre. Aktuelle Probleme. Arbeitstagung des Forschungsdienstes Dresden, Oktober 1942, Berlin 1943, S.57-67, hier: S.59.

[64] Brinkmann, S.58f.

[65] Vgl. O.M.G.U.S., Ermittlungen gegen die I.G.Farbenindustrie AG, Nördlingen 1986, S.320f.

[66] Reithinger, Das europäische Agrarproblem, in: Europäische Revue 10(1934), Heft 8 (Sonderheft „der Balkan"), S. 553. Reithinger bezieht seinen Vergleich allerdings auf den Wert des landwirtschaftlichen Ertrags, so daß nicht ersichtlich wird, inwieweit die Differenz zwischen Südost und West auf die niedrigeren Preise für landwirtschaftliche Produkte aus Südosteuropa zurückgeht.

[67] Reithinger, in: AStA 31 (1942/43), S.266.

[68] Oberländer, Ostmitteleuropa, S.422.

[69] Ebenda, S.421.

[70] Oberländer (1935), S.13.

[71] Anton Reithinger, Voraussetzungen und Größenordnungen der kontinentaleuropäischen Großraumwirtschaft, in AStA Bd. 30(1941), S.113-127, hier S.119.

[72] Zur Frage der künftigen Wirtschaftspolitik gegenüber Südosteuropa. Ausarbeitung der Forschungsstelle für Wehrwirtschaft beim Amt des Beauftragen für den Vierjahresplan vom 15.1.1941; BA, R2/10382, Bl.27ff. Vgl. auch Aly/ Heim, S.348f.

[73] Donner, Jahrgang 1902, hatte selbst seine Ausbildung am Weltwirtschaftsinstitut in Kiel absolviert. 1945 trat Donner in die Dienste der amerikanischen Besatzugsbehörden. In den 50er Jahren war er stellvertretender Exekutivdirektor für die Bundesrepublik und Jugoslawien beim Internationalen Währungsfonds, sowie deutscher Exekutivdirektor bei der Weltbank. Vgl. Aly/ Heim, S.54f.

[74] Zur Frage des Überbesatzes Südosteuropas mit Arbeitskräften, Studie des Instituts für Weltwirtschaft an der Universität Kiel vom Dezember 1940; ZASM 1458/29/140, Bl.24-32.

[75] Peter Heinz Seraphim, Bevölkerungs- und Wirtschaftsprobleme einer europäischen Gesamtlösung der Judenfrage, in: Weltkampf 1(1941), H. 1/2, S. 45, zitiert nach: Aly/ Heim, S.357.

[76] Helmut Meinhold, Das Generalgouvernement als Transitland. Ein Beitrag zur Kenntnis der Standortslage des Generalgouvernements, in: Die Burg. Vierteljahrsschrift des Instituts für Deutsche Ostarbeit, 2(1941), Heft 4, S.24-44.

[77] Vgl. Anfang dieses Kapitels S.##.

[78] Konrad Meyer, Neues Landvolk. Verwirklichung im neuen Osten, in: Neues Bauerntum 33(1941), 3, S.93-99; zitiert nach Aly/ Heim, S.396.

[79] Vgl. Aly/ Heim, S.394-404.

[80] Zitiert nach: ebenda, S.372f. Dort sind auch weitere Belege für die deutsche Hungerpolitik gegenüber der sowjetischen Zivilbevölkerung aufgeführt.

[81] zitiert nach: ebenda, S.392.

[82] Vgl. Christian Gerlach, Die deutsche Agrarreform und die Bevölkerungspolitik in den besetzten sowjetischen Gebieten, in: Besatzung und Bündnis. Deutsche Herrschaftsstrategien in Ost- und Südosteuropa (Beiträge zur nationalsozialistischen Gesundheits- und Sozialpolitik, Bd. 12), Berlin 1995, S.9-60, hier S.28ff.

[83] Zur deutschen Kriegsführung gegen die Sowjetunion vgl. Reinhard Rürup (Hg.), Der Krieg gegen die Sowjetunion 1941 - 1945. Ein Dokumentation, Berlin 1991; Erobern und Vernichten. Der Krieg gegen die Sowjetunion 1941 - 1945, hrsg. von Peter Jahn und Reinhard Rürup, Berlin 1991.

[84] Das Dokument ist abgedruckt in: Bevölkerungsstruktur und Massenmord. Neue Dokumente zur deutschen Politik der Jahre 1938 - 1945 (Beiträge zur nationalsozialistischen Gesundheits- und Sozialpolitik Bd. 9), S.145-151.

[85] Die Zwangsarbeiterinnen und -arbeiter wurden nicht immer deportiert; manche verblie-

ben in ihren Heimatregionen und mußten dort nach deutschen Anweisungen wirtschaften; andere wurden dagegen entweder in die deutsch besetzten sowjetischen Regionen, in denen ein Arbeitskräftemangel herrschte, deportiert oder ins Deutsche Reich.

[86] Vgl. Gisela Bock, Zwangssterilisation im Nationalsozialismus. Studien zur Rassenpolitik und Frauenpolitik, Opladen 1986, S. 443.

[87] Zitiert nach: ebenda, S.445.

[88] Vgl. ebenda, S.446.

[89] Vgl. Bernhild Vögel, „Entbindungsheim für Ostarbeiterinnen". Braunschweig, Broitzemer Straße 200, Hamburg 1989.

[90] Im Nürnberger Ärzteprozeß wurde dies von den an der Sterilisationspolitik Beteiligten auch offen zugegeben. Vgl. Aly/ Heim, S.419-421.

[91] Zitiert nach: Gabriele Czarnowski, Frauen als Mütter der „Rasse". Abtreibungsverfolgung und Zwangseingriff im Nationalsozialismus, in: Gisela Staupe, Lisa Vieth (Hg.), Unter anderen Umständen. Zur Geschichte der Abtreibung, Dresden, Berlin 1993, S.58-72, hier S.71.

[94] Vgl. Bock, S.443.

[95] Ebenda, S.444.

[96] Vgl. Pommerin, Sterilisierung der Rheinlandbastarde.

[97] Vgl. Bock, S.380.

[98] Zur medizinischen Seite von Claubergs Versuchen und ihrer Fortführung in den 70er Jahren durch den Hamburger Gynäkologen Lindemann siehe: Als ob nichts gewesen wäre. Die Frauenärzte Hans-Joachim Lindemann und Carl Clauberg – Ein Beitrag zur Geschichte der Zwangssterilisierung von Frauen seit der NS-Zeit, in: Autonomie Neue Folge, Nr. 7, 1981, S.43-59.

[99] Zitiert nach: Aly/ Heim, S.420.

[100] Zitiert nach: Auschwitz. Faschistisches Vernichtungslager, Warszawa 1981, S.135, vgl. Aly/ Heim, S.421.

[101] Zitiert nach: Der Generalplan Ost, eingeleitet und kommentiert von Helmut Heiber, in: VfZG 6(1958), S.281-325, hier: S.318f.

Exkurs: Experiment Sowjetunion

[1] Vgl. Roderich von Ungern-Sternberg, Der Fünfjahrplan im Spiegel der Weltpresse, in: Zeitschrift für Geopolitik 7(1931) I, S.462-465.

[2] So in den Agrarunruhen von 1904/05 und auch noch nach der Oktoberrevolution. Vgl. Paul Olberg, Die Bauernrevolution in Rußland. Die alte und die neue Politik Sowjet-Rußlands, Leipzig 1922. Stefan Merl (Hg.), Bauernprotest in Sowjetrußland zwischen 1917 und 1941, in: 1999, H. 4/93, S.11-36. Zu den Besonderheiten der Umteilungsgemeinde siehe auch: Stefan Merl, Sowjetmacht und Bauern, Berlin 1993, S.20ff. Dort wird u.a. darauf hingewiesen, daß die Umteilungsgemeinde ursprünglich als staatliche Zwangsorganisation konzipiert war, um die Entstehung eines landlosen Proletariats zu verhindern und die Zahlung von Steuern und Abgaben zu gewährleisten.

[3] Vgl. Manfred Hildermeier in seiner Rezension des Buches von Teodor Shanin, The Awkward Class, in: Neue politische Literatur 18(1973), S.116-121, hier S.118.

[4] Zudem existierte das Mir-System nicht überall in Rußland, und „Überbevölkerung" wurde

nicht nur in den Gebieten mit Umteilung konstatiert, so daß diese schon allein deswegen nicht als alleinige Ursache der Bevölkerungszunahme in Betracht kam.

[5] Vgl. Merl, Sowjetmacht und Bauern, S.18.

[6] Niedergang, Wiederaufbau und Neugestaltung der Landwirtschaft in den zehn Jahren von 1917 bis 1927. Auszüge aus einem Artikel von N. Oganovskij, zitiert nach: Merl, Sowjetmacht und Bauern, S.87.

[7] Nach Angaben von Boris Brutzkus, Agrarentwicklung und Agrarrevolution in Rußland (hrsg. vom Osteuropa-Insitut Breslau), Berlin 1926, nahm die landwirtschaftliche Anbaufläche in der Sowjetunion nicht aufgrund des Ersten Weltkriegs oder des Bürgerkriegs ab, sondern erst mit Beginn des Kommunismus, war mithin also Ausdruck eines bäuerlichen Boykotts. Brutzkus lebte in den 20er Jahren im Berliner Exil.

[8] Nachdem im Ersten Weltkrieg bereits zwei Millionen Soldaten gefallen waren und der Bürgerkrieg 3,5 Millionen militärische und zivile Opfer gefordert hatte, starben etwa drei Millionen Menschen in Folge der Hungersnot. Vgl. Eugen Kulischer, Europe on the Move. War and Population Changes, 1917-47, New York 1948, S.71. Die Zentrale Statistikbehörde der Sowjetunion hatte die Zahl der Opfer der Hungersnot mit fünf Millionen angegeben und dabei die Folgen der erhöhten Sterberate und den Rückgang der Geburtenzahlen als Folge der Hungerkatastrophe mitgerechnet. Ebenda, S.70.

[9] Michael Hoffmann, Die agrarische Überbevölkerung Rußlands, Berlin 1932, S.65. Hoffmann war ein ausgewiesener Kenner der Sowjetunion. Sein Buch basiert im wesentlichen auf sowjetischen Quellen. Es fällt auf, wie sehr die Äußerung Hoffmanns über die Unvertrautheit der zugewanderten Dorfbewohner mit der städtischen Arbeits- und Lebensweise den Beobachtungen aus der Frühzeit der englischen Industrialisierung entspricht, Vgl. das Kapitel Die Erfindung des Bevölkerungsoptimums.

[10] Zemplan gab ebenso wie Goskolonit und Gosplan eine ganze Reihe von Studien zu verschiedenen Aspekten der Bevölkerungsfrage heraus. Darüber hinaus publizierten ökonomische Fachzeitschriften Aufsätze über die „Agrarüberbevölkerung". So die Zeitschrift des Agrarinstituts der Kommunistischen Akademie in Moskau Na agrarnom fronte („An der Agrarfront") und die Zeitschrift Ekonomicheskoe Obrozrenie („Ökonomische Rundschau"). Die Untersuchungen jener Zeit sind zum Teil überaus detailliert und materialreich.

[11] Wir folgen hier der Darstellung Avilovs, da sie die detaillierteste ist. Die anderen Autoren haben die von ihnen als „überbevölkert" bezeichneten Gebiete weniger genau eingegrenzt. Eine deutsche Zusammenfassung von Avilovs Arbeit findet sich bei Hoffmann, S.36ff.

[12] Im 19. Jahrhundert war auch in Rußland Malthus' Bevölkerungslehre diskutiert worden, die Linke jedoch hatte diese abgelehnt und nach der Revolution von 1917 war der Malthusianismus auch offiziell verworfen worden. Malthus selbst hatte das Land im Jahr 1799 besucht und dort einen Bevölkerungsmangel konstatiert. Zur Rezeption seiner Theorie in Rußland siehe Daniel Todes, Darwins malthusische Metapher und russische Evolutionsvorstellungen, in: Eva Engel (Hg.), Die Rezeption von Evolutionstheorien im 19. Jahrhundert, Frankfurt am Main 1995, S.281-308, hier: S.284ff.

[13] Oberländer (1935), S.17f; Zeitschrift für Geopolitik, 10 (1933), S.408.

[14] Lev Josifovitsch Lubny-Gerzik, Zemelnij vopros v svjazi s naselenostju, (Die Landfrage in bezug auf das Problem der Bevölkerungsdichte) Moskau 1917, S.39.

[15] L. Lubny-Gerzik, Materiali po voprosu ob izbitnom trudje selskom chozjaistve SSSR, (Materialien zur Frage der überzähligen Arbeitskraft in der Landwirttschaft der UdSSR), Moskau 1926, S.570.

[16] Die unterschiedlichen Rechenmethoden und stark divergierenden Ergebnisse sind zusam-

mengefaßt bei Raja Silberkweit, Analyse und Kritik der Frage der Russischen Agrarübervölkerung, phil. Diss., Leipzig 1934, S.88-113.

[17] Vgl. ebenda, S.107.

[18] Seine agrartheoretischen Vorstellungen hat Tschajanov außer in zahlreichen wissenschaftlichen Veröffentlichungen auch in literarischen Schriften dargelegt, so in dem Romanfragment, das in deutscher Übersetzung 1981 im Syndikat-Verlag herausgegeben und mit einem informativen Nachwort von Krisztina Mänicke-Gyöngyösi versehen wurde: Alexander Wassiljewitsch Tschajanow, Reise ins Land der bäuerlichen Utopie, Frankfurt am Main 1981. Im Nachwort finden sich zahlreiche bibliographische Hinweise auf Tschajanows Werk und Arbeiten, die sich mit ihm kritisch auseinandersetzen sowie einige Bemerkungen über Unterschiede und Ähnlichkeiten zwischen den Theorien Tschajanows und den Narodniki („Volkstümler").

[19] Vgl. Alexander Erlich, Die Industrialisierungsdebatte in der Sowjetunion 1924-1928, Frankfurt am Main/Wien 1971, S.47 und 163.

[20] Kustar = Dorfhandwerker, Heimarbeiter .

[21] Nikolai D. Kondratiev, 1892 geboren, hatte in Petersburg Jura studiert und 1917 an der Ausarbeitung der Bodenreform teilgenommen. Er war damals Mitglied der Sozialrevolutionären Partei und trat für die Abschaffung des Privateigentums an Boden ein. Den Bauernfamilien sollte ein Nutzungsrecht zugesprochen werden, solange sie in der Lage waren, das Land mit eigenen Kräften, d.h. ohne Lohnarbeiter zu bewirtschaften. Kondratiev war Direktor des Konjunkturinstituts beim Volkskommissariat für Finanzen und erstellte Analysen für Gosplan. Er war an der Ausarbeitung des landwirtschaftlichen Teils des ersten Fünfjahresplans der russischen Teilrepublik beteiligt, seine Analysen widersprachen jedoch zunehmend dem Kurs der Parteileitung, und er wurde schließlich des „Rechtsabweichlertums" bezichtigt. International ist Kondratiev vor allem für seine (Konjunktur-)Theorie der langen Wellen bekannt.

[22] Vgl. Richard Lorenz, Sozialgeschichte der Sowjetunion 1, 1917-1945, Frankfurt am Main 1976, S.154f.

[23] Hoffmann, S.46.

[24] Ebenda, S.56.

[25] Kulischer, S.83

[26] RGAE, 5675/1/7; Kulischer beziffert den Anteil der Rückwanderer auf 10 bis 25 Prozent der Migranten. Kulischer, S.83. Das Volkskommissariat für Finanzen hatte bereits, kaum daß die Umsiedlungsförderung beschlossen war, mitgeteilt, es könnten nur die „allerdringendsten, unaufschiebbaren Maßnahmen" finanziert werden. Schreiben des Narkomfin vom 5.4.1924 an Gosplan; RGAE, 4372/1/181.

[27] Gerhard von Mende, Studien zur Kolonisation in der Sowjetunion, (vom Osteuropa-Institut) Breslau 1933, S.55. Mende wurde 1941 Leiter der Abteilung „Kaukasien" in Rosenbergs Ostministerium.

[28] Kulischer, S.84.

[29] Vgl. Stefan Merl, Die Anfänge der Kollektivierung in der Sowjetunion, Wiesbaden 1985, S.26.

[30] Zitiert nach Kulischer, S.87

[31] RGAE 5675/1/7.

[32] Vgl. Mende, S.50.

[33] Vgl. ebenda.

[34] Stefan Merl, Bauern unter Stalin, Berlin 1990, S.71.

[35] „Bis Mitte April 1930 waren in den Lagern, über die Informationen vorliegen, bereits etwa 10 % der Deportierten umgekommen. Das Massensterben der Kinder erreichte ein

solches Ausmaß, daß die Behörden Mitte April ihren unverzüglichen Rücktransport verfügten." ebenda, S.80.

[36] Ob der Staat dennoch an der „Entkulakisierung" direkt „verdiente", ist umstritten. Pawel Polian verdanken wir den Hinweis, daß die Deportation der Kulaken den Staat mehr gekostet habe, als deren Eigentum wert gewesen sei. Wenn man allerdings die Ausnutzung der Arbeitskraft der Deportierten in die Kalkulation einbezieht, ergebe sich vermutlich eine andere Bilanz.

[37] Aron Solomonwitsch Libkind: Agrarnoe perenaselenie i kollektivizacija derevni, („Agrarüberbevölkerung und Kollektivierung des Dorfes"), Moskau 1931, S.164f.

[38] Zur Gruppe der Agrarmarxisten gehörten außerdem J. Larin, N. Krizman und I. Vermincev. Vgl. Hoffmann, S.108 Hoffmann bezeichnet Maslov als dieser Gruppe „nahestehend", während Silberkweit ihn der kommunistischen Akademie zuordnet. Zumindest im Tonfall unterscheidet sich Maslov deutlich von Libkind und Vermincev: er greift vor allem die Bevölkerungstheoretiker aus dem westlichen Ausland an, die sich außerhalb der Reichweite der sowjetischen Geheimpolizei befanden. Hoffmann verweist ferner darauf, daß nicht alle kommunistischen Autoren den Standpunkt der Agrarmarxisten teilen.

[39] Vgl. Libkind, S.164.

[40] Vgl. Hoffmann, S.110.

[41] Zu Maslovs Rezeption der Werke des *Goskolonit*-Autors Lubny-Gerzik vgl. P. Maslov, Perenaselenie ruskoi derevni („Die Überbevölkerung des russischen Dorfes"), Moskau-Leningrad 1930, S.17ff; zum Fünfjahresplan, der auf den Berechnungen von Minz basierte vgl. Pavel P. Maslov, Tak nazivaemoe agrarnoe perenaselenie i industrializacija („Die sogenannte Agrarüberbevölkerung und Industrialisierung"), in: Na agrarnom fronte Nr. 2 1927, S.60-70, hier S.65.

[42] Das Buch, herausgegeben vom Agrarinstitut der kommunistischen Akademie, Moskau 1931, enthält eine Sammlung von Artikeln, die 1928/29 in der Zeitschrift „Na agrarnom fronte" abgedruckt waren. Das Vorwort zu dem Buch, verfaßt im September 1930, wirkt umso beklemmender, wenn man weiß, daß all die Anhänger der vermeintlich „konterrevolutionären Organisation Kondratiev-Tschajanov", gegen deren „bewußte Schädlingsarbeit" Libkind hetzte, zu diesem Zeitpunkt bereits in NKWD-Lagern inhaftiert waren und die meisten von ihnen nicht mehr zurückkehrten.

[43] Vgl. Markus Wehner, Christoph Mick, Finanzminister Hilferdings Furcht vor ungeheuren Kosten, in: FAZ vom 30.11.1995.

[44] Vgl. u.a. Archiv für Wanderungswesen 11(1929), 2, S.75. Zeitschrift für Geopolitik 4(1927), S.959-970; 6(1929), S.568; 10, 1933, S.408; 13(1936), S.749-757.

[45] Zeitschrift für Geopolitik 6(1929), S.568.

[46] Oberländer (1935), S.13.

[47] Ebenda, S.20f.

[48] Oberländer, (1943), S.418.

[49] Oberländer (1935), S.25.

[50] Mit dieser Argumentation drehte Predöhl gewissermaßen die These Tschajanovs von der Überlegenheit der kleinen Bauernwirtschaften um und wendete sie gegen die Bauern.

[51] Alle Zitate Predöhls stammen aus einem Vortrag, den er über die Industrialisierung Rußlands gehalten hat und der im Weltwirtschaftlichen Archiv 36, 1932, S.456-475 veröffentlicht wurde. Zitiert nach: Christoph Dieckmann, S.160-162. Vgl. Fußnote 13 im Kapitel Exkurs: Experiment Sowjetunion.

[52] Vgl. Mackenroth, Bevölkerungslehre, S.144.

[53] Ebenda, S.146f.

[54] Zitiert nach: Gerlach, S.38, vgl. Fußnote 82 im Kapitel „Menschenökonomie" im Nationalsozialismus. Der folgende Abschnitt basiert wesentlich auf dem Aufsatz von Gerlach, der auch genauere Informationen über die deutsche Agrarreform in der besetzten Sowjetunion enthält.

[55] 1961 wurde Schiller Direktor des Instituts für Internationale Vergleichende Agrarpolitik und Agrarsoziologie am Südasieninstitut der Universität Heidelberg.

[56] Otto Schiller, Kollektive Flüchtlingssiedlung in Indien und Pakistan, in: Intégration 4(1958), S.290-293.

[57] Zitiert nach: Gerlach, S.40.

Von der Flüchtlings- zur Entwicklungspolitik

[1] Vgl. W. von Schmieden, Der Wiedereingliederungsfonds des Europarats für nationale Flüchtlinge und Bevölkerungsüberschüsse, in: Intégration 5(1958), S.105-107.

[2] Ebenda, S.105.

[3] Darüber hinaus galten auch die Niederlande, Österreich und Frankreich als überbevölkert. Vgl. Per Fischer, Europas Flüchtlings- und Bevölkerungsprobleme in der Sicht des Europarats, in: Europa-Archiv vom 20.5.1954, S.6569-6577.

[4] Ebenda, S.6569.

[5] Entlassene Kriegsgefangene, ehemalige ZwangsarbeiterInnen, Nazi-Kollaborateure und überlebende Konzentrationslager-Häftlinge.

[6] Selbst das Population Bulletin weist darauf hin, daß auch in Westeuropa, das im allgemeinen über hervorragende Instrumente der Volkszählung und Bevölkerungsstatistik verfüge, die Migrationsstatistik häufig sehr ungenügend sei. Population Bulletin, Vol. XIII, No.5, August 1957.

[7] Fred W. Riggs, Das Welt-Flüchtlingsproblem, in: Europa-Archiv vom 20.3.1951, S.3807-3818, hier: S.3808. Marrus vermerkt demgegenüber, daß im September 1945 sowohl die Besatzungsbehörden in den Westzonen als auch diejenigen in der sowjetischen Zone die Zahl der Displaced Persons auf ihrem Gebiet mit jeweils sechs Millionen, insgesamt also 14 Millionen Menschen, angaben. Michael Marrus, The Unwanted. European Refugees in the Twentieth Century, New York, Oxford 1985, S.299.

[8] Riggs, S.3808.

[9] Vgl. Marrus, S.330; Hilde Wander, Die Flüchtlinge in der Bevölkerungs- und Arbeitsmarktstruktur Westdeutschlands, in: Recht der Arbeit, 3(1950), H. 6, S. 218-223, hier S.219.

[10] Vgl. Koos Bosma, Verbindungen zwischen Ost- und Westkolonisation, in: Mechtild Rössler, Sabine Schleiermacher (Hg.) Der „Generalplan Ost", Berlin 1993, S.198-214, hier: S.212f.

[11] Vgl. Michael Esch, Kolonisierung und Strukturpolitik. Paradigmen deutscher und polnischer Bevölkerungspolitik 1939-1948, in: Besatzung und Bündnis, S.139-179.

[12] Zitiert nach ebenda, S.154.

[13] The Work of the Intergovernmental Committee for European Migration (ICEM), in: Intégration 1(1954), S.171-178.

[14] Population Bulletin (hrsg. vom Population Reference Bureau), Vol. VIII, February 1952, No. 1.

[15] So E.W. Hofstee unter Verweis auf Kulischer und Thompson. E.W. Hofstee, Population Pressure and the Future of Western Civilization in Europe, in: The American Journal of

Sociology, Vol. LV, No. 6, May 1950, p.523-532; außerdem Hermann Schubnell, Der Beitrag der Bevölkerungsstatistik zur Untersuchung der Zusammenhänge zwischen Bevölkerung und Wirtschaft, in: AStA 39(1955), S.281-304, hier S.288 unter Berufung auf den Völkerbund.

[16] Guy Irving Burch, Elmer Pendell, Population Roads to Peace or War, Washington 1945.

[17] Vgl. Hofstee, S.524.

[18] Corrado Gini, Refugees and Over-Population, in: Intégration 1(1954), S. 169-171. Ähnlich argumentiert auch E. W. Hofstee.

[19] Ungern-Sternberg wurde 1885 in Riga geboren, studierte später in Freiburg i. Br. Jura, Geschichte, Philosphie und Volkswirtschaft und war von 1911 an im Finanzministerium in Petersburg tätig. 1917 emigrierte er nach Berlin; von dort aus verfolgte er engagiert das „Experiment Sowjetunion", dessen Bedeutung die meisten Westeuropäer seiner Ansicht nach bei weitem unterschätzten. In seinen bevölkerungswissenschaftlichen Arbeiten beklagte Ungern-Sternberg immer wieder wort- und zahlenreich den Geburtenrückgang - und wurde dafür 1928 von der Eugenic Research Association in New York mit dem Draper-Preis ausgezeichnet. Von seinem Alterssitz in Kirchzarten/Schwarzwald aus mischte sich Ungern-Sternberg bis zuletzt in die bevölkerungspolitische Debatte der Bundesrepublik ein. Er starb am 4.7.1965 kurz vor der Weltbevölkerungskonferenz in Belgrad, an deren Vorbereitung er noch aktiv beteiligt war. Vgl. den Nachruf von Hermann Schubnell in: AStA 49(1965), S.285f.

[20] Roderich von Ungern-Sternberg, Hermann Schubnell, Grundriß der Bevölkerungswissenschaft, Stuttgart 1950, S.543.

[21] Roderich von Ungern-Sternberg, Warum steigt die Sexualproportion in Kriegs- und unmittelbaren Nachkriegsjahren?, in: AStA 46(1956), S.247.

[22] Wander, in: Recht der Arbeit, S.223.

[23] Kulischer, Europe on the Move; Frank Notestein u.a., La Population Future de l'Europe et de l'Union Sovietique. Perspectives demographiques 1940-1970, Genève 1944.

[24] Vgl. exemplarisch Elisabeth Pfeil, Soziologische und psychologische Aspekte der Vertreibung, in: Europa und die deutschen Flüchtlinge, Hrsg. vom Institut zur Förderung öffentlicher Angelegenheiten e.V. Frankfurt am Main 1952, S.40-71. Pfeil war in den 30er und frühen 40er Jahren Schriftleiterin der von Hans Harmsen und Friedrich Burgdörfer und anderen herausgegebenen Zeitschrift „Archiv für Bevölkerungswissenschaft und Bevölkerungspolitik". Nach 1945 beschäftigte sie sich außer mit Flüchtlingen vor allem mit der Situation berufstätiger Mütter.

[25] Helmut Meinhold, Grundlinien des industriellen Wiederaufbaus von Groß-Hamburg, Manuskript, November 1944 (archiviert im Institut für Weltwirtschaft, Kiel), zitiert nach: Aly/ Heim, S.293ff.

[26] Peter Gibson, The Work of the Intergovernmental Committee for European Migration (ICEM), in: Intégration 1(1954), S.177.

[27] Hilde Wander, The Importance of Emigration for the Solution of Population Problems in Western Europe, The Hague, 1951, p.43. Siehe auch: Dies., Die Bedeutung der Auswanderung für die Lösung europäischer Flüchtlings- und Bevölkerungsprobleme, (Kieler Studien Nr. 15), Kiel 1951.

[28] Wander, in: Recht der Arbeit, S.220. In Wanders Kategorien stellten die Frauen eine Belastung dar, weil der Anteil der Erwerbstätigen unter ihnen niedriger sei als unter der männlichen Bevölkerung. Vgl. auch: Hilde Wander, Die Bevölkerungsbewegung in Westdeutschland nach dem zweiten Weltkrieg, in: Wirtschaftsdienst 30(1950), H.3, S.24-29, hier: S.27.

[29] Auswandern oder nicht?, in: Wirtschaftsdienst H. 5, Mai 1950, S.3.

[30] Hugo Grothe, Europäische Auswanderung und Binnenwanderung in der Nachkriegszeit, in: Europa-Archiv vom 20.10.1950, S.3441-3448, hier: S.3444.

[31] Gini, Refugees and Over-Population.

[32] Vgl. Bruno Gleitze: Die Forderungen der Sowjetzone aus der mitteldeutschen Fluchtbewegung, in: AStA 51(1967), S.377ff.

[33] Der Europarat und das europäische Flüchtlingsproblem. Ein Bericht des Sachverständigen-Ausschusses des Europarates, in: Europa-Archiv vom 20.11.1951, S.4493-4506.

[34] Grothe, S.3443.

[35] Pierre Fischer, in: Europa-Archiv vom 20.5.1954, S.6577.

[36] Bericht des Sachverständigen-Ausschusses, S.4493.

[37] Vgl. ebenda. An der ersten Sitzung im Mai 1951 waren die Internationale Bank für Wiederaufbau und Entwicklung (IBRD) und die USA noch nicht beteiligt.

[38] Ebenda, S.4497.

[39] Ebenda, S.4498.

[40] Ebenda, S.4501. Zu den Aufgabengebieten der verschiedenen Organisationen vgl. Werner von Schmieden, Die Flüchtlingspolitik der Vereinten Nationen und des Europarates, in: Europa-Archiv 6(1951) 5.2.51, S.3695-3704.

[41] Das ICEM war von den 16 Regierungen, die im Europarat vertreten waren, gegründet worden und zwar explizit, um den „Bevölkerungsdruck" in Europa zu vermindern. Gibson, in: Intégration 1(1954). Die Zahl der EuropäerInnen, die schon vor Gründung des ICEM, in den Jahren 1948 und 1949, nach Übersee emigriert waren, wurde auf anderthalb Millionen Menschen geschätzt. Grothe, S.3446.

[42] Ebenda.

[43] Ebenda, S.3447. Grothe hatte bereits an der Weltbevölkerungskonferenz in Genf teilgenommen; damals war sein Institut noch in Leipzig angesiedelt gewesen.

[44] Hugo Grothe, Die große Heimkehr ins Reich. Wissenswertes zur Rückwanderung der Volksdeutschen aus Ost und Südost, Leipzig 1940, S.1.

[45] Wander (1951), p.45.

[46] Riggs, S. 3815.

[47] Ebenda. Fred Riggs war Forschungsassistent bei der Foreign Policy Association in New York. Sein hier zitierter Artikel, den das Europa-Archiv in seiner Ausgabe vom 20.3.1951 in deutscher Übersetzung publizierte, war zwei Monate zuvor in Foreign Policy Reports Vol. XXVI, No. 17, S.190-199 erschienen.

[48] Der französische Ministerpräsident und mehrfache Außenminister Robert Schuman hatte 1950 eine Europäische Gemeinschaft für Kohle und Stahl und damit die Kontingentierung der Produktion nach internationalen Absprachen vorgeschlagen und sich damit zum Wegbereiter der europäischen Einigung gemacht. Das Population Reference Bureau hätte gern auch die Reproduktion kontingentiert und an einem gesamteuropäischen Plan orientiert.

[49] Robert Cook, Europe's Overpopulation. Can It Be Solved by Emigration? in: Population Bulletin Vol. VIII No. 1, Febr. 1952, S.7.

[50] Atina Grossmann, Reforming Sex. The German Movement for Birth Control & Abortion Reform 1920 -1950, New York, Oxford, 1995, S.198.

[51] Ebenda, S.198.

[52] Ebenda, S.207.

[53] Vgl. Sabine Schleiermacher, Die Innere Mission und ihr bevölkerungspolitisches Programm, in: Heidrun Kaupen-Haas (Hg.), Der Griff nach der Bevölkerung, Nördlingen 1986, S.73-89.

[54] Vgl. Grossmann, S.207 und Heidrun Kaupen-Haas, Eine deutsche Biographie – der

Bevölkerungspolitiker Hans Harmsen, in: Angelika Ebbinghaus, Heidrun Kaupen-Haas, Karl Heinz Roth (Hg.) Heilen und Vernichten im Mustergau Hamburg, Hamburg 1984, S.41-44.

[55] 1945 kehrten etwa sieben Millionen Japaner aus dem Ausland zurück bei einer Gesamtbevölkerung von 71 Millionen. Vgl. Giselher Wirsing, Die Menschenlawine, Stuttgart 1956, S.49.

[56] Ayanori Okasaki, Bevölkerungspolitische Probleme des heutigen Japans. Übervölkerung und Lebensstandard, in: Ausländische Sozialprobleme, Folge 10, 2(1952), Oktober, S.109-111.

[57] Nach Angaben des Population Bulletins ist die Geburtenrate von 28,6 pro 1000 vor dem Krieg auf 33,5 in den ersten Nachkriegsjahren gestiegen. Population Bulletin, Vol. VI, Dec. 1950, No. 2.

[58] Vgl. John und Pat Caldwell, Limiting Population Growth and The Ford Foundation Contribution, London 1986, S.56.

[59] Vol. VI, Dec. 1950, No. 2.

[60] Dazu gehörte auch der Bevölkerungswissenschaftler Ayanori Okasaki. Vgl. seinen Artikel in: Ausländische Sozialprobleme.

[61] Die japanische Bevölkerungsvereinigung, das Institut für Bevölkerungsprobleme, der Forschungsrat für Bevölkerungsprobleme, die japanische Liga für Geburtenkontrolle sowie ein Institut für Geburtenkontrolle. Vgl. Population Bulletin, Vol. IX, April 1953.

[62] Vgl. ebenda.

[63] Minoru Muramatsu über das japanische Familienplanungsprogramm, in: Bernard Berelson (Hg.), National Programmes in Family Planning. Achievements and Problems. Meerut 1969, S.1-14, hier: S.4.

[64] Nach Angaben von Muramatsu soll im Jahr 1950 etwa jede fünfte Japanerin unter 50 Jahren verhütet haben, 1965 bereits jede zweite. Vgl. ebenda, S.6.

[65] Vgl. ebenda.

[66] Population Bulletin, Vol. XV, No. 7 Nov. 1959.

[67] Wirsing, Die Menschenlawine, S.73f.

[68] Giselher Wirsing, Die Judenfrage im Vorderen Orient, in: Weltkampf 1(1941), H.1, S.22-29.

[69] Roderich von Ungern-Sternberg, Die neuesten Vorgänge in der Bevölkerungsbewegung der wichtigsten Länder der Erde, in: Jahrbücher für Nationalökonomie und Statistik Bd. 171, H. 5/6, Dezember 1959, S.402-421, hier: S.420.

[70] Ebenda, S.401f.

[71] Wilfried Schreiber, Hermann J. Wallraff, Bevölkerungspolitik, in: Görres-Gesellschaft (Hg.), Staatslexikon, Spalte 1232. Für den Hinweis auf dieses Zitat danken wir Rosa Jiménez-Loux.

[72] Mackenroth, Bevölkerungslehre, S.496.

[73] Schubnell war zu Beginn der 70er Jahre Gründungsdirektor des Bundesinstituts für Bevölkerungswissenschaft in Wiesbaden und prägte die Entwicklung des Instituts auch in den folgenden Jahren entscheidend. Er war Mitglied des wissenschaftlichen Beirats, sowohl im Bundesfamilienministerium als auch im Bundesministerium für wirtschaftliche Zusammenarbeit. Am 11.7.1996 verstarb er.

[74] Hermann Schubnell, Der Kinderreichtum bei Arbeitern und Bauern. Untersuchung aus Schwarzwald und Rheinebene, Freiburg 1941.

[75] Hermann Schubnell, Ursache, Umfang und Bedeutung der sogenannten Bevölkerungsexplosion, in: Bevölkerungsexplosion, Familienplanung und Geburtenkontrolle. Ein Tagungsbericht. Veröffentlichung Nr. 51 der Ev. Akademie Hessen und Nassau, o.J., (ca.

1961) S.20f.

[76] Hermann Schubnell, „Seid fruchtbar und mehret euch", in: Funkkolleg Humanökologie, Studienbrief 2, S.101, zit.nach: Diana Hummel, Bevölkerungsentwicklung und ökologische Krise. Ein Literaturbericht, Frankfurt a. M. 1994, S.25.

[77] Vgl. Hermann Schubnell, Bevölkerungsprobleme in neuer Sicht, in: AStA 36(1952), S. 82-90. hier: S.82.

[78] Zur entsprechenden Debatte vgl. das Kapitel „USA und UNO - Die Freiheit der Empfängnisbekämpfung".

[79] Hilde Wander, Bevölkerungswachstum und Konsumstruktur in Entwicklungsländern, Fakten, Zusammenhänge und politische Implikationen, (Kieler Studien Nr. 149) Tübingen 1979, S.5f.

[80] Ebenda, S.71.

[81] Vgl. Monika und Otto Köhler, Über die Volkszählung und über den Geist der Rassenhygiene in den Statistischen Ämtern. Ein Offener Brief an einen Erhebungsstellenleiter und seine Beantwortung, in: Jürgen Arnold, Jutta Schneider (Hg.) Volkszählung verzählt, Frankfurt/M. 1988, S.297-316. (Der Brief von M. u. O. Köhler wurde erstmals abgedruckt in: Die Zeit vom 4.3.1988.) Zur Rolle der Deutschen Gesellschaft für Bevölkerungswissenschaft insbesondere bei der Verankerung der Disziplin an den Universitäten und bei den Gründungsvorbereitungen für das Wiesbadener Bundesinstitut für Bevölkerungsforschung siehe Ludger Weß, Hans Wilhelm Jürgens, ein Repräsentant bundesdeutscher Bevölkerungswissenschaft, in: Heidrun Kaupen-Haas (Hg.), Der Griff nach der Bevölkerung, Nördlingen 1986, S.121-145; außerdem Weß' Artikel in: 1999 Heft 1/95, sowie Götz Aly: Heiner Geißler, der selbst bestimmte Bauch und die Nazis, in: TAZ vom 16.2.1984.

[82] Charlotte Höhn, Amtliche Bevölkerungsvorausschätzungen seit 1925 – eine kurze Geschichte der Politikberatung und des demographischen Klimas, in: Klaus Hanau (Hg.), Wirtschafts- und Sozialstatistik, Göttingen 1986, S.209-227, hier: S.210f. Vgl. auch diess. u. Hermann Schubnell, Wenn der Fürst die Zahl seiner Untertanen nicht kennt, in: FAZ vom 12.9.1990.

[83] Vgl. Herwig Birg in: FAZ vom 10.5.96, Max Wingen in: FAZ vom 21.9.1995. Hermann Schubnell und Charlotte Höhn in der FAZ vom 12.9. 1990. Einen Entlastungsversuch eigener Art unternimmt Josef Schmid, indem er behauptet, die Bevölkerungspolitik im Nationalsozialismus sei von Medizinern und Anthropologen beeinflußt worden, während die Bevölkerungswissenschaftler in anderen Wissenschaftsbereichen wie etwa der Statistik „überwintert" hätten. Wieso ausgerechnet die Statistik, deren Repräsentanten aktiv an der Erfassung der jüdischen Minderheit sowie der Sinti und Roma gearbeitet haben, ein unpolitisches Abseits gewesen sein soll, erklärt Schmid nicht. Vgl. Schmid in: FAZ vom 19.12.94. Zur Rolle der Statistik im Nationalsozialismus vgl. Aly/ Roth, Die restlose Erfassung.

[84] Franz Xaver Kaufmann (Hg.) Bevölkerungsbewegung zwischen Quantität und Qualität. Beiträge zum Problem einer Bevölkerungspolitik in industriellen Gesellschaften, Stuttgart 1975, S.III.

[85] Mackenroth, Bevölkerungslehre, S.257ff. Mackenroth stellte sich die „Verhinderung überdurchschnittlicher Fortpflanzung Schwachsinniger als das notwendige Korrelat zu einer weit ausgebauten Sozialpolitik" vor. Geisteskranke seien dagegen nicht zu sterilisieren, da in ihren Familien „oft auch sehr hochwertige Erbanlagen auftreten" und „sehr viele unserer Genialen" aus solchen Familien stammen.

[86] So Charlotte Höhn im Interview mit den Verfasserinnen am 9.5.1994. Noch 30 Jahre nach Erscheinen der „Bevölkerungslehre" wurde diese auf einem eigens dazu veran-

stalteten Mackenroth-Symposium von namhaften Vertretern des Fachs gewürdigt. Vgl. Schmid (Hg.), Bevölkerungswissenschaft.
[87] Vgl. Weß, Hans Wilhelm Jürgens.
[88] Bundesinstitut für Bevölkerungsforschung (Hg.), Materialien zur Bevölkerungswissenschaft Heft 63, Wiesbaden 1990, siehe insbesondere S. XXIII.
[89] Die fraglichen Passagen des Interviews sind abgedruckt in: TAZ vom 3.9.1994. In den folgenden Ausgaben finden sich weitere Berichte über die Reaktionen auf den Skandal.
[90] Die Frage, wie sich die Verdrängung bzw. Uminterpretation der Vergangenheit in den bevölkerungswissenschaftlichen Fachpublikationen niederschlägt, hat erstmals umfassend Cordula Caspary untersucht: Der Nationalsozialismus in der bundesdeutschen bevölkerungswissenschaftlichen Literatur (1972-1989). Magisterarbeit an der Universität Tübingen, 1996.
[91] Parviz Khalatbari, Überbevölkerung in den Entwicklungsländern, Berlin 1968, S.25.
[92] So der Titel eines Aufsatzes von Khalatbari in: Deutsche Außenpolitik, Heft 2/1966.
[93] Khalatbari (1968), S.14.
[94] Ebenda, S.16f.
[95] Ebenda, S.179.
[96] Ebenda, S.34.
[97] Ebenda, S.43.
[98] Vgl. ebenda, S.55.
[99] Vgl. ebenda, S.176.
[100] Ebenda, S.179f.
[101] Parviz Khalatbari, Ausmaß und Konsequenzen des gegenwärtigen Bevölkerungswachstums, in: Bundesinstitut für Bevölkerungsforschung (Hg.) Materialien zur Bevölkerungswissenschaft Heft 76 (Vorträge auf den Tagungen des Arbeitskreises „Demographie der Entwicklungsländer" der Deutschen Gesellschaft für Bevölkerungswissenschaft vom 31.10. bis 1.11. 1991 in Kiedrich und vom 6. bis 7.11.1992 in Bielefeld), Wiesbaden 1992, S.79.
[102] Ebenda, S.76.
[103] Ebenda, S.80.
[104] Mechthild Oechsle, Der ökologische Naturalismus, Frankfurt am Main/New York 1988, S. 37, zit. nach: Cornelia Schlebusch, Bevölkerungspolitik als Entwicklungsstrategie. Historisches und Aktuelles zu einem fragwürdigen Argument, Frankfurt am Main 1994, S.49.
[105] Herwig Birg, Der Konflikt zwischen Spaceship Ethics und Lifeboat Ethics in Bevölkerungstheorie und Humanökologie, in: TU Berlin International Nr. 16/17 Juli 1992, S.14.
[106] Der „Ökologische Marshallplan" ist dokumentiert in: Frankfurter Rundschau 30.8.1993.
[107] Paul Ehrlich/Anne Ehrlich, Bevölkerungswachstum und Umweltkrise, Frankfurt 1972, S.428f, zitiert nach: H. M. Enzensberger, Kritik der politischen Ökologie, in: Kursbuch 33, Berlin 1973 S.30
[108] Paul Ehrlich in einem Interview mit dem „Playboy", August 1970, nachgedruckt in: Edward Pohlman (Hg.) Population: A Clash of Prophets, New York/Scarborough/London 1973, S.13-28, hier: S.19.
[109] Paul Ehrlich, Die Bevölkerungsbombe, Frankfurt am Main 1973, S.13f. Die Überlegungen zu Verhütungsmitteln im Trinkwasser finden sich auf S.23. Den Titel des Buches hatte Ehrlich beim Überbevölkerungspropagandisten Hugh Moore entliehen, der bereits einige Jahre zuvor eine gleichnamige Broschüre in zehntausendfacher Auflage an sogenannte Meinungsführer in den USA verschickt hatte. Vgl. das Kapitel USA und UNO: Die Freiheit der Empfängnisbekämpfung.
[110] Ehrlich, Bevölkerungsbombe, S.31.
[111] Eine derartige Position vertritt Gunnar Heinsohn. Sein gemeinsam mit Otto Steiger ver-

faßtes Buch „Die Vernichtung der weisen Frauen" (Herbstein 1985) gehörte jahrelang zu den in der Frauenbewegung meistdiskutierten Büchern zur „Bevölkerungsfrage". Heute ist Heinsohn „Genozid-Forscher" an der Universität Bremen. Die Warnungen vor ökologischen Katastrophen haben seiner Ansicht nach lediglich die Funktion, in der Ersten Welt eine „Genozidtoleranz" zu schaffen, damit nach den „mächtigen Megatötungsbewegungen des Marxismus und des Faschismus/Nationalsozialismus" nunmehr „grüne Todesschwadrone" in einem „Ökokrieg" erneut einen Völkermord, diesmal in der „Dritten Welt", begehen könnten. Heinsohn selbst hält zwar das Weltbevölkerungswachstum auch für gefährlich, jedoch nicht weil Öko-Katastrophen, sondern weil Migrationen, Bürgerkriege und Völkermorde zu befürchten seien. Vgl. Gunnar Heinsohn, „Die mit den besten Waffen werden überleben"? Ökorealismus gegen globale Untergangsszenarien. Vortrag an der Universität Stuttgart am 21.6.1995. Für die Überlassung des Manuskripts danken wir Ingrid Augenstein.

[112] Vgl. Enzensberger, Kritik der politischen Ökologie, S. 20.

[113] Ebenda, S. 8.

[114] Ebenda, S. 33.

[115] Vgl. Ronald Lee, Bevölkerungswachstum und Umwelt, in: Unesco-Kurier Nr. 1/1992, 33. Jg. („Problematik der Übervölkerung"), S.14.

[116] Die Intitiative trägt die Wir-sitzen-alle-in-einem-Boot-Ideologie schon im Namen: Making Common Cause. Etwa 100 Gruppen und Organisationen, von Friends of the Earth und World Wildlife Fund über den Pathfinder Fund, das Population Crisis Committee (heute Population Action International) und das World Women in Defense of the Environment bis hin zur Umweltabteilung der Weltbank gehören dem Bündnis an. Vgl. Ute Sprenger, Wer hat Angst vor schwarzen Frauen? Internationale Zusammenarbeit an der neuen Familienplanungsfront in Afrika, in: AK (Analyse und Kritik, vormals „Arbeiterkampf") Nr. 315, 5.2.1990. Ein anderes Beispiel, wie die „Bevölkerungsfrage" mit der Umweltkrise verknüpft und mittels massiver Lobby-Arbeit und -Gelder ins öffentliche Bewußtsein gehämmert wird, stellt Betsy Hartmann vor: Reproductive Rights and Wrongs. The Global Politics of Population Control, New York 1995² S.148-151.

[117] Zur Kritik des Berichts sowie zur Zusammensetzung des Club of Rome siehe: Schlebusch, S. 50-55, sowie Christian Glaß, Bevölkerungswachstum als Katastrophe. Die ideologische Kontinuität der demographischen und ökologischen Diskussion, Frankfurt/ New York, 1978, S.87-133.

[118] Zitiert nach: Schlebusch, S.58.

[119] Schlebusch, S.60.

[120] In bezug auf Deutschland vgl. die Studie, die das Wuppertal Institut für Klima, Umwelt, Energie GmbH im Auftrag von BUND und Misereor erstellt hat: Zukunftsfähiges Deutschland. Ein Beitrag zu einer global nachhaltigen Entwicklung. Kurzfassung 1995. Zur Kritik daran: Bundeskongreß entwicklungspolitischer Aktionsgruppen (BUKO), „Zukunftsfähiges Deutschland" – ein Technokratenmärchen, in: Schwarzer Faden. Vierteljahresschrift für Lust und Freiheit, 16(1995), Nr. 56, S.5-14. An einer Kritik aus feministischer Sicht arbeitet die AG Frauen im Forum Umwelt und Entwicklung.

[121] Zu den wissenschaftlichen Beratern des Funkkollegs gehörten außer Birg der Ökonom und Agrarexperte Walter Schug sowie der Zoologe und Botaniker Hartmut Bick. Darüber hinaus kam in den einzelnen Studieneinheiten die alte Garde der deutschen Bevölkerungswissenschaft zu Wort: Hermann Schubnell, Karl Schwarz und Hilde Wander, außerdem der Schweizer Demograph Jürg Hauser.

[122] Herwig Birg, Müll, Moral und die Macht der Masse. Bevölkerungsökologie des Menschen, in: Deutsches Institut für Fernstudien an der Universität Tübingen (Hg.), Funk-

kolleg Humanökologie – Weltbevölkerung, Ernährung, Umwelt, Studienbrief 1, Weinheim, Basel, S.47-84, hier, S.67.

[123] Ebenda, S.79.

[124] Herwig Birg, Die Leistung der Politik besteht im Verdrängen. Bevölkerungsschrumpfung und Zuwanderung werden Deutschland bald vor gewaltige Schwierigkeiten stellen, in: FAZ vom 10.5.1996. Vgl. dazu auch die Rezension von Birgs Buch „World Population Projections for the 21st. Century, Frankfurt/M. New York 1995, in: FAZ vom 16.1.1996.

[125] Hans Magnus Enzensberger, Die Große Wanderung. 33 Markierungen, Frankfurt a. M. 1992, S.30. In vielen seiner „Markierungen" demontiert Enzensberger in anregender Weise demographische Zirkelschlüsse und damit zusammenhängende Phobien und Verblendungen. In manche der von ihm beschriebenen Sackgassen manövriert er sich allerdings auch selbst hinein – indem er das Zusammenleben von Menschen unterschiedlicher ethnischer Herkunft für per se konfliktträchtig hält und Fremdenhaß somit zur antropologischen Konstante erklärt. Ein besonders krasses Beispiel demographischer Bulimie liefert Wilhelm Winkler, der 1965 schrieb: „Wir haben allen Ernstes übervölkerte Länder mit Untervölkerung (...) und wir haben, noch viel häufiger, untervölkerte Länder mit Übervölkerung". Wilhelm Winkler, Übervölkerung, Untervölkerung. Begriffe, Verfahren, Tatsachen, in: Metrika Vol. 9 1965, Fasc.2, S.85-101, hier: S.99.

[126] Das Konzept „Tragfähigkeit" wird selbst von Fachleuten kritisiert, die zur (ökologischen) Globalplanung und zur Bevölkerungspolitik ein positives Verhältnis haben. Vgl. Harold Brookfield, Das Spiel mit den Bevölkerungszahlen. Ist es möglich, die „Tragfähigkeit" unseres Planeten für die Anzahl Menschen zu messen?, in: Unesco-Kurier Nr. 1/ 1992, 33. Jg. („Problematik der Übervölkerung"), S.15-19. Darin heißt es abschließend: „Die Tragfähigkeit ist ein empirisches Konzept, und es hat sich schon so oft als empirisch falsch erwiesen, daß es schon längst zumindest als Planungsinstrument auf der örtlichen Ebene hätte aufgegeben werden sollen."

[127] Funkkolleg, S.71f.

[128] Vgl. Serge Latouche, Lebensstandard, in: Wolfgang Sachs (Hg.), Wie im Westen so auf Erden. Ein polemisches Handbuch zur Entwicklungspolitik, Reinbek 1993, S.195-217, insbesondere, S.199. Zur Fragwürdigkeit des Konzepts „Entwicklung" vgl. auch Gabriela Simon, Wenn Deutschland ein Entwicklungsland wäre, in: Die Zeit vom 28.5.1993.

[129] C. Glaß, S.25.

[130] Vgl. Glaß, S.21.

[131] Glaß, S.28.

[132] Das Raumschiff Erde retten, in: FAZ vom 22.7.1995. Der FAZ-Leser war nicht der erste, der auf diese Idee gekommen ist. Bereits zwanzig Jahre vorher hatte die „Wirtschaftswoche" einen Vorschlag zur personellen Besetzung einer solchen Weltregierung veröffentlicht, in der neben Henry Ford II die damaligen Chefs von Siemens, ITT, der First National City Bank und des Nestlé-Konzerns vertreten sein sollten. Vgl. Glaß, S.75.

[133] Ursula Pattberg, Mitarbeiterin von Terre des Hommes, berichtete auf der Fachtagung „Bevölkerungsentwicklung und Umwelt" der Aktionsgemeinschaft solidarische Welt im März 1992 über eine Diskussion mit Öko-Engagierten, in der derartig familiäre Bezeichnungen für Tiere und Pflanzen, für den Menschen dagegen der technokratische Begriff „Biomasse" verwendet wurden.

[134] Vgl. Donald Fleming, Wurzeln der New Conservation-Bewegung, in: Rolf Peter Sieferle (Hg.), Fortschritte und Naturzerstörung, Frankfurt am Main 1988, S.216-306.

[135] Irenäus Eibl-Eibesfeldt, Der Mensch. Das riskierte Wesen, München 19914, S.37, zitiert nach: Hummel, S.107.

[136] Zur kritischen Auseinandersetzung mit Eibl-Eibesfeldt sowie zur Kontinuität rassistischer

Denkmuster in Anthropologie und Verhaltensforschung siehe: Irmgard Pinn, Michael Nebelung, Das Menschenbild der Bevölkerungstheorie und Bevölkerungspolitik. Deutsche Traditionslinien vom „klassischen" Rassismus bis zur Gegenwart, in: Peripherie Nr. 37(1989), S. 21- 50, insbesondere S.32f. Und: Irmgard Pinn, Rassismus und Bevölkerungspolitik, in: Forum Wissenschaft 3/1992, S.12-16.

[137] Diese Idee ist nicht neu und in den vorangegangenen Kapiteln mehrfach erwähnt worden: So warnte Alois Fischer 1925 vor einem durch „Bevölkerungsdruck" provozierten drohenden „Waffengang um den Pacific", und Alexander Kulischer stellte auf der Weltbevölkerungskonferenz 1927 eine Kausalkette zwischen „Überbevölkerung", Migration und Krieg her. Auch die Angriffskriege der Deutschen – des „Volks ohne Raum" – wurden so begründet.

[138] Allein der Nationalökonom Bruno Fritsch von der Eidgenössischen Technischen Hochschule Zürich weiß der „Durchmischung der verschiedenen Rassen", die durch „massive Wanderungen" zustande komme, zumindest potentiell etwas abzugewinnen: Sie könne zu einer „Hybridisierung" führen. Bruno Fritsch, Mensch-Umwelt-Wissen. Evolutionsgeschichtliche Aspekte des Umweltproblems, Zürich, Stuttgart 1992, S.90. Für den Hinweis danken wir Barbara Schmid. Fritschs wissenschaftliche Tätigkeit zeitigte unter anderem folgendes Ergebnis: Nach seiner Rechnung wächst die „Biomasse Mensch" jährlich um 7×10^9 Kg, deren Hirnmasse um insgesamt rund 0,15 Millionen Kubikmeter. „Die Zahl der Hirnzellen im Biosystem Welt (wächst) gegenwärtig um $3,2 \times 10^{11}$ pro Sekunde". Unter den 100 Millionen Menschen, die pro Jahr geboren werden, „befinden sich 3,5 Millionen potentielle Genies; die meisten von ihnen kommen in den Entwicklungsländern zur Welt". (Ebenda, S.74.)

[139] Karl Schwarz, Vater Staat im Bett. Nationalstaatliche Bevölkerungspolitik in den Industrieländern, in: Funkkolleg Humanökologie, Studienbrief 3, S.60, zitiert nach Hummel, S.32. Der ehemalige Leiter der Abteilung Bevölkerungsstatistik im Statistischen Bundesamt und Schüler Siegfried Kollers, Karl Schwarz, war zu Beginn der 80er Jahre Direktor des Bundesinstituts für Bevölkerungsforschung in Wiesbaden und gilt als Mentor der Direktorin Charlotte Höhn.

[140] Joseph Schmid, Eine Mischung aus Güte und Überheblichkeit, in: FAZ vom 8.11.1995. Ähnlich wie Schmid argumentiert auch Max Wingen, der vor einer „deutlichen Gefährdung der kulturellen Identität" durch die „Einbürgerung von ausländischer Bevölkerung" warnt. Max Wingen, Politische Perspektiven einer Rahmensteuerung der Bevölkerungsentwicklung, Studium generale der Universität Heidelberg, Sommersemester 1988.

[141] Hartmut Dießenbacher, Wer nicht flüchtet greift an, in: Die Woche vom 5.8.1993, ähnlich auch: ders., Alterssicherung ist der Schlüssel zur Eindämmung des Bevölkerungswachstums, in: FAZ vom 25.5.1993. Im Spiegel vom 23.5.1994 führt Dießenbacher den Bürgerkrieg in Ruanda auf die „Überbevölkerung" des Landes zurück.

[142] Geo, Nr. 1, 17.12.1990, S.14. Nicht alle Beiträge in dem Heft bewegen sich auf einem derartigen Niveau; zusammen mit dem reißerischen Titel und den Illustrationen der „Überbevölkerung" prägen sich jedoch solche Plattitüden vermutlich bei der Leserschaft mehr ein als die differenzierten Artikel.

[143] Carlos Widmann, „Die Mayas spielen Zorro", in: Spiegel Nr. 7, 1995.

[144] Bundesministerium für wirtschaftlichen Zusammenarbeit, Förderkonzept Bevölkerungspolitik und Familienplanung, Bonn 1991, S.6. Noch direkter zieht diese Verbindung der Wissenschaftliche Beirat der Bundesregierung „Globale Umweltveränderungen, Welt im Wandel, Wege zur Lösung globaler Umweltprobleme". In seinem Jahresgutachten 1995 schreibt er: „Welche Brisanz dem Bevölkerungswachstum und der dadurch ausgelösten Verschärfung ökonomischer und ökologischer Engpässe innewohnt, zeigt die

Zunahme der kriegerischen Auseinandersetzungen." zitiert nach DSW-newsletter Nr. 11/ Jan./Febr. 1996.

[145] So meinte Charlotte Höhn im Interview mit den Verfasserinnen, die Chinesen hätten kulturell bedingt ein anderes Verhältnis zur Autorität und würden daher vieles gar nicht als Zwang erleben, was uns als solcher erscheinen würde. Interview vom 9.5.1994.

[146] Dießenbacher, in: Die Woche vom 5.8.1993. Der SPD-Politiker Egon Bahr fordert einen „Ausstoß aus der Völkergemeinschaft" für Länder, die ein bestimmtes Bevölkerungswachstum überschritten haben. Vgl. Susanne Schultz, Stichwort Bevölkerungspolitik (hrsg. von medico international), Frankfurt am Main, Dezember 1994.

[147] Diese behauptete bevölkerungspolitische Abstinenz der Bundesregierung hat wiederholt zu Unstimmigkeiten mit den Vertretern der einschlägigen Wissenschaft geführt, die sich immer wieder über mangelnden Einfluß ihres Fachs auf die Politik beklagen. Vgl. Schubnell (FAZ vom 8.12.78), Birg und Schwarz (in: Hummel S.31) Wingen (1988, Studium generale); Schmid ist sich dagegen ganz sicher, daß der Bevölkerungswissenschaft „im kommenden Jahrhundert eine Führungsrolle unter den Sozialwissenschaften zufällt": in: FAZ vom 19.12.94.

[148] Perfect harmony: Kanther in Kairo, in: Frankfurter Rundschau vom 7.9.1994. Der Satz „Afrika ist hauptverantwortlich für das Bevölkerungsproblem" war dem Minister gerade noch rechtzeitig vor seinem Auftritt in Ägypten aus seinem Redeentwurf herausgestrichen worden. Vgl. ebenda.

[149] Inge v. Bönninghausen in: Frauen-Fragen: „Du sollst nicht gebären" – denn du bist arm und schwarz. Sendung des WDR vom 10.10.1994.

[150] Zur Diskussion der ethischen Implikationen von Bevölkerungspolitik vgl. auch Herwig Birg in: TU Berlin International (wie Anm. 105) und Irene Tinker, Population Dynamics: Ethics and Policy, Washington (American Association for the Advancement of Science) 1975.

[151] Die Ciba-Geigy-Foundation hat 1962 ein berühmt-berüchtigtes Symposium über die Zukunft der Menschheit veranstaltet, auf dem Genetiker, Biologen, Anthropologen und Philosophen ihre elitären Utopien über die Spezies Mensch und deren „Verbesserung" mittels Züchtung und Gentechnik vorgestellt haben. Robert Jungk (Hg.), Das umstrittene Experiment: Der Mensch, Frankfurt am Main, München 1988.

[152] Klaus Leisinger, Hoffnung als Prinzip. Bevölkerungspolitik mit menschlichem Antlitz, Hannover 1994, S.243f.

[153] Ebenda, S.249.

[154] Ebenda, S.370.

[155] Ebenda, S.26.

[156] Vgl. Christian Rath, Empfängnisverhütung ist die beste Empfängnisverhütung. Aufstieg und Politik der 'Deutschen Stiftung Weltbevölkerung', in: blätter des iZ3w, Nr. 199, Juli/ August 1994, S. 50f; sowie die regelmäßig erscheinenden newsletter der DSW und die DSW-Mitteilungen 1996.

[157] Die DGVN ist formell gesehen eine Nichtregierungsorganisation, die es sich zur Aufgabe gemacht hat, die Politik der Vereinten Nationen in der deutschen Öffentlichkeit zu vertreten. Sie tut dies nicht nur hinsichtlich des Themas „Bevölkerung", sondern engagiert sich zum Beispiel auch in Menschenrechts- und entwicklungspolitischen Fragen.

[158] Vgl. Bevölkerung & Entwicklung (Informationsdienst der DGVN in Zusammenarbeit mit dem UNFPA) Nr. 23, Februar 1995.

[159] Klaus Leisinger, Bevölkerung, in: Stiftung Entwicklung und Frieden. Globale Trends 1996, hrsg. von Ingomar Hauchler, Frankfurt/M. 1995, S. 100-119, hier: S.101.

[160] Vgl. Eduardo Galeano, Die offenen Adern Lateinamerikas, Wuppertal 1980, S.14. Früher

sah McNamara in der „Bevölklerungsexplosion" *das* Fortschrittshindernis schlechthin, heute hält er sie für *die* Umweltbedrohung. Vgl. sein Vorwort zu Leisingers Buch. Zu McNamara vgl. auch das Kapitel USA und UNO: Die Freiheit der Empfängnisbekämpfung, Fußnote 39.

[161] Thomas von Randow, Und wer schützt die Menschheit?, in: Die Zeit Nr. 34 vom 16.8.1991.

[162] Spiegel 48/1995, S. 206f. Für den Hinweis danken wir Wolf-Dieter Narr.

[163] Vgl. Hummel, S.94.

[164] Die Diskussion über Calnes Vorschläge setzte schon ein, bevor sein Buch „Too many people" überhaupt auf dem Markt war. Vgl. The Independent vom 14.8.1994.

[165] Fast zur gleichen Zeit, als in Großbritannien über Sir Roy Calnes Buch diskutiert wurde, hat in Indien eine Expertenkommission nahezu wortgleich die selben Maßnahmen vorgeschlagen. Der Protest dort ging in erster Linie von Frauenorganisatonen aus. Vgl. NZZ vom 2.8.1994, TAZ vom 11.8.1994 und UNFPA-Informationsdienst Aug./Sept. 1994, S. 11.

[166] Vgl. Maurice King, Health is a Sustainable State, in: The Lancet, 15.9.1990, S.664-667; und: ders., Die Gefahren der „Bevölkerungsfalle", in: Entwicklung und Zusammenarbeit 35(1994), H. 8, S.192-194. Zur Kritik an diesem Konzept siehe auch: Vandana Shiva, Die waren Gründe der Umweltzerstörung im Süden, in: Brot für alle u.a. (Hg.) Wenig Kinder – viel Konsum? Stimmen zur Bevölkerungsfrage von Frauen aus dem Süden und Norden, Basel, Zürich, Luzern 1994, S.42-47. Über die Vorschläge von Maurice King berichtete Hans Harald Bräutigam in der Zeit vom 12.10.1990 halb entrüstet und halb fasziniert von Kings utilitaristischer Logik.

[167] Die Idee, die Bevölkerungsfrage durch die systematische Tötung „Überzähliger" aus armen Bevölkerungsschichten zu lösen, wurde bereits 1838 in einem in England erschienen Pamphlet erwogen, das seinerzeit große Empörung auslöste. Vgl. Sieferle, S.165.

[168] James Arthur Campbell, Allgemeine Chemie. Energetik, Dynamik und Struktur chemischer Systeme, Weinheim 1975, S.19f; zitiert nach: Kiros Abeselom, Der Mythos der Überbevölkerung als Mittel zur Wahrung der bestehenden gesellschaftlichen Strukturen, Bonn 1995, S.84.

USA und UNO: Die Freiheit der Empfängnisbekämpfung

[1] So zum Beispiel Frank Notestein, Claude Kiser, Pascal Whelpton, Philip M. Hauser, Frank Lorimer, Henry Pratt Fairchild, Warren S. Thompson, Kingsley Davis, Christopher Tietze, William Vogt. Vgl. Kühl, Internationale der Rassisten, Manuskript, S. 241, 245 u. 249.

[2] Als ein Beispiel von vielen sei hier das Buch des renommierten Demographen und langjährigen Direktors der amerikanischen Eugenikgesellschaft Warren S. Thompson genannt: Plenty of People: The World's Population Pressures, Problems, and Policies, and How they Concern Us, New York 1948. Darin spricht sich Thompson für Zwangssterilisationen und Fortpflanzungsbeschränkungen aus eugenischen Gründen bei „Erbkranken" und Behinderten aus.

[3] Vgl. Kühl, Manuskript S.232.

[4] Zum Kuratorium des Population Reference Bureaus (PRB) gehörten in den 50er Jahren Biologen und Bevölkerungswissenschaftler wie C.C. Little, Kingsley Davis, William Vogt, Pascal Whelpton, der Überbevölkerungspropagandist Hugh Moore und viele andere.

Bis zum Mai 1964 gehörte auch Henry Pratt Fairchild dem Vorstand des Bureaus an. Gordon verweist darauf, daß das PRB als eugenische Organisation gegründet worden sei und erst mit schwindender Popularität der Eugenikbewegung die Bevölkerungskontrolle zu seinem Hauptanliegen gemacht habe. Linda Gordon Woman's Body, Woman's Right. Birth Control in America, New York usw. 1990[3], S.389.

5   Burch, Pendell, (wie Anm. 16 im vorangegangenen Kapitel) S.8f. Herausgegeben wurde das Buch vom Population Reference Bureau. Mit der in China aufgewachsenen Schriftstellerin und Nobelpreisträgerin Pearl S. Buck waren sich Burch und Pendell darin einig, daß Demokratie in „überbevölkerten" Ländern unmöglich (S.39) und überhaupt Bevölkerungskontrolle die Voraussetzung zur Realisierung aller elementaren Freiheiten sei. Die Möglichkeiten zur Bevölkerungssteuerung seien vorhanden und müßten genutzt werden (S.7).

6   1939 richtete sich seine Kampagne vor allem gegen die Aufnahme jüdischer Waisenkinder, als diese vor dem Nationalsozialismus aus Europa gerettet werden sollten. Vgl. Gordon, S.389.

7   Population Bulletin, vol.1, No.3, November 1945.

8   Vgl. Population Bulletin vol.V, No.4, Oct. 1949 und Vol.VI, No.1, Nov. 1950.

9   Nachdem Burch 1951 gestorben war, wurde Robert Cook sein Nachfolger, der ebenfalls durch eine einschlägige Buchveröffentlichung hervorgetreten war. Sein Werk „Wer wird morgen leben? Die Krise der menschlichen Fruchtbarkeit" erschien, versehen mit einer Einführung von Julian Huxley, gleichzeitig in den USA und der Bundesrepublik, Hamburg 1951. Im Deutschen ist der Untertitel irreführend: Gerade nicht die Fruchtbarkeit ist Cook zufolge in der Krise, sondern die „Völker aller Staaten", wenn es ihnen nicht gelinge, jene zu bändigen (S.14). Die englische Ausgabe hat den Titel: „Human fertility: the modern dilemma" und erschien in New York.

10   Boston 1948. Fairfield Osborn war Präsident der New Yorker Zoologischen Gesellschaft und Onkel des Eugenikers und Rockefeller-Intimus Frederick Osborn. Um 1918, als auch in Europa die Angst vor dem Aussterben der Weißen umging, hatte Fairfield Osborn wesentlich dazu beigetragen, die These vom Rassenselbstmord durch Geburtenrückgang populär zu machen.

11   William Vogt, Die Erde rächt sich, Frankfurt/ M. 1950, S.242. Das Buch erschien 1950 in New York unter dem Titel „Raod to Survival".

12   Ebenda, S.254, 248, 254, 268.

13   Ebenda, S.258.

14   Ebenda, S.259.

15   Changing Men's Mind, A Survey of the Program of the Population Reference Bureau, June 1962; RAC, RBF, Box 88,Folder PRB, Bl.2.

16   The Population Riddle, Rundfunksendung der Canadian Broadcasting Corporation, Toronto, vom 5., 6., 7. und 8.9.1994, Manuskript, S.31.

17   Richard Symonds, Michael Carder auseinander: The UN and the Population Question 1945-1970, New York u.a.1973, S. 94.

18   Eversley, S.44. Auch einer der Akteure, der US-amerikanische Bevölkerungswissenschaftler David Bell, bezeichnet rückblickend die Überbevölkerungsangst der 50er und 60er Jahre als „gewaltig übertrieben". An der Umsetzung dieser Übertreibung in eine Bevölkerungskontrollpolitik war Bell selbst als Mitarbeiter der Ford Foundation und der US-AID maßgeblich beteiligt. David Bell, Population Policy: Choices for the United States, in: Jane Menken (Hg.), World Population and U.S. Policy, New York, London 1986, S.207-228, hier: S.214.

19   So bezeichnete sich der Industrielle Joseph Sunnen selbst als „being of an inventive

nature". Die Sorge um die „Bevölkerungsexplosion" hatte ihn dazu veranlaßt, einen selbst erfundenen „Verhütungsschaum" an 20.000 Puerto Ricanerinnen zu testen, bevor er ihn 1957 dem Population Council anpries.

[20] Wir haben im Oktober und November 1993 verschiedene bevölkerungspolitische Institutionen in Washington und New York besucht und einige von deren MitarbeiterInnen interviewt. Auf die Idee, daß es auch Kritik an ihrem Vorgehen geben könnte, kamen die meisten von ihnen nicht. Allenfalls der Papst fiel ihnen als Widersacher ein.

[21] Interview mit Charles Hemmer und William Johnson; Oktober 1993.

[22] Zur Kritik des Modells siehe: Heinrich von Loesch, Stehplatz für Milliarden?, Stuttgart 1974, S.99f; Sokoll, Historische Demographie und historische Sozialwissenschaft, (wie Anm. 57 im Kapitel „Menschenökonomie" im Nationalsozialismus).

[23] Vgl. Mohan Roa, S.PE-48.

[24] Notestein selbst hielt am Office of Population Research der Princeton University spezielle Fachkurse ab, andere Universitäten boten ähnliche Ausbildungsgänge an, um den wissenschaftlichen Nachwuchs in Demographie, Statistik oder Familiensoziologie zu schulen.

[25] Vgl. dazu auch: Susanne Heim, Ulrike Schaz,"Das Revolutionärste, was die Vereinigten Staaten je gemacht haben". Vom Aufstieg des Überbevölkerungsdogmas, in: Christa Wichterich (Hg.), Menschen nach Maß, Göttingen 1994, S.129-150.

[26] Vgl. Phyllis Tilson Piotrow, World Population Crises. The United States Response, Praeger 1976, S.38.

[27] Vgl. Piotrow, S.45f.

[28] Donaldson, S. 44.

[29] Interview mit Charles Hemmer und William Johnson; Okt. 1993.

[30] Ruth Dixon-Mueller, Population Policy and Women's Rights, Westport 1993, S.62.

[31] Population Research Act, auch als Title X des Public Health Services Act bekannt.

[32] So hatte bereits 1957 ein „ad hoc-Komitee", bestehend aus Vertretern des Population Councils, des Rockefeller Funds und der Planned Parenthood Federation, festgestellt. Der Bericht des Komitees wurde von Frederick Osborn, damals Präsident des Population Councils unter dem Titel: „Population: An International Dilemma" herausgegeben. Zitiert nach: Steve Weisman, Die Bevölkerungsbombe ist ein Rockefeller-Baby, in: Kursbuch 33, 1973, S.81-94, hier: S.86.

[33] Vgl. Dixon-Mueller, S. 65; Robert G. Weisbord, Genocide? Birth Control and the Black American, Westport, London 1975; Thomas Littlewood, The politics of population control, Notre Dame/Indiana, London, 1977. Zu der Kritik der schwarzen Bürgerrechtsbewegung siehe auch das Kapitel Feminisierung oder Facelifting? Frauenbewegung und Bevölkerungsdebatte.

[34] Vgl. Weisbord, S.8.

[35] Vgl. Dixon-Mueller, S.66.

[36] Vgl. Susanne Heim, Ulrike Schaz, Bevölkerungsexplosion – Marketing einer Ideologie, Hamburg, 1993, S.16f.

[37] Donald W.Warwick, Bitter Pills: Population Policies and their implementation in eight developing countries, Cambridge 1982, S.52; zitiert nach: Germain Greer, Die heimliche Kastration, Frankfurt, Berlin, Wien 1984, S. 463ff.

[38] Im Oktober 1968 wurde unter maßgeblicher Beteiligung der Ford Foundation eine nationale Medienkampagne durchgeführt, um die Familienplanung zu popularisieren. In diesem Zusammenhang entwarf ein Mitarbeiter der Ford-Foundation zusammen mit einem indischen Kollegen das bis heute in Indien verbreitete Symbol für Familienplanung, ein rotes Dreieck und vier lachende Gesichter – eine glückliche Familie mit zwei

Kindern.

[39] Betsy Hartmann, S.252. (wie Anm. 116 im Kapitel Von der Flüchtlings- zur Bevölkerungspolitik.) Hartmann erwähnt in ihrem äußerst informativen und engagiert geschriebenen Buch ferner, daß Weltbankpräsident Robert McNamara in der Zeit des Ausnahmezustands der indischen Regierung seine Anerkennung für die „Intensivierung der Familienplanung" aussprach. Ein Vertreter der Bevölkerungsabteilung der Vereinten Nationen UNFPA, der nach Indien geschickt wurde, bestritt die Zwangssterilisationen dort und stellte lediglich „einige Mißbräuche" fest.

[40] Vgl. Dixon-Mueller, S.70. Der Aufsatz von Kingsley Davis, Population Policy: Will Current Programs Succeed? ist veröffentlicht in Science Nov. 10 1967, S. 730-739.

[41] Vgl. Bernard Berelson, Beyond Family Planning, in: Science 163 vom 7.2.1969, S.533-543, nachgedruckt in: Wayne Davis, Readings in Human Population Ecology, Englewood Cliffs 1971, S.207-217. Das Diskussionspapier von Harkavy über die Strategie der Ford Foundation in der „Bevölkerungsarbeit" vom März 1968 ist nachgedruckt in: Heim/ Schaz, Bevölkerungsexplosion – Marketing einer Ideologie, S. 81-84. Bereits 1964 hatte der Ökonom Kenneth Boulding die Idee, jedem Mädchen, wenn es das fortpflanzungsfähige Alter erreiche, ein Zertifikat zu überreichen. Dieses Papier sollte der Besitzerin erlauben, „eine bestimmte Zahl, etwa 2,2 Kinder zu haben". Als Recheneinheit schlug Boulding „Dezi-Kinder" vor. Zehn dieser Einheiten seien mithin erforderlich für die Erlaubnis zu einem Kind. Die Zertifikate müßten käuflich sein, sowie verschenkt oder auch vererbt werden können. Der Preis pro Dezi-Kind würde dann das in einer Gesellschaft vorhandene Bedürfnis nach Kindern zum Ausdruck bringen. Dieses System könne zudem auch größere Einkommensgleichheit gewährleisten, „weil die Reichen viele Kinder hätten und arm würden, während die Armen wenige Kinder hätten und reich würden". Kenneth E. Boulding, Marketable Licenses for Babies, zitiert nach: Garrett Hardin (Hg.), Population, Evolution, and Birth Control. A Collage of Controversial Ideas, San Franciso 1964, S.340f. Boulding hat die Metapher vom „Raumschiff Erde" in die Überbevölkerungsdiskussion eingeführt.

[42] Das Dokument ist abgedruckt in: Heim/ Schaz, Bevölkerungsexplosion – Marketing einer Ideologie, S.89f.

[43] Mit der Geschichte der Bevölkerungsdiskussion in der UNO setzen sich vor allem Symonds/Carder (wie Anm. 17) auseinander sowie Stanley P. Johnson, World Population and the United Nations, Challenge and Response. Cambridge 1987. Symonds und Carder waren beide an dieser Geschichte beteiligt; als Bevölkerungsexperten bei der UNO bzw. der ILO; ihr Buch ist vom Population Council herausgegeben worden. Stanley Johnson ist ein ehemaliger Mitarbeiter der Weltbank, der sein Buch dem langjährigen UNFPA-Direktor Rafael Salas gewidmet hat. Beide Bücher sind parteilich-apologetisch geschrieben. Die Durchsetzung des Neo-Malthusianismus in der UNO erscheint darin als ein unaufhaltsamer Fortschritt bevölkerungspolitischer Vernunft in die Sphären der Vereinten Nationen. Das Buch „World Population Crises" von Phyllis Piotrow (wie Anm. 27), einer ehemaligen Mitarbeiterin des Population Crisis Committees und der UN- Population Commission, enthält dagegen einen informativen Überblick über die Bevölkerungsdebatte in der UNO – sowie notwendige Ergänzungen zu den Büchern von Symonds/ Carder und Johnson. Kiros Abeselom (wie Anm. 168 im Kapitel Von der Flüchtlings- zur Entwicklungspolitik), der für seine Dissertation ebenfalls die UNO-Quellen zum Thema „Bevölkerung" studiert hat, zeichnet ein deutlich anderes – wenn auch leider nicht vollständiges - Bild. Einen kritischen Standpunkt gegenüber der UN-Bevölkerungspolitik vertritt auch Rajani Bhatia in ihrer im Fachbereich Politikwissenschaft der Universität Bremen eingereichten Diplomarbeit: International Popula-

tion Policy-Making through the United Nations System: The Historicity and Substance of International `Consensus' on Population (Manuskript) Bremen 1996.

[44] Piotrow, S.200.

[45] Vgl. Symonds/ Carder, S.81, 135.

[46] Abeselom, S. 41.

[47] Eigentlich hätte das Gremium „Demographic Commission" heißen sollen; die von Großbritannien durchgesetzte Namensänderung deutete bereits das Bestreben einer Kompetenzausweitung an: von der Demographie zur praktischen Bevölkerungspolitik. Der Vertreter der Sowjetunion hatte vergeblich vorgeschlagen, Bevölkerungsangelegenheiten in einer Unterabteilung der Statistischen Kommission zu verhandeln, wodurch dem Thema weit weniger Bedeutung beigemessen worden wäre. Als Mitglieder der Kommission konnten die Regierungen der in der UNO vertretenen Staaten fachlich geeignete Personen vorschlagen, die dann von einer Unterkommission bestätigt werden mußten. Vgl. Symonds/ Carder, S.42.

[48] Vgl. Symonds/ Carder, S.42ff; Abeselom, S.40.

[49] Sauvy war zeitweilig auch Vorsitzender der Population Commission sowie (Ehren-)Mitglied des ECOSOC und Anfang der 60er Jahre Präsident der IUSIPP.

[50] In den Jahren 1947 bis 1953 hatte der Milbank Memorial Fund, einer der wichtigsten Financiers der Eugenikbewegung in den USA, Treffen namhafter Bevölkerungsexperten organisiert, darunter außer Notestein auch Kingsley Davis, Philip Hauser, Pascal Whelpton, Ronald Freedman, Frank Lorimer und Warren Thompson. An den Treffen, bei denen es insbesondere um „Bevölkerungsprobleme" in „unterentwickelten Ländern ging, nahmen regelmäßig auch UNO-Mitarbeiter teil. Vgl. Symonds/Carder, S.52.

[51] Vgl. Piotrow, S.201.

[52] Vgl. Symonds/Carder, S.70.

[53] Vgl. Symonds/ Carder, S.55. Zur Untermauerung von Huxleys Vorschlag gab die UNESCO verschiedene Arbeiten zum Thema „Bevölkerung" in Auftrag, darunter auch an Huxleys Bruder Aldous, der 1949 ein Pamphlet mit dem Titel „The Double Crisis" veröffentlichte. Darin führte er aus, daß die „Bevölkerungskrise" nur gelöst werden könne mit Hilfe einer von allen Nationen getragene Weltpolitik, die das Bevölkerungswachstum auf einem Niveau stabilisiere, das den Ressourcen angemessen sei.

[54] Vgl. Symonds/Carder, S.56.

[55] Auf Einladung von Sen hielt im November 1961 Rockefeller eine Rede vor der FAO, in der er eine Bevölkerungskontrollpolitik mit dem Argument forderte, das Bevölkerungswachstum sei nach der Kontrolle der Atomwaffen das „wichtigste Problem unserer Tage". Symonds/Carder, S.129. Symonds und Carder verweisen darauf, daß noch bis gegen Ende der 50er Jahre die Mehrheit der FAO-Experten der Ansicht gewesen sei, auch auf dem damaligen Stand der Technik könne eine erheblich größere Weltbevölkerung ernährt werden (S.36).

[56] Vgl. ebenda, S.48f.

[57] Vgl. ebenda, S.57f.

[58] Vgl. Johnson, S.38.

[59] So hatte Abraham Stone als Repräsentant der WHO in Indien eine Studie zur Rhythmusmethode durchgeführt und dabei auch für andere Verhütungsmethoden geworben, noch bevor die World Health Assembly ihr Plazet zu einem solchen Schritt gegeben hatte. Vgl. Symonds/ Carder, S.63.

[60] Vgl. Johnson, S.9.

[61] Piotrow, S.15. Zur Kritik der 1958 erstellten Coale-Hoover-Studie siehe Jacqueline Kasun, The War against Population. The Economics and Ideology of Population Control, San

Francisco 1988, S.54ff; Heinrich von Loesch betont, daß Coale und Hoover der Annahme widersprechen, wonach Modernisierung oder „Entwicklung" in jedem Fall einen Rückgang der Fruchtbarkeit bewirken würden. Vgl. Heinrich von Loesch, S.80f.

[62] Vgl. Symonds/ Carder, S.83f.

[63] Vgl. ebenda, S.86.

[64] Vgl. ebenda, S.204 und S.81f.

[65] Wander war in der Zeit vom März 1958 bis Februar 1960 in Indonesien. Vgl. Charlotte Höhn, Laudatio für Hilde Wander, in: Zeitschrift für Bevölkerungswissenschaft 11(1985), H. 2, S.133-136, hier S.134.

[66] In der Resolution 1838 (XVII) vom 18.12.1962 (abgedruckt in: Johnson, S. 331f.) wird die Erforschung der Bevölkerungsentwicklung und insbesondere eine Umfrage unter den Regierungen der Mitgliedsstaaten über die Beziehung zwischen Bevölkerungswachstum und Wirtschaftsentwicklung befürwortet. Obwohl die Resolution wesentlich von Richard Gardner, in der US-Regierung zuständig für die Verbindungen zu den internationalen Organisationen, vorbereitet worden und sowohl mit dem US-Außenminister als auch mit dem Weißen Haus abgesprochen war, enthielten sich die Vertreter der USA aus taktischen Gründen bei der Abstimmung in der UNO-Generalversammlung – wohlwissend, daß die Resolution auch ohne ihre Stimme angenommen würde. Vgl. Piotrow, S. 66-69.

[67] Auskunft von Charles Hemmer und William Johnson.

[68] Hermann Schubnell, Weltbevölkerungskonferenz 1965 in Belgrad, in: AStA 50(1966), S.114-123, hier: S.118.

[69] In der Resolution 2211(XXI) vom 17.12.1966 (abgedruckt in: Johnson, S.333f.) wurde unter Bezugnahme auf die Ergebnisse der Weltbevölkerungskonferenz von 1965 nicht mehr nur die Erforschung der Bevölkerungsentwicklung festgelegt, sondern auch ein langfristiges Arbeitsprogramm angekündigt, das die Beratung interessierter Regierungen in Bevölkerungsangelegenheiten einschließen sollte.

[70] Vgl. Piotrow, S.204.

[71] Der Fonds war jedoch zunächst klein; die USA hatten einen Beitrag von 500.000 Dollar zugesagt.

[72] Laut Piotrow (S.211) ging auch diese Entscheidung auf Drapers Einfluß zurück, der seinen Freund Paul Hoffman, der maßgeblich sowohl an der Durchführung des Marshallplan als auch am UN-Development Program (UNDP) beteiligt war, für seine bevölkerungspoltischen Pläne gewann.

[73] Vgl. ebenda, S.207.

[74] Schweden nahm eine Vorreiterrolle in der internationalen Bevölkerungspolitik ein. Die dortige Regierung war weltweit die erste, die Familienplanung im Rahmen der offiziellen Auslandshilfe unterstützte. Vgl. Symonds/Carder, S.97f.

[75] Vgl. Piotrow, S.210. Unterstützt wurden Drapers Bemühungen von der privaten US-amerikanischen Gesellschaft für die Vereinten Nationen (United Nations Association of the United States), der unter anderen Rockefeller, Notestein, der Demograph David Bell, Richard Gardner und der Chef des Population Office der Ford Foundation, Oskar Harkavy angehörten. Vgl. ebenda, S.208. Rockefeller war in den ersten Jahren auch im Beirat des UNFPA.

[76] Interview mit Jürgen Sacklowski, Mitarbeiter des UNFPA, am 1. November 1993.

[77] Zur Rolle der Nichtregierungsorganisationen in der Bevölkerungspolitik siehe das Kapitel „Feminisierung oder Facelifting?".

[78] Vgl. Piotrow, S.211.

[79] Vgl. ebenda, S.215f.

[80] Bhatia, S.52-56.

[81] Weitere Preisträger waren die IPPF (1985) und der Population Council (1992). Im Jahr 1994 teilten sich der ägyptische Präsident Mubarak, „Gastgeber" der Weltbevölkerungskonferenz, und die türkische Stiftung für Gesundheit und die Planung der Familie den auf 10.000 Dollar dotierten Preis und die dazugehörige Goldmedaille. Vgl. FAZ vom 14.6.1994; Abeselom, S.82f.

[82] Luke T. Lee, Compulsory Sterilization and Human Rights, in: Populi, vol. 3, No. 4, 1976.

[83] Vgl. dazu McNamaras Rede vor der Katholischen Unversität von Notre Dame, Indiana, am 1.Mai 1969, abgedruckt in: Robert McNamara, One Hundred Countries, two Billion People. The Dimensions of Development, New York, Washington, London, S.29-47.

[84] Vgl. Abeselom, S.54. Bei der nächsten Umfrage in der Zeit von 1978 bis 1980 gaben noch 24 von 126 nichtindustrialisierten Ländern an, daß sie eine höhere Wachstumsrate ihrer Bevölkerung wünschten (S.55).

[85] Vgl. Piotrow, S.215.

[86] Gabriele Wülker, Population Tribune. Bukarest 18.-30.August 1974, in: Bevölkerungswissenschaft – Bevölkerungspolitik. Wissenschaftliche Grundlagen bevölkerungspolitischen Handelns. Bericht über die Studientagung der Deutschen Gesellschaft für Bevölkerungswissenschaft vom 25.-29.11.1974 in Berlin, hrsg. von Ernst Wolfgang Buchholz und Hilde Wander. Stuttgart, Kiel 1975, S.45-60, hier: S.48. Die Delegierten der USA beklagten vor allem die Politisierung der Konferenz, die es unmöglich gemacht habe, über Bevölkerung und für sich zu reden. Zudem seien die Demographen auf die Konfrontation nicht richtig vorbereitet und daher oft nicht in der Lage gewesen, die notwendigen Daten zu liefern, um die Dringlichkeit des „Bevölkerungsproblems" zu unterstreichen. Vgl. den Konferenzbericht von W. Parker Mauldin, Nazli Choucri, Frank W. Notestein, Michael Teitelbaum, A Report on Bucharest, in: Studies in Familiy Planning, Vol. 5, Number 12, December 1974, S.357-395.

[87] Süddeutsche Zeitung vom 31.8./1.9.1974, zit. nach Abeselom, S.65.

[88] NSSM 200. Implications of Worldwide Population Growth for U.S. Security and Overseas Interest, December 10, 1974; NSIAD-ROS-89-7, S.7. Das Dokument war bis Ende 1980 als „geheim" eingestuft.

[89] Christa Wichterich, Menschen nach Maß – Bevölkerung nach Plan. Die Neue Weltordnung der Fortpflanzung, in: Diess.(Hg.), Menschen nach Maß. Bevölkerungspolitik in Nord und Süd, Göttingen 1994, S.9-37, hier S.23f.

[90] Vgl. Julian Simon, The Economics of Population Growth, Princeton 1977; Julian Simon, Hermann Kahn (ed.), The Resourceful Earth. A Response to Global 2000 Oxford/New York 1984; außerdem Kasun, The War against Population (wie Anm. 61); darin vor allem das Kapitel „Plan vs. Market in Population Control", in dem sich Kasun kritisch mit den neo-malthusianischen Dogmen auseinander setzt. Problematisch wird ihr Ansatz dort, wo sie alle Fehlentwicklungen auf die „unproduktiven Bürokratien" zurückführt, die das freie Spiel der Marktkräfte beschneiden. Betsy Hartman, die die Thesen der konservativen Ökonomen um Simon kritisiert, hebt hervor, daß sie immerhin dazu beigetragen hätten, die jahrzehntelange Malthus- Orthodoxie aufzubrechen. (Hartman, S.36.)

[91] Vgl. Dixon-Mueller, S.72-75.

[92] Interview mit Charles Hemmer und William Johnson.

[93] Vgl. Dixon-Mueller, S.71. Dabei wird auf Verhütungsmittel verzichtet und stattdessen versucht mit Hilfe von Temperaturmessung, Schleimuntersuchung und anderen Methoden die fruchtbaren Tage herauszufinden.

[94] Wichterich, Menschen nach Maß, S.23.

⁹⁵ Vgl. Amy J. Higer, U.S. Population Policy and Feminism: A Working Relationship?, in: Political Environments, Summer 1995, issue #2., S.23-26.

Feminisierung oder Facelifting?...

[1] Bei der Zählung der Weltbevölkerungskonferenzen werden üblicherweise nur die „politischen" Konferenzen seit Bukarest 1974 genannt, da die vorangegangenen eher den Charakter von wissenschaftlichen Kongressen hatten.

[2] Das Aktionsprogramm von Kairo ist auf deutsch veröffentlicht in: Bundesinstitut für Bevölkerungsforschung (Hg.), Internationale Konferenz 1994 über Bevölkerung und Entwicklung (ICPD 1994), (Materialien zur Bevölkerungswissenschaft, Sonderheft 26), Wiesbaden 1994, S.133-274, hier: S.185.

[3] Aktionsprogramm, S.144.

[4] ebenda, S.178.

[5] Vgl. Christa Wichterich, Postfeministische Politik bei der Weltbevölkerungskonferenz in Kairo, in: Schöpfungsgeschichte: Zweiter Teil. Neue Technologien (beiträge zur feministischen theorie und praxis, Bd. 38), Köln 1995, S.150.

[6] Es gibt inzwischen eine breite Literatur über Geburtenkontroll- und Sexualreformbewegung und die bevölkerungspolitische Nutzbarmachung dieser Initiativen. Siehe u.a.: Usborne, Frauenkörper – Volkskörper; Linda Gordon, Woman's Body, Woman's Right; Atina Grossmann, Reforming Sex.

[7] Vgl. Gordon, S.93-113.

[8] Den Begriff „Geburtenkontrolle" erfand Margaret Sanger 1905.

[9] Gordon, 1990, S.204.

[10] Vgl. ebenda, S.203-242.

[11] Vgl. ebenda, S.337-385. Schon 1952 schlossen sich mehr als 80 Planned Parenthood-Organisationen zu einem internationalen Verband der IPPF zusammen. Die amerikanische Sektion gründete 1961 eine Abteilung „Weltbevölkerung", deren Ziel es vor allem war, das „globale" Bevölkerungswachstum zu reduzieren. Vgl. ebenda, 1990, S.390.

[12] Vgl. Rosalind Pollack Petchesky, Abortion and Women's Choice. The State, Sexuality, and Reproductive Freedom, London 1986³, S.244. Petchesky ist Professorin für Politikwissenschaften und Frauenstudien am Hunter College der New York City Unversität und Koordinatorin von IRRAG, der International Reproductive Rights Research Action Group.

[13] Vgl. Gordon, S.436.

[14] Zum Begriff der reproduktiven Rechte vgl. S.216f.

[15] Bonnie Mass, Population Target. The Political Economy of Population Control in Latin America, Toronto 1976. Das Buch kam unter Mitwirkung der Women's Educational Press, einem sozialistisch-feministischen Kollektiv in Toronto als überarbeitete Fassung einer Broschüre heraus, die schon 1972 unter dem Titel „Political Economy of Population Control in Latin America" von der Editions Latin America in Montreal veröffentlicht worden war.

[16] Vgl. Mass, S.4.

[17] Ebenda, S.xvii.

[18] Gordon, S.441.

[19] Vgl. Petchesky, Abortion S.130.

[20] Vgl. Gordon, 1990, S.446. Eine kritische Auseinandersetzung mit dem Slogan „mein Körper gehört mir" findet sich in Janice Raymond, Die Fortpflanzungsmafia, München 1995, S.249.

[21] Margaret Prescod-Roberts, Schwarze Frauen, Sozialhilfe und Dritte Welt, in: Dokumentationsgruppe der Sommeruniversität e.V. (Hg.), Frauen als bezahlte und unbezahlte Arbeitskräfte. Beiträge zur Berliner Sommeruniversität für Frauen, Oktober 1977, Berlin 1978, S.179-189.

[22] Detaillierte Informationen über seine Versuche wurden erstmals veröffentlicht in: Als ob nichts gewesen wäre. Die Frauenärzte Hans Joachim Lindemann und Carl Clauberg – Ein Beitrag zur Geschichte der Zwangssterilisierung von Frauen seit der NS-Zeit, in: Autonomie Neue Folge, Nr. 7, 1981, S.43-59; siehe auch: Zwangssterilisation, in: Hamburger Frauenzeitung, Februar,März,April 1982, S.7-10 und Frauengruppe gegen Bevölkerungspolitik, Materialien gegen Bevölkerungspolitik, Hamburg 1984, S.II.

[23] H. J. Lindemann, Tecnicas Transcervicales, in: Ricardo Rueda González, Asociacion Colombiana Para el Estudio de la Poblacion (ed.), Manual de Esterilización femenina, Bogota 1977, S.251-283.

[24] Die Kritik bezog sich insbesondere auf die Geschichte der humangenetischen Beratung sowie auf die NS-Karriere von Hans Harmsen, dem aufgrund der Diskussionen innerhalb der Pro Familia 1984 der Ehrenvorsitz in der Organisation aberkannt wurde.

[25] Pharmafirmen, humangenetische und biotechnologische Forschungsinstitute wurden in den 80er Jahren mehrfach Ziele von Brandanschlägen.

[26] Organisiert hatte das Treffen die „International Contraception, Abortion & Sterilisation Campaign, ICASC (Internationale Verhütungs-, Abtreibungs- und Sterilisationskampagne), aus London; finanziert wurde es unter anderem von der Hilfsorganisation Brot für die Welt, der SPD-nahen Friedrich Ebert-Stiftung und der Stadt Amsterdam.

[27] Teilnehmerinnen des Kongresses, „Bevölkerungskontrolle Nein – Frauen entscheiden selbst!", in: taz vom 17.8.1984.

[28] Vgl. Betsy Hartmann, S.130.

[29] Loes Keysers, Does Family Planning liberate women? Diplomarbeit, Institute for Social Studies, Den Haag 1982, S.281.

[30] Maria Mies, Wider die Industrialisierung des Lebens, Pfaffenweiler 1992.
Renate Klein (Hg.), Das Geschäft mit der Hoffnung, Berlin 1989.
Gena Corea, Muttermaschine – Reproduktionstechnologien von der künstlichen Befruchtung bis zur künstlichen Gebärmutter, Berlin 1986.

[31] Sonia Correa, Rebecca Reichmann, Population and Reproductive Rights. Feminist Perspectives from the South, London 1994, S.103. Zum politischen Selbstverständnis von DAWN siehe auch: Gita Sen, Caren Grown (for DAWN), Development, Crisis, and Alternative Visions. Third World Women's Perspectives, London 1988[2], S.10.

[32] Nüket Kardam, Bringing Women in. Women's Issues in International Development Programs; Boulder, Colorado, 1991, S.88-91.

[33] The Population Riddle, S.31.

[34] John Ensor Harr, Peter J. Johnson, The Rockefeller Conscience, New York 1991, S.425.

[35] Adrienne Germain war 1981 zur Repräsentantin der Ford Foundation in Bangladesh bestimmt worden und ist heute Vizepräsidentin der International Women's Health Coalition.

[36] Hartmann, S.109.

[37] Zitiert nach: Ebenda, S.109. Vgl. auch: The Population Riddle, S.31f.

[38] Loes Keysers, Does Family Planning Liberate Women?, S.150.

[39] Anna Quant, A Report on International Women's Year Conference and its Meaning for

the Population Council, 17.Juli 1975, RAC, Women's Year Conference, RBF, 4 Grants, Box 88, Jan.-Dez. 1975.

[40] Vgl. Joseph Collins, Frances Moore Lappé, Vom Mythos des Hungers. Die Entlarvung einer Legende: Niemand muß hungern, Frankfurt/M. 1980, S.126ff.

[41] Vgl. Bonnie Mass, S.138. Mass bezieht sich dabei auf Triage-Konzepte wie sie von den AutorInnen der Studie „Grenzen des Wachstums" formuliert wurden. Demnach sollten „Hilfslieferungen nur in jene Länder geschickt werden, die die größten Chancen zum Überleben haben, während andere dem Hunger überlassen werden sollten". Die Studie erschien im Jahr 1972.

[42] Vgl. Collins, Lappé, S.149.

[43] Vgl. Ebenda, S.139.

[44] Zu den Arbeitsbedingungen vgl. Maria Mies, Patriarchat und Kapital. Frauen in der internationalen Arbeitsteilung, Zürich 1988, S.171ff.

[45] Ester Boserup, Women's Role in Economic Development, New York 1970; auf deutsch erschienen unter dem Titel: Die ökonomische Rolle der Frau in Afrika, Asien, Lateinamerika, Stuttgart 1982.

[46] Zur Frauenförderpolitik der Weltbank vgl. Gertrud Ochser, Nimm's Pflästerli. Gender-Konzepte der Weltbank, in: Blätter des iz3w, Nr. 213, S.23-26. Zur Bevölkerungspolitik der Bank vgl. Anna Sax, Bankers gegen Babies: Die Bevölkerungspolitik der Weltbank, in: Brot für alle u.a. (Hg.), Wenig Kinder – viel Konsum?, Basel 1994, S.68-74.

[47] Vgl. Maria Mies, Patriarchat und Kapital, S.141-183, insbesondere S.150. Dort finden sich auch weitere Literaturangaben über empirische Untersuchungen zum Thema Frauen und Entwicklung. Renate Rott bringt die Diskussion „auf einen bewußt polemisch vereinfachten Punkt (..): Frauen wurden (...) zweckgebunden 'entdeckt', weil sie zum einen helfen können, die schwere ökonomische Krise in den Ländern der Dritten Welt abzupolstern, zum andern werden sie als potentielle Mütter eingestuft als – scheinbar allein verantwortliche – 'Produzentinnen' unerwünschten Nachwuchses". Renate Rott, Kritische Anmerkungen zur internationalen Politik der Familienplanung, in: TU Berlin international Nr. 16/17, Juli 1992, S.38-42, hier: S.41. Vgl. auch Brigitte Hasenjürgen, Sabine Preuß (Hg.), Frauenarbeit, Frauenpolitik. Internationale Diskussionen, Münster 1993.

[48] Andere Organisationen wie die Ford Foundation und der Hewlett-Fund sahen sich in demselben Dilemma und unterstützten deshalb in der Folgezeit die Arbeit der IWHC.

[49] Interview der Autorinnen mit Joan Dunlop vom 29.10.1993.

[50] Für die WHO erarbeiteten Frauen der Koalition ein Verständigungspapier zwischen den Verfechterinnen einer besseren Gesundheitsversorgung für Frauen auf der einen und (Verhütungs-) ForscherInnen auf der anderen Seite. Vgl. WHO, Creating Common Ground, Women's Perspectives on the Selection and Introduction of Fertility Regulating Technologies. Report of a Meeting between Women's Health Advocates and Scientists, Genf, Februar 1991.

[51] Deborah Rogow in einem Bericht über das Treffen: The Contraceptive Development Process and Quality of Care in Reproductive Health Services. Meeting in New York, Oktober 1986, S.90. An diesem Treffen nahmen auch Frauen des Boston Women's Health Book Collective teil.

[52] Ebenda, S.2.

[53] Ana Teresa Ortiz, Boston Women of Color for Reproductive Freedom, International Solidarity and Population Policies, Vortragsmanuskript, 1993, S.8.

[54] So hatten auf der Weltbevölkerungskonferenz in Kairo „die meisten NRO-VertreterInnen aus dem Süden (...) ihre Reise durch UNFPA oder eine US-amerikanische Institution

finanziert bekommen". Christa Wichterich, Pluralistisch. Stimmen des Südens bei der Weltbevölkerungskonferenz, in: epd-Entwicklungspolitik 18/94, S.22-25, hier S.24.

[55] Frauen von folgenden bevölkerungspolitischen Organisationen nahmen an dem Treffen teil: Ford Foundation, Population Council, McArthur Foundation, International Women's Health Coalition.

[56] Loes Keysers, Ines Smith, Reflections on Global Solidarity for Women's Health and Reproductive Rights, in: Vena Journal, Women and Health, Leiden, Vol.3, Nr.1,(Mai 1991), S.26-30.

[57] Vgl. Dixon-Mueller, S.113.

[58] Betsy Hartmann, The Present Politics of Population and Reproductive Rights, in: WGNRR newsletter, Nr.43, 1993, S.2.

[59] Vgl. Sen/Grown, S.49; Hartmann, S.27; Gordon, S.395. Die klassisch malthusianische Position, wonach die Ressourcen nicht mehr ausreichten um die menschlichen Bedürfnisse zu befriedigen, vertritt Elisabeth Mundi, Die Vorbereitungen zur Weltbevölkerungskonferenz 1994 in Kairo, in: Wenig Kinder – viel Konsum, S.22-27.

[60] Jaqueline Pitangui, Women in the Vanguard, in:ISIS International, Women´s Health Journal, 3, 1993, S.56.

[61] Marge Berer überwarf sich mit ihren damaligen Kolleginnen aufgrund ihrer Position zu Bevölkerungspolitik. Sie ist seit 1993 Herausgeberin von „Reproductive Health Matters" einer vierteljährlich in London erscheinenden Zeitschrift.

[62] Marge Berer, More Than Just Saying „No". What Would a Feminist Population Policy Be Like?, in: Conscience, Vol. XII, Nr. 5, September/Oktober (1991) S.1-5; Der Artikel basiert auf einem Vortrag, den Marge Berer auf dem 4. Internationalen Interdisziplinären Kongreß für Fauen im Hunter College, New York im Juni 1990 gehalten hat.

[63] Farida Akhter, A Feminist Population Policy! An Attempt to Coopt Feminism in the Service of Depopulating Intervention, Vortragsmanuskript, Dhaka ca. 1992; Farida Akhter ist Direktorin von UBINIG, einem Projekt zur Erforschung und Realisierung von Entwicklungsalternativen in Dhaka und Mitbegründerin von FINRRAGE.

[64] Farida Akhter, A Critique from the Realities of Bangladeshi Women, Redemanuskript; deutsch: Reproduktive Rechte und Bevölkerungspolitik, in: Wenig Kinder – Viel Konsum, S.34-41, Vgl. auch Farida Akhter, Eugenic and Racist Premise of Reproductive Rights and Population Control, in: Depopulating Bangladesh, Dhaka 1992, S.43.

[65] Deklaration, People´s Perspectives on „Population", auf deutsch in: E. colibri, Nr. 9/10 (1994), S.13-16.

[66] Das Komitee für Frauen, Bevölkerung und Umwelt gibt in Amherst die Zeitschrift Political Environments heraus und publiziert darin äußerst informative und kritische Artikel zu Bevölkerungspolitik.

[67] ISIS International, Women and Health Journal, 2/93, S.20.

[68] Vgl. Rosalind Pollack Petchesky, From Population Control to Reproductive Rights: Feminist Fault Lines, in: Reproductive Health Matters, London Nr.6, 1995, S.152-161.

[69] Zitiert nach: Gayatri Chakravorty Spivak, A Revolution at Cairo? in: Frontier, Weekly, Calcutta 12.November 1994.

[70] ISIS International, Women and Health Journal, 2/1993, S.20.

[71] The Population Riddle, S.36.

[72] Adrienne Germain, Jane Ordway: Population Control and Women's Health: Balancing the Scales. IWHC, New York, 1989, S.14.

[73] Klaus Boldt, Freiwillige Regulierung, in: epd-Entwicklungspolitik 18/94, S.14-18, hier: S.14.

[74] Wichterich, in: epd, S.22.

⁷⁵ Vgl. Anja Ruf, Zentrum nicht Brennpunkt, in: epd-Entwicklungspolitik 18/1994, S.18-21, hier: S.21 und Wichterich, in: epd S.25.

⁷⁶ Die deutsche Delegation hätte aufgrund der EU-Präsidentschaft den europäischen Positionen Geltung verschaffen sollen, war dazu jedoch nicht in der Lage. „Insider sprachen von zu vielen engstirnigen Ministerialbeamten und zu wenig entwicklungspolitsicher Kompetenz unter den Regierungsabgesandten." Boldt, S.17.

⁷⁷ Ruf, S.18.

⁷⁸ Vgl. Wichterich, in epd., S.22.

⁷⁹ Vgl. ebenda, S.23.

⁸⁰ Zitiert nach: Ebenda, S.25.

⁸¹ The Population Riddle, S.35.

⁸² Wichterich, Postfeministische Politik, S.147.

⁸³ „Norplant" besteht aus Hormonkapseln, die den Frauen unter die Haut gepflanzt werden und fünf Jahre lang Schwangerschaften verhindern. Derartige Langzeitverhütungsmittel können Frauen nicht einfach wieder „absetzen", wenn sie dies wollen oder wenn sie damit Probleme haben. Seit 1993 haben sich 472 Gruppen und Netzwerke aus 41 Ländern und 549 Einzelpersonen der internationalen Kampagne „Stop Anti-fertility-›Vaccines‹ – International Campaign against Population Control and Abusive, Hazardous Contraceptives" angeschlossen (Stand: Mai 1996).

⁸⁴ Vgl. Shalini Randeria, Die sozio-ökonomische Einbettung reproduktiver Rechte: Frauen und Bevölkerungspolitik in Indien, in: Feministische Studien, Heft 15(1995) S.122.

⁸⁵ Vgl. Campaign Against the National Policy Draft, in: Saheli newsletter, Neu Delhi Vol.5,2 (1995), S.2-8 und Bernhard Imhasly, Die Frau als eine zufällige Variable, in: TAZ vom 11.8.1994.

⁸⁶ Zitiert nach: Wichterich, in: epd, S.25.

⁸⁷ Während aber für die nächste Weltfrauenkonferenz kein Termin festgelegt wurde, soll es fünf Jahre nach Kairo bereits wieder eine Bevölkerungskonferenz in Hannover geben.

ABKÜRZUNGEN

AID	Agency for International Development
AStA	Allgemeines Statistisches Archiv
AfBB	Archiv für Bevölkerungswissenschaft und Bevölkerungs-politik
BIB	Bundesinstitut für Bevölkerungsforschung
BAP	Bundesarchiv Potsdam
DGVN	Deutsche Gesellschaft für die Vereinten Nationen
DSW	Deutsche Stiftung Weltbevölkerung
ECAFE	Economic Commission for Asia and the Far East, (UN-) Wirtschaftskomitee für Asien und den Fernen Osten
ECOSOC	Economic and Social Council, (UN-)Wirtschafts- und Sozialrat
FAZ	Frankfurter Allgemeine Zeitung
FAO	Food and Agriculture Organization, Welternährungsorganisation
ICEM	Intergovernmental Committee for European Migration, Zwischenstaatliches Komitee für europäische Migration
ILO	International Labour Organization, Internationale Arbeitsorganisation
IRO	International Refugee Organisation, Internationale Flüchtlingsorganisation
IPPF	International Planned Parenthood Federation, Internationaler Familienplanungsverband
IUSIPP	International Union for the Scientific Investigation of Population Problems, Internationale Union für Bevölkerungswissenschaft
NEP	Neue Ökonomische Politik
NRO	Nichtregierungsorganisation
NZZ	Neue Zürcher Zeitung
OECD	Organization for Economic Cooperation and Development; Organisation für wirtschaftliche Zusammenarbeit und Entwicklung
OEEC	Organization for European Economic Cooperation, Organisation für europäische wirtschaftliche Zusammen-arbeit (Vorläuferinstitution der OECD)

PRB	Population Reference Bureau
RAC	Rockefeller Archive Center
RGAE	Russisches Staatsarchiv für Wirtschaft
RKF	Reichskommissar für die Festigung deutschen Volkstums
taz	Die Tageszeitung
UNO	United Nations Organisation; Vereinte Nationen
UNESCO	United Nations Education, Science and Cultural Organization, UN-Organisation für Erziehung, Wissenschaft und Kultur
UNFPA	United Nations Fund for Population Acitivies, Bevölkerungsfonds der Vereinten Nationen
UNHCR	United Nations High Commissoner for Refugees, Flüchtlingshochkommissariat der Vereinten Nationen
VfZg	Vierteljahrshefte für Zeitgeschichte
VPK	Allunions-Umsiedlungskomitee
WDR	Westdeutscher Rundfunk
WHO	World Health Organisation, Weltgesundheitsorganisation
ZASM	Zentrales Staatsarchiv Moskau, Zentrum zur Aufbewahrung Historisch-Dokumentarischer Sammlungen (ehemaliges „Sonderarchiv"), Moskau

240

LITERATURHINWEISE:

Kiros Abeselom, Der Mythos der Überbevölkerung als Mittel zur
    Wahrung der bestehenden gesellschaftlichen Strukturen, Bonn
    1995.
Farida Akhter, Depopulating Bangladesh, Essays on the Politics of
    Fertility, Dhaka 1992.
Götz Aly, Susanne Heim, Vordenker der Vernichtung. Auschwitz und
    die deutschen Pläne für eine neue europäische Ordnung, Frank-
    furt am Main 1995³.
Götz Aly, Karl Heinz Roth, Die restlose Erfassung. Volkszählen, Identi-
    fizieren, Aussondern im Nationalsozialismus, Berlin 1984.
beiträge zur feministischen theorie und praxis Bd. 14, Frauen
    zwischen Auslese und Ausmerze, Köln 1985.
Beiträge zur nationalsozialistischen Gesundheits- und Sozialpolitik
    Bd. 9, 10, 11 und 12, Berlin, Göttingen 1991-1995.
Anna Bergmann, Die verhütete Sexualität. Die Anfänge der modernen
    Geburtenkontrolle, Hamburg 1992.
Gisela Bock, Zwangssterilisation im Nationalsozialismus. Studien zur
    Rassenpolitik und Frauenpolitik, Opladen 1986.
Brot für alle u.a. (Hg.) Wenig Kinder - viel Konsum? Stimmen zur
    Bevölkerungsfrage von Frauen aus dem Süden und Norden,
    Basel, Zürich, Luzern 1994.
John und Pat Caldwell, Limiting Population Growth and The Ford
    Foundation Contribution, London 1986.
Joseph Collins, Frances Moore Lappé, Vom Mythos des Hungers. Die
    Entlarvung einer Legende: Niemand muß hungern, Frankfurt am
    Main 1980².
Gabriele Czarnowski, Das kontrollierte Paar. Ehe- und Sexualpolitik
    im Nationalsozialismus, Weinheim 1991.
Angela Y. Davis, Women, Race and Class, New York 1983².
Ruth Dixon-Mueller, Population Policy and Women's Rights, Westport
    1993.
Peter Donaldson, Nature Against Us. The United States and the World
    Population Crisis, 1965-1980, Chapel Hill, London 1990.
Barbara Duden, Bevölkerung, in: Wolfgang Sachs (Hg.), Wie im
    Westen so auf Erden. Ein polemisches Handbuch zur

Entwicklungspolitik, Reinbek 1993, S.71-88.

E.colibri. Materialien gegen Bevölkerungspolitik und Gentechnologie, Nr. 9/10, Hamburg 1994.

Hans Magnus Enzensberger, Kritik der politischen Ökologie, in: Kursbuch 33, Berlin 1973.

Christian Glaß, Bevölkerungswachstum als Katastrophe. Die ideologische Kontinuität der demographischen und ökologischen Diskussion, Frankfurt am Main/New York, 1978.

Linda Gordon, Woman's Body, Woman's Right. Birth Control in America, New York usw. 1990[3].

Atina Grossmann, Reforming Sex. The German Movement for Birth Control & Abortion Reform 1920 -1950, New York, Oxford, 1995.

Betsy Hartmann, Reproductive Rights and Wrongs. The Politics of Population Control, Boston 1995[2].

Amy J. Higer, U.S. Population Policy and Feminism: A Working Relationship?, in: Political Environments, issue 2 1995, S.23-26.

Michael Hoffmann, Die agrarische Überbevölkerung Rußlands, Berlin 1932.

Diana Hummel, Bevölkerungsentwicklung und ökologische Krise. Ein Literaturbericht, Frankfurt am Main 1994.

Jacqueline Kasun, The War against Population. The Economics and Ideology of Population Control, San Francisco 1988.

Heidrun Kaupen-Haas (Hg.), Der Griff nach der Bevölkerung, Nördlingen 1986.

Loes Keysers, Does Family Planning liberate women? Diplomarbeit, Institute for Social Studies, Den Haag 1982.

Regine Kollek, Der Single als Inbegriff der Überbevölkerung, in: Mittelweg 36 1/92, S. 8-13.

Stefan Kühl, Die Internationale der Rassisten (Arbeitstitel), Frankfurt am Main/New York 1997.

Michael Marrus, The Unwanted. European Refugees in the Twentieth Century, New York, Oxford 1985.

Bonnie Mass, Population Target. The Political Economy of Population Control in Latin America, Toronto 1976.

Materialien gegen Bevölkerungspolitik, Hamburg 1984.

Heide Mertens, Wunschkinder. Natur, Vernunft und Politik, Münster 1991.

Maria Mies, Patriarchat und Kapital. Frauen in der internationalen Arbeitsteilung, Zürich 1988.

Maria Mies, People or Population, in: Terra Femina 3, Population: The Human Factor, Rio de Janeiro 1994, S.41-63.

Rosalind Pollack Petchesky, Abortion and Woman´s Choice, London 1986[2].

Phyllis Tilson Piotrow, World Population Crises. The United States Response, Praeger 1976.

Irmgard Pinn, Michael Nebelung, Das Menschenbild der Bevölkerungstheorie und Bevölkerungspolitik. Deutsche Traditionslinien vom „klassischen" Rassismus bis zur Gegenwart, in: Peripherie Nr. 37(1989), S. 21-50.

Shalini Randeria, Die sozio - ökonomische Einbettung reproduktiver Rechte: Frauen und Bevölkerungspolitik in Indien, in: Feministische Studien, Heft 15, 13(1995), S.119-132.

Mohan Rao, An imagined reality. Malthusiansm, Neo-Malthusianism and Population Myth, in: Economic and Political Weekly, 29.1.1994, S.40-52.

Janice Raymond, Die Fortpflanzungsmafia, München 1995.

Cornelia Schlebusch, Bevölkerungspolitik als Entwicklungsstrategie. Historisches und Aktuelles zu einem fragwürdigen Argument, Frankfurt am Main 1994.

Susanne Schultz, Machbarkeitswahn und Apokalypse: Vom diskreten Charme der Bevölkerungspolitik, in: Lateinamerika Nachrichten 231/232, Sept./Okt. 1993, S.30-41.

Rolf Peter Sieferle, Bevölkerungswachstum und Naturhaushalt. Studien zur Naturtheorie der klassischen Ökonomie, Frankfurt am Main 1990.

TU Berlin International, Das Boot ist voll, Nr 16,17, Berlin Juli 1992.

Cornelie Usborne, Frauenkörper - Volkskörper. Geburtenkontrolle und Bevölkerungspolitik in der Weimarer Republik, Münster 1994.

Steve Weisman, Die Bevölkerungsbombe ist ein Rockefeller-Baby, in: Kursbuch 33, 1973, S.81-94.

Christa Wichterich (Hg.), Menschen nach Maß. Bevölkerungspolitik in Nord und Süd, Göttingen 1994.

PERSONENREGISTER